더 나은 세상을 꿈꾸는

님께
_____

Peter Singer

빈곤 해방

THE LIFE YOU CAN SAVE
Copyright © 2009 by Peter Singer
Tenth Anniversary edition revisions © 2019 by Peter Singer
Published by arrangement with The Robbins Office, Inc.
International Rights Management: Susanna Lea Associates
All rights reserved.

Korean translation copyright ©2025 by Book21 Publishing Group
Korean translation rights arranged with Susanna Lea Associates
through EYA Co.,Ltd

이 책의 한국어판 저작권은 EYA Co.,Ltd를 통해
Susanna Lea Associates와 독점 계약한 (주)북이십일이 소유합니다.
저작권법에 의하여 한국 내에서 보호를 받는 저작물이므로 무단 전재 및 복제를 금합니다.

THE LIFE YOU CAN SAVE

빈곤 해방

세계적 실천윤리학자
피터 싱어의 담대한 제언

PETER SINGER

피터 싱어 지음
함규진 옮김

21세기북스

레나타에게,
그녀가 없었다면….

| 10주년 기념 한국어판 서문 |

우리가 구할 수 있는 것은 결코 작지 않다

지난달, SBS 방송국의 D포럼 20주년 기념 자리에 초청을 받아 한국을 방문했다. 한국 방문은 늘 즐겁다. 한국 사람들은 따스하고, 내 책에 동의를 표한 사람이 많다고 알고 있다. 고등학교에서도 나의 저작을 읽고 중요하게 다루는 경우가 많다고 들었다. 그 덕분에 나의 윤리 사상에 관심이 있는 분들을 많이 만나볼 수 있다. 또한 매콤한 한국 음식도 좋고, 심지어 서울 같은 대도시도 자연경관이 아름답다. 이번 방문에서는 남산 생태경관보전지역을 걸어서 남산 타워까지 올라가 보았다. 아름다운 가을날이었고, 잎사귀들이 물들어가고 있었다.

D포럼에서 나는 '변곡점이 될 21세기, 왜 윤리적 지평을 확장해야 하는가'라는 주제로 폐막 기조연설을 했다. 여기서 확장이란 우리 인류라는 종을 넘어서 모든 유정적 존재 sentient beings를 끌어안는다는 의

미이며, 현재를 넘어 아직 존재하지 않는 미래의 인류와 여타 유정적 존재까지 아우른다는 뜻이다. 이는 내가 『우리 시대의 동물 해방』에서 주장했던 바이기도 하다. 더불어 이 책에서 특히 중요한 것은, 이러한 확장이 현재를 살아가는 모든 인류를 포함한다는 점이며 그들이 어느 곳에 살고 있든 그것은 중요하지 않다.

매일 1만 3,000명 이상의 아이들이 다섯 살을 넘기지 못한 채 죽어가고 있다. 우리는 그 사실을 못 견뎌야 마땅하다. 그중 일부는 불치병이나 피할 수 없는 사고의 결과이지만, 대다수는 말라리아나 설사병으로 인해 죽음을 맞는다. 우리는 말라리아가 자주 발병하는 지역의 가정에 모기장을 나눠 줌으로써 말라리아를 예방할 수 있다. 기초 시설이 미비한 지역에 위생시설을 갖춰주고 안심하고 마실 수 있는 물을 제공함으로써 설사병을 예방할 수 있다. 부유한 나라에 사는 우리가 소비를 약간만 줄여도 그러한 생명을 살려낼 수 있다. 우리가 구할 수 있는 생명에는 불필요한 죽음을 기다리는 저 아이들만큼도 더 살기 어려운 나이 든 사람들의 생명도 포함된다. 그런데도 그들의 생명이 구해지지 못하고 있다는 사실은 우리가 아무리 인간 평등을 입에 올리더라도 그 도덕 개념을 확장해서 행동하지 않고 있다는 증거이다. 대신 우리는 더 좁은 인간 평등을 실천한다. 더 좁은 범위에서 '우리'를 찾고, 어쩌면 더 종족적인 도덕의식에 따라 움직인다.

『빈곤 해방』은 2009년, 뉴욕을 근거지로 하는 상업 출판사인 랜덤하우스 출판사에서 처음 출간되었다. 이 책은 긍정적인 평가를 받았고, 베스트셀러가 된 적은 없지만 이후 몇 년 동안 꾸준히 4만 부 이상 팔렸다. 철학 교수가 쓴 책치고는 양호한 판매 성과였다. 그 초판본 독자 가운데 찰리 브레슬러Charlie Bresler가 있었다. 당신은 그의 이름을 이 책에서 계속 만날 것이다. 그의 이름이 여기 나오는 것은 적절한데, 이 책의 이름을 딴 자선단체*를 만들자는 것이 그의 아이디어였기 때문이다. 이 책에 담긴 메시지를 널리 퍼뜨리고, 극한의 빈곤에 시달리는 사람들의 삶을 개선하기 위해 효과적으로 일하는 단체들을 추천하기 위한 목적에서 추진된 일이다.

찰리는 또한 이 10주년 기념판이 출간되는 데도 뚜렷한 역할을 했다. 우리 단체가 이 책의 판권을 랜덤하우스에서 사들인다는 아이디어를 냈기 때문이다. 이는 내게 추가 작업을 요청한 셈이었다. 나에게 책 내용을 업데이트하여 전면 개정판을 만들고, 이북과 오디오북을 제작해 우리 웹사이트에 올리고, 적절한 상황에서는 종이책도 무료로 배포하라는 제안이었기 때문이다. 이 모두가 현실이 되었다. 그리고 이제부터 볼 책의 내용은 찰리의 탁월한 설득력이 만들어낸 결과이다. 결국, 그가 옳았다. 지금 이 개정판은 15만 부 이상 판매된 상태이니 말이다.

자선단체 '우리가 구할 수 있는 생명TLYCS'은 이 책에 수록된 단체들을 위해 1억 달러를 모금했다. 또한 다른 단체들도 우리 웹사이트,

---

* 이 책의 원제는 'The Life You Can Save'이며 이 책에서 영감을 받아 극빈 퇴치를 위해 활동하는 동명의 비영리단체가 만들어졌다. – 옮긴이

www.thelifeyoucansave.org 목록에 속속 추가되고 있다. 이 단체들은 수많은 생명을 구했으며 또한 수천 명의 삶을 개선했다. 특출나게 효과적으로 활동한 단체들은 그저 보통의 효과를 보이는 단체들보다 기부금 대비 수백 배의 성과를 내기 때문이다(믿기 힘들겠지만 계속 읽다 보면 이것이 사실임을 알게 될 것이다).

우리가 과연 극한의 빈곤에 처한 사람 수를 줄이거나 생활을 개선해줄 수 있을지 의문스러워하는 사람도 있다. 그러나 이 책이 처음 나온 이후 보낸 15년은 우리가 그렇게 비관적일 필요가 없다는 것을 알기에 충분한 시간이었다. 초판을 집필할 당시 나는 세계은행의 통계 수치를 인용해 극한 빈곤자의 숫자를 들었다. 14억 명이었다. 또한 유엔아동기금(유니세프)의 수치를 가지고 와서 죽어가는 아이들의 숫자를 제시했다. 당시 가장 최신의 통계에 따르면 다섯 살 이전에 죽는 아이가 980만 명에 이르렀다. 대부분이 예방 가능한 죽음이었고, 빈곤이 직간접적 원인이었다. 이 개정판을 쓴 2019년 무렵에 그 숫자는 각각 7억 3,600만 명, 540만 명으로 줄어든 상태였다. 오늘날, 이 한국어판 서문을 쓰는 2024년 말, 두 가지 숫자는 7억 명과 490만 명으로 다시 줄어들었다. 따라서 15년이 흐르는 동안, 극한의 빈곤에 시달리는 사람과 다섯 살을 넘기지 못하고 죽어가는 아이들의 숫자가 모두 절반으로 줄어든 것이다. 참으로 놀라운 변화이다. 더욱이 이런 감소는 세계 인구가 늘어나고 있는 와중에 이루어졌고, 이는 세계 인구 중 극빈 인구 비중과 5세 이하 사망 아동의 비중이 모두 한층 더 줄었음을 의미한다.

이제 이 책 『빈곤 해방』이 한국에서 읽힐 수 있게 되어 기쁘다는 말로 한국어판 서문을 마무리하고자 한다. 부디 널리 읽어주시기를 바란다.

2024년 12월

피터 싱어

| 추천사 |

"이렇게 생각할 수도 있구나!"

―마이클 슈어 Michael Schur, 드라마 〈굿플레이스 The Good Place〉 프로듀서

피터 싱어를 처음 접한 때는 2006년, 그가 「뉴욕타임스매거진」에 기고한 글을 통해서였다. 그는 '자선활동의 황금기'에 대해 이야기하고 있었다. 당시 워런 버핏 Warren Buffett이 370억 달러를 게이츠 재단 등에 기부하기로 막 약정한 참이었는데, 싱어는 인플레이션을 감안해도 "과거의 위대한 자선가인 앤드루 카네기 Andrew Carnegie와 존 D. 록펠러 John D. Rockefeller가 평생 기부한 총액을 합친 것보다 두 배 이상 많은 금액"이라고 언급했다. 여기서 싱어는 몇 가지 간단한 질문을 던진다. 억만장자는 자선단체에 얼마를 기부해야 하는가? 우리(대체로 억만장자가 아닌)는 얼마를 기부해야 하는가? 그리고 이러한 기부액은 어떻게 계산해서 정하면 될까?

나는 싱어가 기부액을 논의하며 그저 이론에 머물고 있지 않음에 눈이 번쩍 뜨였다. 그는 구체적인 셈법을 내놓고 있었다. 사람이 나름

대로 괜찮게 살려면 필요한 돈이 있다. 집세를 내야 하고, 의복과 음식을 장만하고, 여가도 즐겨야 할 것이다. 그러고도 돈이 남으면 기부하는 것이 마땅하다는 게 그의 생각이었다. 당사자에게는 필요 없고 다른 누군가에게는 필요하기 때문이다.

그 대담함에 나는 웃을 수밖에 없었다. 이거 완전히 돌직구네. '내 생각은 이래. 그러니 어쩔래?' 하는 식이잖아? 싱어의 말에 어떻게 대응하면 좋을지 머리를 굴리면서도 내내 같은 생각이 맴돌았다. '이런, 세상에. 이렇게 생각할 수도 있구나!'

10년 뒤, 나는 TV 프로그램 〈굿플레이스〉를 제작하기 위해 도덕철학의 다양한 주제를 조사하고 있었다. 그러다가 공리주의, 다시 말해 어떤 행동의 도덕성 여부는 그 결과에 달려 있다는 철학사조로 들어서자, 싱어의 이름이 자꾸만 등장했다. 그의 책과 글을 하나하나 읽으며 매번 나는 매혹되고, 실망하고, 흥분하고, 못 미더워하는 감정의 혼란에 빠져들었다. 그가 쓴 글의 내용은 명확하고 분명하며, 비타협적이고 때로는 충격적이었다. 처음에는 터무니없다고 느껴지던 주장이 나중에는 매우 합리적으로 보이기도 하고, 그 반대의 경우도 있었다.

하지만 그의 저작, 특히 자선 기부에 관한 글을 읽으면서 가장 두드러졌던 점은 자꾸만 이 생각으로 돌아와버린다는 것이었다. '이렇게 생각할 수도 있구나!' 그리고 그 생각의 힘은 여전히 내게 남아 있다.

미국처럼 부유하고 상대적으로 안정된 나라에서는 검소하게 살더라도 루이 14세가 베르사유궁에서 누리던 것보다 더 큰 안락함을 누릴 수 있다. 이것은 결코 과장이 아니다. 꼭지만 틀면 나오는 물, 실내

화장실, 에어컨, 냉장고, TV, 인터넷 연결, 세탁기 등을 우리는 전부 혹은 대부분 당연한 듯 누리고 있다. (18세기의 위생 상황에 대해 한번 읽어보라. 루이 14세는 기계식 세탁기를 얻을 수 있다면 자기 재산의 절반이라도 바쳤을 것이다.) 심지어 오늘날에도 전 세계적 차원에서 보면, 이처럼 아무것도 아닌 듯한 안락함이 누군가에게는 생각도 못 할 사치가 된다. 그리고 그런 안락함의 비용은 상대적으로 말하자면, 다른 누군가에게는 하찮다. 그러나 부유한 나라에서 손쉽게 누릴 수 있는 재화에는 한 가지, 고약한 대가가 따른다. 바로 위험이나 부족함을 모르는 자기만족이다. 소득이 별로 높지 않은 사람이라도 기본적인 편안함을 당연히 여기기 쉽다. 그리고 부유층에게 물질적인 호사란 관심거리도 못 된다.

그렇다고 누구나 걱정 없이 살아간다는 말은 아니며, 오히려 그 반대다. 가장 부유한 나라에서조차 대부분의 삶은 경제적 스트레스, 고통스러운 순간, 개인적 및 직업적 실망, 의학적 트라우마, 어려운 결정, 시련과 고난, 불안과 고통으로 가득 차 있다. 이는 3달러를 주고 햄버거를 사 먹는 일이 빈곤에 시달리는 수억 명의 사람에게는 꿈도 꿀 수 없는 사치라는 사실을 기억하기 더욱 어렵게 만든다.

여기서 피터 싱어와 그의 책, 『빈곤 해방』이 등장한다. 이 책은 아주 단순한 진리를 생각해보라고 주문한다. '그 생명이 어디에 있든 생명은 생명'이라는 진리를. 저쪽에 있는 사람의 생명은 이쪽에 있는 사람의 생명보다 전혀 가치가 덜하지 않다. 그러니 '인간 고유의 가치'라는 단순한 원칙을 고려해, 우리가 여기의 생명에 기울이는 것과 같은 관심과 주의를 저쪽의 생명에도 기울여야 하지 않겠느냐고 요구한다. 그게 전부다. 그게 그의 '주문'이며, 이 책의 내용을 요약 버전으로 보고 싶다면 이것으로 충분하다.

　이 책에는 모든 생명은 똑같이 가치 있다는 결론에 이르기 위한 몇몇 극단적인 사례가 나온다. 수천만 달러에 이르는 자신의 재산을 남김없이 기부한 사람들이 등장한다. 자신이 살아가는 데 필요한 돈보다 단 1달러라도 많이 갖고 있다면 도덕적으로 옳지 않다고 결론을 내렸기 때문이다. 자신의 신장을 자발적으로 기부한 사람들도 있다. 신장 하나만으로 살다가 사망할 확률이 4,000분의 1이라는 사실을 알고, '여분의' 신장을 기증하지 않는다면 자신의 생명을 다른 사람의 생명보다 4,000배나 더 가치 있게 여기는 셈이라고 생각했기 때문이다.

　만약 당신이 나와 같다면, 이런 이야기를 읽으면서 많은 감정을 빠르게 느낄 것이다. 남을 돕는 데 그토록 헌신할 수 있는 사람들에 대한 경외심과 존경심. 그런 사람들 가운데 한 명이 아닌 데 대한 부끄러움. 진료실에 들어가서 "제 신장을 떼어서 누구든 그게 필요한 사람에게 주세요"라고 말한다는 건 도무지 상상해보지 않은 일이라, 그런 사람들이 미쳤다고 생각할 수도 있다. 스스로를 끔찍한 위선자라고 느낄 수도 있다. 왜냐하면 당신은 이미 다른 사람들을 돕기 위해 많은 일을 하고 있지만, 대형 평면 TV와 부드럽고 편안한 목욕 가운, 좋아하는 선수의 사인이 담긴 300달러짜리 야구 배트를 소유하고 있기 때문이다. 이 모든 것은 엄밀히 말해 당신에게 '필요한' 것은 아니다. 그러고 나면 당신은 화가 날 수도 있다. 왜냐하면 스스로를 할 수 있을 때마다 옳은 일을 하려고 노력하는 사람이라고 생각하고 있고, 편안한 목욕 가운을 좋아하는데(정말 편하다, 젠장!), 이 사람은 대체 누구길래 그 가운을 사지 말라고 하느냔 말이다. 게다가 당신의 신장까지 기증하라는데 그게 어떻게 합리적인 기준이라는 말인가?!

그러나 이것이 바로 요점이다. 이 책을 읽으며 느끼는 것보다 느끼지 못하는 감정이 더 중요하다. 바로 자기만족 말이다. 당신은 다른 사람은 알 바 아니라고 생각하지 않게 될 것이다. 가까운 곳에서든 해외에서든 재난이 일어나면 관련 보도를 무심코 지나치지 않을 것이며, 잠시일지라도 피해를 입은 사람들의 삶을 고려하지 않고 넘기지 않을 것이다. 대신, 머릿속에 '내가 뭔가 도울 수 있는 일이 있을지도 몰라'라는 생각이 맴돌 것이다. 당신의 삶을 망가뜨리거나 가족의 안녕을 위험에 빠뜨리지 않고도 할 수 있는 일이 있으리라고.

그러니 당신은 걱정할 필요가 없다. 이 책의 원칙을 따르기 위해 신장을 떼어내 기증하거나 극빈층을 돕기 위해 파산하지 않아도 된다. 그저 몇 가지 질문을 스스로에게 던져보면 된다. '나는 지금 무엇을 하고 있는가? 지구상의 한 인간으로서 나는 불운한 사람들을 돕기 위해 무엇을 하고 있는가? 혹시 뭔가를 조금 더 할 수 있을까? 만약 그렇다면 어떻게?'

이러한 질문은 던져볼 만한 가치가 충분하다.

2019년 7월

| 머리말 |

지금 이 자리에서
할 수 있는 일

지하철 승강장에서 선로로 굴러떨어지는 사람을 보았을 때, 웨슬리 오트리는 주저하지 않았다. 지하철 불빛이 역 가까이 다가오는데도 건설 노동자인 오트리는 선로에 훌쩍 뛰어들어, 떨어진 사람을 선로 사이의 배수로에 밀쳐 넣고 몸으로 그를 감쌌다. 열차는 그들 위를 달려 지나가면서 오트리가 쓰고 있던 모자에 윤활유 자국을 남겼다. 나중에 대통령 연두교서 연설 자리에 초청받아 대통령에게 찬사를 받은 그는 자신의 행동이 아무것도 아니라며 겸양했다. "제가 뭔가 대단한 일을 했다고 생각하지 않습니다. 그저 도움이 필요한 사람을 봤고, 해야 한다고 느낀 일을 했을 뿐인데요."[1]

당신도 그렇게 한 생명을, 아니 여러 생명을 구할 수 있다면 어떨까? 이 책을 읽는 지금, 책상 위에 생수병이나 음료수 캔이 놓여 있지 않은가? 수도꼭지만 틀면 안심하고 마실 물이 쏟아지는데도 마실 것

머리말

을 돈 주고 산다면 그건 정말 필요한 생필품을 구매한 것으로 볼 수는 없을 것이다. 전 세계적으로 7억 명 이상이 그런 음료수 값보다 적은 돈으로 하루를 산다.[2] 그들은 가족을 위해 최소한의 의료 서비스도 제공해줄 힘이 없기 때문에 그들의 아이들은 쉽게 고칠 수 있는 병, 이를테면 이질에 걸려 목숨을 잃는다. 당신은 그들을 도울 수 있다. 그리고 그러기 위해 달려오는 열차에 치일 위험을 무릅쓸 필요가지는 없다.

나는 40년 이상 기아와 빈곤 문제에 대해 생각하고 글을 써왔다. 그리고 이 책에 담긴 논의를 수천 명의 대학생에게, 효과적인 기부에 대한 온라인 강의의 청중에게 그리고 셀 수 없이 많은 신문과 잡지 구독자들과 TED 강연회 청중, 팟캐스트 청취자와 텔레비전 시청자에게 제시해왔다.[3] 그 결과 여러 의미심장한 문제점을 해결할 필요성을 느끼게 되었다. 이 책의 초판은 많은 토론과 도전을 불러일으켰고, '효과적 이타주의 운동 effective altruism movement'이 일어나면서 돈을 가장 가치 있게 쓰는 방법에 참고가 될 만한 연구 또한 대대적으로 이루어졌다. 이제 10주년 기념으로 전면 개정된 이 책에는 지난 시간 동안 '왜 우리는 남을 돕는가? 왜 어떤 때는 남을 돕지 않는가? 남을 돕는 일과 관련해서 우리는 어떻게 해야 마땅한가?' 등등의 문제에 대해 쌓아온 지식이 담겨 있다.

우리는 독특한 시기를 살아가고 있다. 기초적인 물질적 욕구를 충족하지 못하고 사는 인구 비율이 어느 때보다 적으며, 아마도 이만큼 적은 비율은 인류사상 최초일 것이다. 하지만 한편으로 경기순환 주기를 넘어서 길게 보면, 필요한 수준 이상의 부를 소유하고 있는 인구의 비율도 전례 없이 높다. 무엇보다도 중요한 것은 부자와 빈자가 이전과는 전혀 다른 방식으로 연결되어 있다는 점이다. 생존의 갈림길에 선 사람들의 실시간 영상이 우리의 모바일 기기로 전송된다. 우리는 그들의 절망적인 상황을 자세히 알 수 있을 뿐만 아니라, 더 나은 의료 서비스, 개량된 종자와 농업기술, 전기를 생산하는 새로운 기술 등 그들에게 제공할 수 있는 정보도 훨씬 많아졌다. 더욱 놀랍게도, 인터넷이 없던 시대의 가장 큰 도서관조차 무색하게 할 만큼 방대한 정보에 손쉽게 접속할 수 있는 우리는 그들을 세계 공동체의 일원으로 참여시킬 수 있다. 그들은 극한의 빈곤에서 벗어나 더 나은 삶을 위해 노력할 기회를 잡을 수 있다. 우리가 힘을 빌려주기만 한다면 말이다.

UN과 그 회원국은 '2030년까지 극한의 빈곤 상태를 완전히 끝내다'는 야심 찬 목표를 설정했다.[4] 앞으로 겨우 몇 년 안에 극한의 빈곤을 세상에서 없애겠다는 것은 매우 큰 도전이라고 할 수 있다. 그러나 그 목표에 대해 이미 상당한 진전이 있었다. 유니세프에 따르면, 1960년에는 2,000만 명의 유아가 다섯 번째 생일을 맞이하기 전에 빈곤 때문에 죽었다. 나는 이 책의 초판이 나온 2009년에 당시의 최신 통계를 인용해, 그 숫자가 970만 명으로 줄어들었다는 좋은 소식을 독자에게 전했다. 그리고 이제 10주년 기념판을 낼 즈음인 2017년 통계로는, 5세 이하 유아 사망자 수가 540만 명으로 줄어든 상태다.[5] 2017년에는 내가 이 책을 처음 낼 때보다 매일 1만 1,780명 (에어버스 380대의 좌석을 꽉 채운 숫자에 해당)의 유아가 덜 사망하게 되었으며, 1960년과 비교하면 4만 명이 줄어든 수치이다. 천연두, 홍역, 말라리아 퇴치 운동이 유아 사망률 감소에 한몫했고, 여러 나라의 경제 발전도 일조했다. 이런 사망률 감소 현상은 1960년 이래 세계 인구가 두 배 이상 늘어났다는 사실을 생각하면 더욱 경이롭다. 그러나 여기서 만족할 수는 없다. 아직도 매년 540만 명의 5세 이하 유아가 죽어간다. 그중 절반 이상은 간단하고 비용도 별로 안 드는 조치만 있었어도 죽지 않을 수 있었다. 큰 비극이 아닐 수 없다. 더욱이 이처럼 부유한 세상에서라면 말이다. 분명 우리 시대의 도덕적 오점일 수밖에 없는 일이다.[6]

우리가 놓인 상황은 높고 험한 산꼭대기를 올라가는 것과 비슷하다. 까마득히 먼 옛날 인류가 생기고 나서부터 지금껏 우리는 자욱한 구름을 헤치며 산을 기어 올라왔다. 얼마나 더 가야 하는지, 도대체 꼭대기까지 갈 수 있기는 한 건지 알 수가 없었다. 그러나 이제는 적어도 구름층 위까지 올라섰다. 그래서 꼭대기까지 뻗어 있는 가파른 낭떠러지 길을 올려다볼 수 있다. 아직 꼭대기까지는 멀다. 있는 힘을 다 짜내지 않으면 안 될 길이 남아 있다. 하지만 이제는 이 산을 오를 수 있음이 분명해졌다.

우리 모두 이 역사적인 등반에서 각자의 몫을 해낼 수 있다. 최근 대담하고 공공연하게 그렇게 한몫을 하려는 사람이 늘어났다. 워런 버핏은 죽기 전까지 자기 재산의 99%를 기부하기로 서약했다. 2006년 이래 그는 309억 달러 이상을 기부한 것으로 기록됐다. 빌 게이츠와 멜린다 게이츠Bill and Melinda Gates 부부는 지금껏 약 500억 달러를 기부했으며, 앞으로도 더 기부하려 한다. 버핏과 게이츠 부부는 이러한 기부를 하며 극빈층을 줄이는 것을 최우선 과제로 삼고 있다.[7] 엄청난 액수이긴 하지만, 이 책의 끝을 다 읽고 나면 알게 될 것이다. 이것이 부유한 국가의 사람들이 생활 수준을 크게 낮추지 않고도 쉽게 기부할 수 있는 금액의 아주 일부에 불과하다는 사실을. 다만 더 많은 사람이 기부 노력에 동참하지 않는다면, 우리는 목표에 도달할 수 없을 것이다.

그러므로 이제야말로 스스로에게 물을 때다. '왜 남을 도와야 하는가?'

나는 두 가지 목표를 가지고 이 책을 썼다. 첫 번째 목표는 극심한 빈곤의 덫에 걸린 사람들에 대한 우리의 책임을 일깨우는 것이다. 그 목표와 관련된 부분에서는 의도적으로 매우 까다로운(누군가는 불가능하다고 말할 수도 있는) 윤리적 행동 기준을 제시했다. 나는 보통 가능하다고 생각하는 수준보다 훨씬 더 많이 남을 돕지 않는 한, 우리가 윤리적으로 올바르게 살고 있다고 보기 어려울지 모른다는 것을 보여 주고자 한다. 어이없는 소리로 들릴지 모른다. 하지만 이를 논증하는 것이야말로 어이없을 만큼 간단하다. 이 이야기는 책상 위의 생수병, 즉 우리가 꼭 필요하지 않은 것에 지출하는 돈으로 돌아간다. 그들의 잘못이 아닌데 절박한 상황에 처한 사람들을 돕기가 그토록 쉬운데 그러지 않는다면, 우리가 뭔가 잘못하고 있는 게 아닐까? 최소한 '좋은 삶'이란 무엇인지에 대해 우리가 널리 받아들여온 관점에 뭔가 크게 어긋난 점이 있다는 것을 받아들이는 데 이 책이 도움이 되었으면

한다.

이 책의 두 번째 목표는 가난한 사람들을 돕기 위해 더 많은 소득을 기부하도록 설득하는 것이다. 다행히도 나는 철학적 논증의 까다로운 기준에서 한 발 물러나서 우리의 행동을 실제로 바꿀 수 있는 것이 무엇인지 질문해야 한다는 것을 충분히 인식하고 있다. 나는 우리가 기부를 하지 않는 설득력 있는 이유와 그렇지 않은 이유를 검토할 것이다. 그리고 우리가 해야 한다고 알고 있는 일을 하지 못하게 막는 심리적 요인도 살펴볼 것이다. 인간 본성의 한계를 인정하면서도, 그런 경향을 훌쩍 뛰어넘은 것처럼 보이는 사람의 예시도 제시할 것이다. 그다음에는 적당한 기준, 즉 큰 희생을 요구하기는커녕 오히려 많은 사람이 그 어느 때보다 더 행복하고 충만함을 느낄 기부 방법을 제안하며 마무리할 것이다.

이 책에서 제시하는 여러 이유에도 불구하고, 우리 중 많은 사람은 만나본 적도 없고 영영 가볼 일도 없을 먼 나라에 사는 낯선 사람을 위해 지갑을 여는 데 주저한다. 그러나 부디 큰 그림을 보아주길 바란다. 매년 26만 6,000명의 아이가 충분히 예방하고 치료할 수 있는 질병인 말라리아로 죽어가고, 100만 명의 여성이 치료 가능하지만 요실금 증세를 유발하는 끔찍한 출산 손상인 산과 누공* 으로 고통받으며, 시각장애인 다섯 명 가운데 넷은 아주 적은 비용만으로 실명의 원인

---

* 난산의 여파로 질과 방광 또는 질과 항문 사이에 누공(구멍)이 발생하는 질환. 이 누공으로 배설물이 배출되며, 요실금부터 태아나 산모의 사망까지 유발할 수 있다. 여성 할례, 조혼, 불결한 환경 등이 원인으로 지적된다. — 옮긴이

이 되는 증상을 예방하거나 저렴한 백내장 수술로 시력을 회복할 수 있었음에도 끝내 빛을 잃어버리는 세상에서 윤리적으로 살아가는 데 무엇이 필요한지 생각해보기 바란다.[8]

당신이 사랑하는 사람을 생각해보라. 그리고 그 사람이 말라리아로 죽어가는 것을 막기 위해, 또는 사회적 배척을 초래하는 출산 손상을 치료해주기 위해, 또는 잘못하면 영영 잃어버릴 시력을 되찾아주기 위해 얼마를 지불할지 자문해보라. 그런 다음 아무리 그러고 싶어도 자신과 사랑하는 가족을 위해 그럴 방법이 도무지 없는 빈곤층을 돕기 위해 얼마나 노력하고 있는지 스스로에게 물어보라.

나는 당신이 이 책을 끝까지 읽고 사실과 윤리적 주장을 모두 평가하면서 우리 상황을 정직하고 신중하게 살펴본다면, 우리가 '뭔가 해야만 한다'는 데에 동의할 것이라고 믿는다. 이 책의 마지막 장에 그렇게 할 수 있는 방법을 보여주는 링크가 있다.

피터 싱어

| **차례** |

| 10주년 기념 한국어판 서문 | 우리가 구할 수 있는 것은 결코 작지 않다   007
| 추천사 | "이렇게 생각할 수도 있구나!" _마이클 슈어   012
| 머리말 | 지금 이 자리에서 할 수 있는 일   017

1부   도울 것인가, 외면할 것인가

| 1장   물에 빠진 아이 구하기   029
| 2장   돕지 않으면 부도덕한가   045
| 3장   기부를 거부하며 우리가 흔히 하는 말   058

2부   왜 기부를 망설이는가

| 4장   기부를 가로막는 5가지 심리   101
| 5장   기부 문화를 어떻게 만들 것인가   122

3부 타인을 돕는 최선의 방법

6장 한 생명을 구하는 데 얼마면 될까? 161

7장 더 나은 구호 방법 모색하기 189

4부 기부의 새로운 기준

8장 내 아이와 남의 아이 229

9장 너무 지나친 요구인가? 245

10장 현실적인 기준 262

| 맺음말 | 한 사람은 무엇을 할 수 있는가 281

| 후기 | 생각에서 행동으로 _찰리 브레슬러, TLYCS 전무이사 284

| 부록 | 얼마나 기부해야 할까 - 기부율표 288

| 감사의 글 | 294

| 옮긴이 후기 | 297

| 주 | 304

THE LIFE YOU CAN SAVE

1부

도울 것인가, 외면할 것인가

1장
물에 빠진 아이 구하기

출근길에 당신은 작은 연못을 지나간다. 날씨가 더울 때면 가끔 연못에 들어가 노는 아이들이 보인다. 물이 겨우 무릎 높이라 염려할 일은 없다. 하지만 오늘은 날이 춥고 시간도 이른 편이라 연못에서 첨벙거리는 아이를 보고 깜짝 놀라지 않을 수 없었다. 가까이 가서 보니 아주 어린 아이다. 겨우 걸음마를 하는…. 그 아이는 물 밖으로 나오지 못하고 허우적대고 있다. 주위에 부모나 베이비시터가 있는지 둘러보지만 아무도 보이지 않는다. 아이는 한 번에 몇 초 이상 물 위로 고개를 내밀지 못한다. 물에 뛰어들어 아이를 건져내지 않으면 물에 빠져 죽을 가능성이 높다. 물에 들어가기란 어렵지 않고 위험하지도 않다. 하지만 며칠 전에 산 새 신발이 더러워질 것이다. 양복도 젖고 진흙투성이가 되리라. 아이를 보호자에게 넘겨주고 옷을 갈아입고 나면, 틀림없이 지각이다. 이제 어떻게 할 것인가?

나는 실천윤리학이라는 과목을 가르친다. 지구촌의 빈곤 문제를 논할 때는 우선 학생들에게 이 이야기를 들려주고 어떻게 하는 것이 옳겠느냐고 물어보곤 한다. 예상대로 아이를 구해야 한다는 대답이 나온다. "신발은 어떡하죠? 지각하는 것은?" 그런 건 대수롭지 않다고들 한다. 대체 누가 신발이 더러워진다거나 한두 시간 지각하는 것 때문에 한 아이의 생명을 저버릴 생각을 할 수 있을까.

'물에 빠진 아이'는 내가 1972년에 「기근 풍요 도덕Famine, Affluence and Morality」이라는 제목으로 썼던 글에서 처음 내놓은 이야기인데, 아직도 윤리학 강의에서 널리 쓰이고 있다. 2011년에 내가 예를 들고자 만들어낸 이야기와 비슷한 일이 중국 남부 도시인 포산佛山에서 실제로 벌어졌다. 두 살배기 소녀 왕위에王悅가 엄마와 떨어져서 좁은 길을 헤매다가 밴에 치이고 말았다. 이 사고 장면은 CCTV에 고스란히 잡혔다. 하지만 이어지는 장면이 더욱 충격적이다. 왕위에가 피를 흘리며 길거리에 쓰러져 있을 때 총 열여덟 명이 걷거나 자전거를 타고 그 옆을 그냥 지나쳤다. 아무도 도움의 손길을 내밀지 않았다. 영상을 보면 대부분은 아이를 똑똑히 보았지만 시선을 피하고 지나친다. 어느 환경미화원이 아이를 보고 소리치며 사람들에게 알리기 전에 두 번째 밴이 아이의 다리를 깔아뭉갰다.* 왕위에는 급히 병원으로 옮겨졌지만,

---

* 이 환경미화원의 이름은 천시엔메이陳賢妹로, 사실은 길거리에서 폐지 등을 주워서 생활하는 여성이었다. 당시 상황을 더 자세히 보면 첫 번째 밴이 왕위에를 쓰러트린 뒤 세 사람이 아이를 외면하고 지나갔고, 두 번째 차량(밴이 아닌 트럭으로 보인다)이 치고 지나간 뒤로 열다섯 명이 더 스쳐 지나갔다. 그리고 천시엔메이가 소리치고 뛰어다니며 아이 부모를 찾고, 어머니가 달려온 후 아이는 병원으로 옮겨졌다. 중국 정부는 11만 위안으로 천시엔메이의 선행을 기렸으며, 첫 번째 사고를 낸 밴의 운전자는 자수한 뒤 과실치사죄로 3년 6개월 형을 선고받았다. ― 옮긴이

애석하게도 너무 늦은 후였다. 아이는 숨을 거두고 말았다.[1]

당신이라면 어땠을까? 보통은 이렇게 말할 것이다. "그 아이를 지나치지 않았을 거예요. 멈춰서 도왔을 겁니다." 하지만 앞서 보았듯이 2017년 기준 연간 540만 명의 아이들이 다섯 살을 넘기지 못하고 죽고 있다. 이는 대부분 예방이 가능한 죽음이다. 한 가지 예를 더 들어 보자. 세계은행 소속 연구자에게 어느 가나 사람이 들려준 이야기다.

예를 들어, 오늘 아침에 죽은 이 어린 소년의 경우를 살펴보시지요. 소년은 홍역으로 죽었습니다. 우리는 모두 병원에 데려가면 아이가 나을 수 있다는 걸 알고 있었습니다. 하지만 아이 부모에게는 돈이 없었죠. 결국 그 소년은 오랫동안 앓다가 죽었습니다. 홍역이 아니라, 가난 때문에 죽은 거죠.[2]

그런 일이 매일 수백 번씩 되풀이되고 있다. 어떤 아이들은 먹지 못해서 죽는다. 그리고 더 많은 아이가 홍역, 말라리아, 설사증, 폐렴 따위로 죽는다. 이 병은 선진국에서는 구경도 못 할, 설령 걸렸더라도 결코 치명적이지 않은 질병이다. 개발도상국 아이들이 그런 질병에 취약한 까닭은 안심하고 마실 물이나 하수 정화시설이 없기 때문이고, 병에 걸렸을 때 부모가 치료비를 감당할 수 없거나 치료가 필요하다는 사실조차 모를 수 있기 때문이다. 유니세프와 옥스팜Oxfam, 말라리아 퇴치 재단Against Malaria Foundation, 에비던스 액션Evidence Action을 비롯한 여러 단체가 빈곤을 줄이거나 모기장 혹은 안전한 식수를 제공하기 위해 노력하고 있으며 그 덕분에 사망자 수가 줄어들고 있다. 이러한 단체가 더 많은 자금을 확보한다면, 더 많은 활동을 할 수 있고 더 많은 생명을 구할 수 있을 것이다.

이제 당신이 놓인 상황을 생각해보자. 비교적 적은 돈을 기부함으로써 당신은 한 아이의 생명을 구할 수 있다. 아마도 신발 한 켤레를 사는 데 필요한 금액보다는 더 들겠지만, 우리는 음료수, 외식, 의류, 영화, 콘서트, 휴가 여행, 새 자동차, 집 리모델링처럼 꼭 필요하지 않은 것들에 돈을 쓴다. 그런 데에 돈을 쓰기로 선택하고 효과적인 자선단체에 기부하지 않음으로써, 당신이 구할 수 있었던 아이를 그냥 죽게 내버려두는 것은 아닐까?

오늘날, 사람들은 얼마나 가난한가

극도로 가난한 사람들을 위해 우리가 뭔가를 더 해야 한다는 점을 더 깊이 들여다보기에 앞서, 우선 다음 질문에 답해보자.

1. 지난 20년 동안, 세계의 극빈층 인구는
    1) 약 두 배 늘어났다.
    2) 이전과 비슷하다.
    3) 거의 절반으로 줄었다.
2. 오늘날 전 세계 1세 미만 유아 가운데 몇 %가 백신(어떤 질병에 대한 것이든) 접종을 받았을까?
    1) 20%

2) 50%

   3) 80%

3. 세계 인구의 과반수는 다음 중 어떤 곳에서 살고 있을까?

   1) 저소득 국가에서

   2) 중간소득 국가에서

   3) 고소득 국가에서

각자 답을 써보기 전에는 아래에 있는 정답을 보지 말기 바란다.

정답: 1. 거의 절반으로 줄었다.

   2. 80%

   3. 중간소득 국가에서

지난 수십 년간 고故 한스 로슬링Hans Rosling[*]과 갭마인더 재단 Gapminder Foundation은 '갭마인더 오해 연구'[3]를 실시하며 이와 비슷한 질문을 세계 각지의 수천 명에게 제시했다. 한스 로슬링과 그의 아들 올라Ola 로슬링, 며느리 안나 로슬링 뢴룬드Anna Rosling Rönnlund는 공저 『팩트풀니스』에서 이 조사의 놀라운 결과를 공유했다. 그 핵심을 요약하자면 다음과 같다.

세계은행에 따르면, 세계의 극빈층 인구 비율은 1993년에는 34%

---

[*] 1948~2017. 스웨덴의 의사이자 통계학자로, 보건통계학 분야에서 빅데이터를 적극적으로 활용하며 새로운 경지를 개척했고 2005년에 갭마인더 재단을 공동 창립했다. ― 옮긴이

였지만 2013년에는 10.7%로 떨어졌다. 즉 절반 정도가 아니라 3분의 2 이상 감소했다는 말인데, 극한의 빈곤을 계측하기란 매우 어렵기 때문에 이 수치는 보수적으로 받아들여야 한다. 어쨌든 이만큼이나 큰 폭의 감소를 이루어냈다는 것은 인류 역사상 매우 빛나는 위업 가운데 하나라고 할 것이다. 이 사실을 아는 사람이 많지는 않지만 말이다. 앞의 첫 번째 질문에 정답을 적은 사람은 평균 7%에 못 미쳤다. 미국의 경우에는 더 낮아서, 이 질문에 응한 미국인은 스무 명 가운데 열아홉 명꼴로 지난 20년간 빈곤율은 그대로이거나 더 심해졌다는 오답을 내놓았다.

백신 접종률에 대한 두 번째 질문의 결과도 비슷하다. 오늘날에는 전 세계 거의 모든 어린이가 백신을 맞고 있다. 『팩트풀니스』에서 '경이로운' 현상이라고 표현한 대로다. 그러나 이번에도 아주 적은 응답자(겨우 13%)만이 전 세계 어린이를 위한 이 중대한 보건 관련 업적을 인지하고 있었다.

이쯤 되면 아마도 갭마인더 재단의 '오해 연구' 중 세 번째 질문에서도 사람들 대부분이 오답을 내놓았다는 것을 짐작할 수 있을 것이다. 우리에게는 세계를 '선진국'과 '개발도상국'으로 나누는 습관이 있고, 그래서 세계 인구의 4분의 3이 살고 있는 중간소득 국가를 위한 자리를 남겨놓지 않는다. 여기에 고소득 국가에 사는 사람들을 더하면 세계 인구의 91%에 이른다. 따라서 저소득 국가의 주민은 단 9%만 남는데, 물론 이들 모두가 극빈층은 아니다. 하지만 이것이 안심할 근거가 되지는 않는다. 인도나 나이지리아처럼 인구가 많은 중간소득 국가는 소득 분배가 매우 불평등해서, 수백만 명의 사람들이 극빈층으로 살아가고 있기 때문이다.

3장에서 살펴보겠지만, 많은 사람이 극심한 빈곤 퇴치를 위한 기부에 응하지 않는 이유는 그래 봐야 소용없으리라고 여기기 때문이다. 바로 그렇기 때문에 이런 질문의 오답률을 통해 더 많은 사람이 그동안 이룬 놀라운 진전에 대해 아는 일이 중요하다. 현실이 어떠하고, 어떻게 현실을 바꿔나갈 수 있는지 말이다. 몇 년 전, 세계은행이 그러한 일을 시도했다. 소속 연구원들에게 가난한 사람들과의 인터뷰 과제를 주었고, 73개국 약 6만 명의 남녀가 인터뷰에 응했다. 서로 사는 곳이 다르고 쓰는 언어도 달랐지만, 그들은 빈곤이 그들에게 어떤 의미이고 그들로 하여금 무엇을 하지 못하게 하는지 되풀이해서 말했다.

- 1년 내내, 또는 1년 중 일부 기간 동안 식량이 부족해서 흔히 하루에 한 끼만 먹는다. 때로는 얼마 안 되는 음식을 스스로 먹느냐, 자식에게 먹이느냐를 놓고 선택해야 하고, 때로 둘 다 해결하지 못할 때도 있다.
- 돈을 저축할 수 없다. 가족이 아파도 병원에 갈 수 없고, 흉년이 들면 굶는 수밖에 없다. 돈놀이하는 사람에게 돈을 빌리면 이자가 하염없이 이자를 낳고, 결국 절대로 빚에서 못 벗어난다.
- 아이를 학교에 보내지 못한다. 설령 보내도 흉년이 들면 더 이상 보낼 수 없다.
- 진흙이나 풀로 얼기설기 만든 집에서 산다. 집이 허술해서 2, 3년

지나거나 혹은 악천후를 만나면 당장이라도 다시 지어야 한다.
- 마음 놓고 마실 물이 근처에 없다. 멀리서 길어 와야 하는데, 그나마 안 끓이고 마시면 병에 걸린다.

그러나 극빈이란 단지 물질적 욕구가 충족되지 않은 상태만은 아니다. 이는 흔히 인격을 손상시키는 무력감을 동반한다. 비교적 잘 통치되는 민주주의 국가에서조차, 세계은행 설문 응답자들은 아무것도 하지 못한 채 감수해야만 했던 다양한 상황을 묘사했다. 얼마 되지도 않는 것을 누군가 가로챈다. 그래서 경찰에게 말해봤자, 경찰은 말을 들어주지도 않는다. 법도 성폭행이나 성추행을 막는 데는 별 도움이 되지 않는다. 자식을 부양할 수 없다는 수치심과 패배감에 사로잡혀 있다. 빈곤이 쇠사슬처럼 옭아매고, 죽도록 고생만 하다가 끝내 아무 흔적도 남기지 못하고 스러지는 삶, 그 삶에서 도망칠 희망은 조금도 없다.[4]

세계은행은 극빈을 적당한 음식, 물, 주거, 의복, 위생, 의료, 교육과 같은 가장 기초적인 인간의 필요를 충족시킬 만한 소득이 없는 상태로 정의한다. 1990년부터 2015년까지의 기간에 10억 명 이상이 극빈 상태에서 벗어났다. 그 결과, 현재 전 세계 빈곤율은 기록된 이후 역사상 가장 낮은 수준에 이르렀다고 해도 좋을 정도다. 그럼에도 가장 최근의 이용 가능한 자료에 따르면, 7억 3,600만 명이 아직 하루에 1.90달러 이하로 살고 있다. 1.90달러는 세계은행이 정한 극빈 기준이다.[5]

'하루에 1.90달러'라는 극빈 기준치를 두고, 많은 저소득 국가에서는 부유한 국가에서보다 훨씬 더 적은 비용으로 생활할 수 있으리라는 생각이 떠오를 수 있다. 아마 당신도 세계 곳곳을 배낭여행 하면서 상상 이상으로 적은 돈으로 살아본 경험이 있을지도 모른다. 그러니 미국, 프랑스, 스페인 같은 나라에서는 그런 돈으로 살기가 정말 어렵겠지만, 다른 나라에서는 좀 덜 힘들지 않을까 싶을 수 있다. 하지만 이런 생각이 떠올랐다면 바로 털어버리는 게 좋다. 왜냐하면 세계은행이 이미 구매력을 조정했기 때문이다. 즉 세계은행이 조사한 극빈 인구는 미국에서 1.90달러로 살 수 있는 물품과 서비스의 양에 상응하는 일일 총 소비량(돈을 주고 샀든 자급자족을 하든)으로 살아가는 사람들의 수를 나타낸다.

더 부유한 나라에서 '빈곤'이란 대개 상대적이다. TV 광고에 나오는 물건을 마음대로 살 만한 여유가 없을 때 '나는 가난하구나' 한다. 하지만 그 사람은 적어도 TV를 가지고 있다! 미국 인구조사국에서 '빈민'으로 분류하는 사람의 97%가 TV를 갖고 있다. 4분의 3은 자동차가 있고, 역시 4분의 3은 에어컨도 있다.[6] 이런 통계치를 든다고 해서 미국의 빈민이 어렵게 살지 않는다는 말은 아니다. 하지만 그 어려움은 세계의 극빈자들이 겪는 어려움과는 맥락이 다르다. 극한의 빈곤에 허덕이는 14억 명은 인간으로서의 가장 기본적인 욕구조차 충족하지 못하고 있다. 그들은 1년 중 상당 기간을 굶주린다. 비록 주린 배를 채울 식량이 충분하다 해도 영양실조를 면치 못한다. 기초영양소가 결핍된 음식을 먹기 때문이다. 영양실조는 자라나는 아이들의 성장을 억제하며, 뇌에 평생 없어지지 않는 장애를 남길 수도 있다. 이렇게 가난한 사람들은 자식을 학교에 보내기도 어렵다. 기초적인 응급 보건의료도 그들에게는 대개 그림의 떡이다.

이런 종류의 빈곤은 사람을 죽인다. 오늘날 스페인에서 태어나는 아이는 83년 이상 살 것으로 예상되는 반면 시에라리온, 나이지리아, 차드 같은 국가에서 태어난 아이들의 기대수명은 55년 미만이다.[7] 사하라 이남 아프리카는 여전히 5세 미만 유아 사망률이 세계에서 가장 높으며, 열세 명 가운데 한 명꼴로 다섯 번째 생일을 맞지 못하고 죽는다. 오스트레일리아와 뉴질랜드의 유아 사망률(263명 중 한 명)보다 20배나 높다.[8] 그리고 유니세프의 통계에 따르면 매년 540만 명의 어린아이는 가난이 아니었으면 피할 수 있었을 죽음을 맞이한다. 수백만 명의 청소년과 성인들의 죽음도 그렇다. 전부 합치면 매일 수만 명이 죽어가고 있다. 불가피한 죽음이 아니다. 대부분 아주 간단하고 저렴한 수단으로 구할 수 있는 생명이었다.

내가 이 책의 초판을 썼을 때, 남아시아는 오랫동안 극빈층이 가장 많은 지역이었고, 인도는 어느 나라보다도 극빈층이 많았다. 그러나 불과 10년 만에 모든 것이 바뀌었다. 경제성장으로 인해 극빈층 남아시아인의 수가 1990년 5억 명에서 2015년 2억 1,640만 명으로 줄었다. 2015년에도 인도는 여전히 극빈층이 가장 많이 사는(1억 7600만 명, 전 세계 극빈층의 거의 4분의 1) 나라였으나, 그 숫자는 계속 빠르게 감소할 것으로 예상된다. 일부 추정에 따르면 2019년에는 인도보다 나이지리아에 극빈층이 더 많았다.[9]

가장 극적인 극빈층 감소는 아시아 태평양 지역에서 이루어졌다. 1990년에는 60%에 이르던 극빈층이[10] 2015년에는 겨우 2.3%에 지나지 않을 만큼 놀랍게 감소했다(비록 여전히 거의 1,000만 명의 중국인이 극빈층이고, 그 외 아시아 태평양 지역에도 그보다 적은 수의 극빈층이 있지만).

세계은행의 2018년도 빈곤 보고서에는 좋은 소식과 나쁜 소식이 모두 들어 있다. 좋은 소식은 1990년에서 2015년까지 25년이 흐르는 동안 세계의 극빈층 인구가 매년 평균 1%포인트씩 감소하여 약 36%에서 10%로 줄었다는 것이다. 나쁜 소식은 그런 감소세가 점점 둔화되어 2013년에서 2015년 사이에는 단 1%포인트만 감소했다는 것이다. 둔화의 이유는 현재 세계의 극빈층 대부분이 살고 있는 사하라 이남 아프리카 지역의 빈곤 감소가 아시아보다 더디게 진행되기 때문이다. 그곳은 또한 인구 대비 극빈층 비율이 가장 높은(열 명 중 네 명) 지역이기도 하다. 세계은행은 "극빈이 점점 더 사하라 이남 아프리카의 문제가 되어가고 있다"고 보고하며 "세계에서 가장 가난한 28개국 중 27개국이 사하라 이남 아프리카에 있고, 모두 빈곤율이 30% 이상"이라고 지적한다. 미국의 연구기관인 브루킹스연구소는 이렇게 덧붙인다. "2023년까지 세계 극빈층의 아프리카 비중이 80% 이상으로 증가할 것(2016년에는 60%)이다. 아프리카에서 2030년까지 빈곤을 몰아내려면 매 1초마다 한 사람 이상이 빈곤에서 탈출해야 한다. 그러나 현실은 그 반대로, 아프리카의 빈곤층은 늘어나고 있다."[11]

오늘날, 사람들은 얼마나 풍요로운가

2018년 9월 1일, 인류 역사상 처음으로 전체 인구의 절반 이상이 중산층 이상이 되었다. '중산층'이라는 용어를 '영화를 보거나, 여행을 가거나, 세탁기 등의 소비재를 살 만한, 또는 일정 기간 병이나 실업 상태에 있더라도 빈곤에 빠지지 않을 만큼 자금 여유가 있는 사람'으로 정의한다면 말이다.[12]

따라서 오늘날에는 약 38억 명의 인구가 옛날에는 왕이나 귀족 정도나 누렸을 법한 풍요를 누리고 있다. 프랑스의 '태양왕' 루이 14세는 유럽에서 처음 보는 화려한 궁전을 세울 수 있었다. 하지만 여름에 궁전을 시원하게 만들 방법은 없었다. 오늘날 대부분의 고소득 국가에서 냉방은 대수롭지 않은 일이다. 또 루이 14세의 정원사는 아무리 애를 쓴대도 오늘날 우리처럼 신선한 과일과 채소를 전 세계에서 다양하게 들여와서 왕에게 맛보일 수 없었다. 왕이 치통을 앓거나 병에 걸렸을 때, 그의 치과의사나 주치의가 내린 최선의 처방이란 지금 우리가 보기에는 기겁을 할 성격의 것이었다.

하지만 우리는 수백 년 전의 프랑스 왕보다 더 잘살고 있는 것만이 아니다. 바로 우리 증조할아버지에 비해서도 훨씬 잘산다. 먼저 우리는 그분들보다 약 30년은 더 산다. 100년 전 태어난 아기는 열 명 중 한 명꼴로 사망했다. 현재 대부분의 부유한 나라에서 그 수치는 200명 중 한 명이다.[13] 오늘날 우리가 얼마나 풍요로운지를 보여주는 또 하나의 뚜렷한 지표는 기초 생활을 영위하기 위해 들여야 하는 노동 시간이 매우 짧다는 것이다. 오늘날 평균적인 미국인은 수입의 겨우 6.4%만을 먹을거리에 쓴다.[14] 주당 40시간을 일하지만 그중 겨우 두 시간의 노동으로 일주일 치의 먹을거리를 넉넉히 구할 수 있다. 대부분의 돈은 소비재 구입, 오락, 휴양 등에 들어간다.

그리고 대부호들이 있다. 대궐 같은 저택, 어이없을 만큼 크고 화려한 요트, 자가용 비행기 등에 돈을 쓰는 사람들. 2019년,「포브스」는 전 세계에 2,153명의 억만장자가 있다고 집계했다. 그 숫자는 10년 전에 비해 거의 두 배이고, 그들의 부는 계속해서 늘어나서 그들과 평범한 월급생활자 사이의 간격을 계속 벌려놓는 중이다.[15] 그런 사람들을 만족시키려 2018년 12월에 보잉비즈니스제트는 BBJ 777X를 선보였다. 보잉777기를 토대로 삼은 이 새 모델은 세계의 절반 이상을 논스톱으로 비행할 수 있다. 가격은? '그린' 항공기의 가격은 4억 5,000만 달러이다. 하지만 이는 탄소 배출이 제로라는 뜻이 아니다. 내부시설을 갖추지 않은 항공기를 의미한다. 사용자의 취향에 맞춰 내부시설을 추가하면 2,500만에서 5,000만 달러 정도의 비용이 더 든다. 이 비행기는 보통 여객기로 쓰면 365명을 태울 수 있다. 그러나 억만장자 자가용으로는 35명을 태운다.[16] 가격은 둘째치고, 소수 인원만 태우는 대형 항공기를 자가용으로 소유하는 것만큼 지구 온난화에 확실히 기여할 수 있는 일도 없다. 그러나 돈과 자원의 과시적 낭비라는 측면에서 보자면 호화 요트를 능가하기는 어렵다.「비즈니스인사이더」가 2017년 보도한 바와 같이, "세계 최고 부자들이 호화로운 슈퍼요트에 수백만, 심지어 수십억 달러를 쓰는 것이 일상이 되었다." 억만장자들은 세계 최대의 개인 요트를 갖고자 경쟁 중이다. 그 타이틀은 현재

아부다비의 아미르인 셰이크 칼리파 빈 자예드 알 나흐얀Sheikh Khalifa bin Zayed Al Nahyan[*]의 아잠호가 보유하고 있다. 아잠호는 길이가 180미터로, 종전 세계 최대였던 러시아의 억만장자 로만 아브라모비치Roman Abramovich의 이클립스호를 제쳤다. 아잠호의 가격은 4억 달러로 추정되며, 36명의 승객을 태울 수 있다. 이런 초대형 요트는 엄청난 양의 디젤 연료를 사용하기 때문에 매우 큰 오염을 유발한다. 아잠호의 연료탱크는 100만 리터의 연료를 담을 수 있는데, 이는 보통 소형차의 2만 배이며 민간 여객기의 다섯 배나 된다.[17]

이 책의 초판을 쓰는 동안 「뉴욕타임스」의 일요일판에 두툼한 광고 전용 부록이 딸려 왔다. 롤렉스Rolex, 파텍 필립Patek Philippe, 브라이틀링Breitling 등의 명품 손목시계 광고로 가득 찬 68쪽짜리 광택지 잡지였다. 광고에는 가격 정보가 세세히 들어 있지 않았지만, 기계식 손목시계의 부활에 대한 홍보성 기사가 가격대의 하한선을 안내해주었다. 값이 싼 쿼츠 손목시계가 훨씬 정확하고 기능도 뛰어나다는 점을 인정하고는, 그럼에도 불구하고 "기계식 시계의 움직임에는 매력적인 무엇인가가 있다"라고 말했다. 좋다, 그런데 이 매력적인 무엇인가를 손목에 감기 위해 얼마의 비용이 들까? "기계식 시계는 비싸다고 생각할지 모르지만, 500달러에서 5,000달러 사이에도 많은 선택지가 있다." 물론 "이러한 진입 가격대의 모델들은 그만큼 단출하다. 무브먼트와 디스플레이도 기본형이고, 장식도 심플하다." 이를 통해 우리는

---

[*] 아부다비의 아미르(토후)이면서 통상 겸임하는 아랍에미리트 대통령이었는데, 2022년 사망했다. 현재 아잠호의 소유주는 명확하지 않다. — 옮긴이

광고되는 대부분의 시계가 5,000달러 이상이라는 사실을 알 수 있는데, 이는 정확하고 신뢰할 수 있는 쿼츠식 시계 가격의 100배에 달한다. 그런 상품을 위한 시장이 있고, 「뉴욕타임스」의 광범위한 독자층을 대상으로 그토록 비싼 광고를 할 만하다는 것은 우리 사회의 부유함을 보여주는 또 다른 지표이다.[18]

하지만 이런 슈퍼리치들의 과소비 행태에 고개를 젓더라도, 너무 힘차게 젓지는 말자. 평균 소득의 미국인이 돈을 쓰는 방식에 대해 다시 한번 생각해보자. 미국의 대부분 지역에서 하루 권장량인 물 여덟 잔을 수돗물로 마시는 데는 1센트도 들지 않는다. 그런데도 수백만 명이 정기적으로 생수를 사 마시는데, 한 병에 보통 1.5달러나 그 이상(가령 피지에서 수입해 오는 생수 브랜드인 '피지'는 2.25달러다)이 든다. 그리고 생수를 만들고 운송하는 데 드는 에너지 낭비로 인한 환경문제가 제기되고 있음에도 불구하고 미국인이 구매하는 생수의 양은 점점 더 늘어나서 2017년에는 총 137억 갤런에 달했다.[19] 또한 우리가 카페인을 보통 어떻게 섭취하는지 생각해보자. 집에서 몇 센트로 커피를 끓여 마실 수 있는데도 라테 한 잔에 4달러 이상을 쓴다. 그리고 다 마시지도 못할 두 번째 탄산음료나 와인을 권하는 웨이터의 권유에 습관적으로 "예"라고 대답하지 않는가? 고고학자이자 미국 정부가 후원하는 음식물 쓰레기 연구 책임자이기도 한 티머시 존스Timothy Jones 박사는 가정에서 내버리는 음식물 쓰레기의 14%는 '완벽하게 좋은 음식'이라고 발표했다. 포장 상태 그대로이고 유통기한도 지나지 않은 음식물이 마구 버려지고 있다. 그런 음식물 중 절반 이상이 건조 포장식품이나 통조림이었다. 미국 농무부에 따르면 미국에서 이런 식으로 매년 폐기되는 음식물은 전체 음식물의 30 내지 40%로, 1,610억 달러어치에 이른다.[20] 또한 한 번도 입어보지 않고 버리는 옷의 양도 엄청나다. 어떤 조사에 따르면 영국에서는 1인당 평균 200파운드어치의 옷을 매년 그냥 버린다. 패션 디자이너 데보라 린퀴스트 Deborah Lindquist에 따르면 미국에서는 한 번도 입지 않은 채로 해를 넘긴 옷을 여성 한 사람당 평균 600달러어치 이상 갖고 있다고 한다.[21] 이런 수치가 얼마나 정확한지는 몰라도 남녀를 가리지 않고 우리 거의 모두가 필요하지 않은 것들을 구매하며, 그중 일부는 한 번도 사용하지 않는다고 말하는 것이 타당하다.

우리 대부분은 물에 빠진 아이를 구하는 것을 주저하지 않을 것이며, 상당한 손해를 보더라도 마땅히 감수할 것이라고 확신한다. 그러나 매일 수천 명의 아이들이 죽어가는 동안, 우리는 당연하게 여기는 것들, 없어도 거의 눈치 채지 못할 것들을 사는 데 돈을 쓴다. 이것은 잘못된 것일까? 만약 그렇다면, 우리는 빈곤층에 대해 얼마나 책임을 져야 할까?

| 2장 |

돕지 않으면 부도덕한가

밥은 은퇴를 앞두고 있다. 그는 저금을 거의 다 털어서 아주 희귀하고 가치 있는 올드카인 부가티Bugatti를 구입했다. 차 살 돈도 간신히 맞췄기에 보험은 따로 들 여력이 없었다. 이 부가티는 그의 자랑이자 기쁨이다. 차를 몰고 정비하는 일이 기쁠뿐더러 시장가가 계속 오르고 있다. 언젠가 이 차를 팔면 은퇴 후 편안한 생활을 누릴 수 있으리라는 생각에 절로 흐뭇해진다. 어느 날 밥은 드라이브하러 나갔다가 철로 측선 끝 근처에 부가티를 세워두고 잠시 철길을 따라 거닐었다. 그때 그는 아무도 타지 않은 열차가 철길을 따라 굴러 내려오는 것을 본다. 철길 아래쪽을 보니, 한 꼬마가 철로에서 노는 데 정신이 팔려 있다. 열차가 곧 덮칠 텐데 밥이 기차를 멈출 수는 없고, 아이도 너무 멀리 떨어져 있어서 밥이 외치는 소리를 듣지 못할 것이다. 하지만 밥은 철로 변경 스위치를 내려서 굴러 내려오는 차량이 아이를 비껴가게 할 수는 있다. 그렇게 하면 차량은 그가 부가티를 세워둔 측선 쪽으로 굴러갈 것이다. 그러면 아무도 목숨은 잃지 않겠지만 열차는 측선 끝의 낡은 목책을 부수고 그의 부가티를 덮칠 것이다. 부가티를 소유하는 기쁨과 재정적인 안정을 저버릴 수 없는 밥은 스위치를 돌리지 않기로 한다.

자동차냐, 아이냐?

철학자인 피터 엉거Peter Unger는 '물에 빠진 아이' 이야기를 이렇게 고쳐서, 과연 남의 집 아이의 생명을 구하는 데 우리가 얼마만큼의 희생을 감수할지를 화두로 내놓았다. 엉거의 이야기는 현실 세계의 빈곤 문제를 생각할 때 자주 마주치는 중요한 요소 하나를 추가한다. 바로 우리의 희생이 가져올 결과의 불확실성이다. 밥은 자신이 아무 행동도 하지 않고 차를 지키더라도 아이가 정말로 죽을 것이라고 확신할 수 없다. 어쩌면 마지막 순간에 아이는 달려오는 기차 소리를 듣고 안전하게 피할 수도 있다. 마찬가지로 우리 대부분은 자선단체에 기부한 돈이 실제로 도움이 필요한 사람들에게 제대로 전달되고 있는지 의문을 품는다.

내 경험상, 사람들은 거의 예외 없이 밥의 행동이 잘못되었다고 말한다. 그가 스위치를 돌려서 자신이 가장 아끼는 귀중한 재산을 파괴하고, 재정적으로 안정된 노후라는 희망을 포기했어야 한다는 것이다. 아무리 진귀하고 비쌀지언정 고작 차 한 대를 지키기 위해 아이의 생명을 심각한 위험에 빠뜨릴 수는 없다고 입을 모은다. 이러한 논리를 따를 때, 우리가 은퇴를 위해 돈을 모으는 행위 또한 밥의 행동만큼이나 잘못된 것으로 봐야 한다. 노후를 위해 저금을 하면서 그 돈으로 누군가의 생명을 구하기를 거부하는 것이기 때문이다. 이는 직면하기 매우 어려운 결론이다. 어떻게 편안한 노후를 위해 저축하는 것이 잘못이 될 수 있단 말인가? 여기에는 분명 뭔가 당혹스러운 점이 있다.

싱어는 또 한 가지 예를 들어서 우리가 생명을 구하기 위해 얼마나 희생해야 하는지에 대해 검토한다.

당신은 빈티지 세단을 몰고 시골길을 달리고 있다. 이때 다리를 심하게 다친 도보 여행자가 차를 세운다. 그리고 근처 병원에 좀 데려다달라고 한다. 당신이 거절하면 그는 다리를 잃을 가능성이 크다. 한편 그를 병원까지 태워다준다면 좌석에 그의 피가 묻을 것이다. 지금 막 아주 비싼 흰색의 부드러운 가죽으로 시트를 갈았는데.

이 경우에도 대다수는 그 부상자를 병원에 데려다주어야 한다고 대답했다. 눈앞에 사람이 생생하게 있고 구체적인 상황이 주어지면, 우리는 대개 비용이 들더라도(꽤 높은 비용이더라도) 무고한 타인의 심각한 고통을 덜어주는 것을 의무라고 여긴다는 것을 보여준다.[1]

어디까지 희생해서 도와야 할까

이제까지의 사례는 도움이 필요한 다른 이들을 우리가 도와야 한다는 '직관적 신념'을 보여준다. 특히 우리가 그를 볼 수 있고, 그를 도울 수 있는 사람이 오직 우리뿐일 때는 더욱 그렇다. 하지만 우리의 도덕적 직관이 늘 신뢰할 만하지는 않다. 이는 서로 다른 시대와 장소의 사람들이 직관적으로 받아들일 만하다거나 거부할 만하다고 여기는 사안이 달라질 수 있다는 점에서 알 수 있다. 극빈층을 돕는 일은 우리의 직관에만 의지하지 않을 때 더 강력한 힘을 발휘할 수 있을 것이다. 그 당위성에 대해, 그럴듯한 전제를 통한 논리적 결론을 다음과 같이 도출해보자.

제1 전제: 음식, 주거, 의료 서비스의 부족으로 인한 고통과 죽음은 나쁘다.

제2 전제: 만약 그만큼 중요한 것을 희생하지 않고도 나쁜 일이 일어나는 것을 막을 수 있는 힘이 당신에게 있다면, 그렇게 하지 않는 것은 잘못이다.

제3 전제: 효과적인 자선단체에 기부함으로써, 당신은 그만큼 중요한 것을 희생하지 않고도 음식, 주거, 의료 서비스 부족으로 인한 고통과 죽음을 막을 수 있다.

결론: 따라서 만약 당신이 효과적인 자선단체에 기부하지 않는다면, 당신은 잘못된 일을 하고 있는 것이다.

물에 빠진 아이 이야기는 이런 구호-기부 논증의 응용 사례라고 할 수 있다. 신발을 더럽힌다거나 지각하는 것은 아이의 생명만큼 중요하다고 볼 수 없기 때문이다. 마찬가지로, 자동차 시트를 개비한 일은 다리 한쪽을 잃는 일만큼 큰일이 아니다. 밥과 부가티의 경우를 봐도,

자동차를 잃는 일이 무고한 사람의 죽음만큼 중요하다고 주장하는 것은 매우 무리한 일일 것이다.

이 논증의 전제들을 부정할 수 있는지 자문해보자. 어떻게 음식, 주거, 의료 서비스 부족으로 인한 고통과 죽음이 정말로, 정말로 나쁘지 않을 수 있을까? 홍역에 걸려 죽은 가나의 어린 소년을 생각해보자. 만약 당신이 그 소년의 부모였다면, 아들이 괴로워하며 시들어가는 모습을 속수무책으로 지켜보면서 어떤 심정이었을까? 당신은 아이들이 이런 상태에서 자주 죽는다는 것을 안다. 병원에만 데려가면 살 수 있는데 돈이 없어서 그러지 못한다는 것도 안다. 그런 상황에서 당신은 그 무엇을 희생해서라도 아이의 생명을 구하려 하리라.

우리를 남의 입장에 놓는 일, 아이의 부모 또는 아이 자신이 되어보는 일이야말로 윤리적인 생각의 전부이다. 이는 '황금률'에 집약되어 있다. "네가 대접받고자 하는 대로 남을 대접하라." 황금률은 『마태복음』과 『누가복음』에 기록된 예수의 말씀으로 가장 잘 알려져 있지만, 사실상 그보다 더 오래되고 더 보편적인 메시지이다. 불교, 유교, 힌두교, 이슬람교, 자이나교의 가르침에서 두드러지며, 유대교에서는 『레위기』에 그런 구절이 있으며, 후에 현자 힐렐Hillel이 그 중요성을 강조했다.[2] 황금률은 타인의 욕구를 우리 자신의 욕구인 것처럼 받아들일 것을 요구한다. 죽어가는 아이를 눈앞에 둔 부모의 욕구가 우리의 욕구였다면, 우리는 그 아이의 고통과 죽음을 생각할 수 있는 최악의 사태로 받아들였을 것이다. 따라서 우리가 윤리적으로 생각한다면, 그 부모의 욕구를 우리 자신의 욕구처럼 생각해야 하며, 우리는 그 고통과 죽음이 나쁘다는 것을 부정할 수 없다.

두 번째 전제 역시 거부하기 어렵다. 왜냐하면 나쁜 일을 막기 위해 그 나쁜 일만큼이나 중요한 일을 감수해야 하는 상황에 대해 약간의 여지를 남겨두기 때문이다. 예를 들어, 남의 집 아이의 죽음을 막기 위해 우리 아이를 위험에 빠트려야 하는 상황을 생각해보자. 이런 경우 제2 전제는 당신에게 다른 아이의 죽음을 막으라고 요구하지 않는다.

'…만큼 중요한'은 모호한 표현이다. 이는 의도적인 표현으로, 아이의 생명을 구하는 것만큼 가치 있는 일이 당신에게 많지 않다고 확신하기 때문이다. 나는 당신이 무엇을 한 생명을 구하는 것만큼, 혹은 거의 그만큼 중요하다고 생각하는지 알 수 없다. 그것이 무엇인지 결정하는 것을 당신에게 맡김으로써, 나는 그것을 알아낼 필요를 피할 수 있다. 나는 당신이 이에 대해 스스로에게 정직할 것이라고 믿는다.

비유와 이야기는 때로 너무 지나칠 수 있다. 눈앞에서 물에 빠져 죽는 아이를 구하는 일이나, 저쪽에 보이는 아이의 생명을 구하기 위해 철도 스위치를 돌리는 일은 멀리 있는 사람들을 돕고자 기부하는 일과 매우 다르다. 앞에 제시한 논증은 물에 빠진 아이의 경우를 보완한다. 왜냐하면 도움이 필요한 한 아이에 초점을 맞춰 감정에 호소하는 대신 이성에 호소하고, 추상적이지만 설득력 있는 도덕적 원칙에 대한 당신의 동의를 구하기 때문이다. 이는 이 논증을 거부하기 위해서는 추론의 결함을 찾아야 한다는 것을 의미한다.

당신은 이제 기초적 논증, 즉 '그만큼 중요한 것을 포기하지 않고도 고통과 죽음을 막을 수 있다면 극빈층을 돕기 위해 기부를 해야 한다'

는 논증에 그다지 논쟁의 여지가 없다고 생각할지도 모른다. 그러나 만약 우리가 이것을 진지하게 받아들인다면 우리 삶은 근본적으로 달라질 것이다. 효과적인 구호단체에 기부를 하여 한 아이의 생명을 구하는 비용은 대단치 않다. 한편 그만큼의 기부를 하고 나서도 아직 도움이 필요한 아이들은 있으며, 상대적으로 조금만 더 기부하면 그들도 구할 수 있다. 당신이 방금 말라리아 퇴치 재단에 200달러를 보냈다고 해보자. 덕분에 재단은 말라리아를 옮기는 모기로부터 약 180명을 보호할 수 있는 100개의 장기 지속 살충 처리 모기장을 구입할 수 있게 되었다.[3] 당신은 정말 좋은 일을 했고, 거기에는 당신에게 어차피 필요하지 않았던 새 옷 값밖에 들지 않았다. 만세! 하지만 샴페인을 딴다거나 영화를 보러 가는 것으로 당신의 선행을 축하하지는 마라. 샴페인 한 병 값 또는 영화 한 편 값이면, 또는 그 밖의 특별한 여흥을 위한 돈이면, 또 한 명의 아이를 구할 수 있기 때문이다. 하지만 당신이 그런 여흥을 포기하고 또 200달러를 기부한 후에도, 당신이 소비하는 다른 모든 것들이 말라리아 예방만큼, 혹은 거의 그만큼 중요할까? 열대 지역의 저소득 국가에서 말라리아는 아이들의 생명을 앗아가는 주요 원인이며, 치명적이지 않더라도 고열과 장기적인 쇠약성 질병을 일으킨다. 그만큼 중요할 것 같지 않다! 따라서 당신은 불필요한 지출을 계속해서 줄이고, 절약한 것을 기부해야 한다. 더 기부하면 말라리아 예방만큼 중요한 것을 희생해야만 추가로 기부할 수 있는 선에 이르게 될 것이다. 가령 추가로 기부를 하면 자신의 아이에게 적절한 교육을 제공할 여유조차 없어질 정도가 되는 경우처럼 말이다.

우리는 남에게 피해를 주지 않고, 약속을 지키고, 거짓말이나 부정 행위를 하지 않고, 자기 아이와 부모를 돌보며, 또한 아마도 인근에 사는 불우한 이웃들을 조금씩 도와준다면, 잘 살고 있다고 가정하는 경향이 있다. 우리 자신과 부양가족의 기본 욕구를 충족시키고 남는 돈은 우리 마음대로 쓸 수 있다고 생각한다. 낯선 사람, 특히 인근에 살지도 않는 사람에게 주는 것은 좋은 일일 수 있지만, 그것을 반드시 해야 하는 일이라고 생각하지는 않는다. 하지만 앞에서 든 기초적 논증이 옳다면, 우리가 보통 바람직하다고 여기는 행동방식이 전혀 새롭게 그리고 바람직하지 못하게 비칠 것이다. 여분의 소득을 콘서트에 가거나 유행하는 신발을 사는 데 쓴다면, 또 멋진 저녁 식사나 좋은 와인, 이국의 섬에서 보내는 휴가 등에 쓴다면, 우리는 뭔가 잘못된 일을 하고 있는 것이다.

갑자기 앞에서 든 세 가지 전제를 받아들이기가 훨씬 어려워진다. 이제 우리는 그렇게까지 극단적인 요청을 하는 도덕 논증이 과연 타당한지 의문을 품을 수 있다. 그래서 한 걸음 물러서서 이 논증이 우리에게 가장 존중받는 윤리적 전통과 과연 합치되는지 따져보고 싶어진다.

자선은 풍족한 자들의 의무이자, 가난한 자들의 권리였다

복음서에 따르면, 가난한 사람을 돕는 일은 구원받기 위해 필수적으로 할 일이다. 예수는 부자에게 이렇게 말했다. "네가 온전하고자

하면, 가서 네 소유를 팔아 가난한 자들에게 주어라." 자신의 메시지가 잘못 전달되지 않도록 하기 위해, 그는 부자가 하나님의 나라에 들어가는 일보다 낙타가 바늘구멍에 들어가는 일이 더 쉽다고 덧붙였다.[4] 그는 낯선 사람을 돕기 위해 자신의 길을 벗어난 '선한 사마리아인'을 찬양했다.[5] 또한 잔치를 베푸는 사람에게 가난한 사람, 장애인, 다리를 저는 자들과 맹인도 초대하도록 권면했다.[6] 그는 최후의 심판 이야기를 하며, 하나님은 가난한 사람을 먹이고 목마른 사람에게 마실 것을 주며 헐벗은 자에게 입을 것을 준 사람들을 구원하시리라고 말했다. 우리가 하나님의 나라를 물려받을지, 아니면 영원히 타오르는 불구덩이에 떨어질지는 '우리 형제 중 가장 작은 자'를 어떻게 대했느냐에 달려 있다.[7] 그는 그 무엇보다 가난한 사람에게 자선을 베풀라고 강조했다.

초기와 중세의 기독교가 이런 가르침을 진지하게 받아들였다는 사실은 놀랍지 않다. 사도 바울은 『고린도후서』에서 남는 것을 모자란 자에게 주라고 제안했다. "이제 너희의 넉넉한 것으로 그들의 부족한 것을 보충함은 후에 그들의 넉넉한 것으로 너희의 부족한 것을 보충하여 균등하게 하려 함이라."[8] 『사도행전』의 기록대로라면, 예루살렘의 초기 기독교 공동체 구성원들은 소유물을 팔고는 각자 필요에 따라 나누었다.[9] 아시시의 성 프란체스코Francis of Assisi가 세운 프란체스코 수도회 입회자들은 청빈 서약을 하고, 모든 재산권을 포기했다. 로마 가톨릭교회의 준 공식 철학이 된 사상을 제시한 중세의 위대한 학자 토마스 아퀴나스Thomas Aquinas는 우리가 가진 '과잉', 즉 현재와 예측 가능한 미래에 우리 자신과 가족의 필요를 합리적으로 충족시키고도 남는 것은 "자연권에 따라 가난한 자들의 생계에 대해 빚진 것"이라고 썼다. 이 견해를 뒷받침하고자, 그는 '4대 교부' 중 한 사람인 암브로시우스Ambrosius를 인용했다. 또한 『그라티아누스 교령집』도 인용했는데, 이 12세기의 교회 법령집은 다음과 같은 엄격한 조항을 포함하고 있었다. "네가 움켜쥐고 있는 빵은 굶주린 자의 것이요, 네가 감추어둔 옷은 벗은 자의 것이며, 네가 땅에 묻어둔 돈은 무일푼인 자의 속전이요 자유이니라."

'빚지다owed', '~의 것이다belongs' 같은 표현에 주목하라. 이들 기독교인에게, 잉여 재산을 가난한 사람들과 나누는 것은 자선의 차원이 아니라 가진 자의 의무이자 못 가진 자의 권리 차원이었다. 아퀴나스는 이런 말까지 했다. "극도로 궁핍한 경우에 다른 사람의 재산을 몰래 가져다 쓰는 것은 엄밀히 말해 도둑질이 아니다. 왜냐하면 그가 자신의 생명을 부양하기 위해 가져간 것은 그 필요에 의해 그의 소유가 되기 때문이다."[10] 이는 로마 가톨릭의 견해만이 아니었다. 미국 건국의 아버지들이 가장 좋아하는 철학자인 존 로크John Locke는 이렇게 썼다. "다른 방법으로는 생계를 유지할 수 없는 경우, 자선은 극도의 궁핍으로부터 그를 지키기 위해 풍요로운 타인의 도움을 요구할 수 있는 권리를 부여한다."[11]

오늘날 일부 기독교인은 이런 복음의 메시지에 다시금 초점을 맞추려 하고 있다. 기독교 잡지 「소저너스Sojourners」의 창립자이자 편집자인 짐 월리스Jim Wallis는 성경에 빈곤 해소에 대한 말이 3,000번 이상 언급된다는 점을 즐겨 지적하는데, 그는 이것이 기독교의 핵심 도덕률을 구빈救貧으로 삼기에 충분한 근거라고 생각한다.[12] 『목적이 이끄는 삶』의 저자이자 새들백 교회Saddleback Church의 목사인 릭 워렌Rick Warren은 2003년에 남아프리카 공화국을 방문했을 때 우연히 어느 작은 교회를 발견했다. 낡아빠진 텐트가 전부인 그 교회는 에이즈로 고아가 된 스물다섯 명의 아이를 보호하고 있었다. 워렌은 "그 광경이 제 심장에 칼처럼 박혔습니다. 그들은 불쌍한 사람들을 위해 제가 이끄는 대형 교회보다 더 많은 일을 하고 있었습니다"라고 말했다. 워렌은 또한 이렇게 말했다. "나는 정치나 문화 전쟁에는 전혀 신경쓰지 않습니다. 내 유일한 관심사는 사람들이 다르푸르와 르완다 같은 곳의 현실로 눈을 돌리도록 하는 것입니다."[13]

가난한 사람을 돕는 일은 유대교에서도 특별히 강조되고 있다. '3,000번 이상의 언급' 가운데 다수의 원천이 구약성서이기도 하다. 히브리어로 '자선'을 뜻하는 체다카tzedakah는 단순히 정의justice를 의미하며,* 이는 유대인들에게는 가난한 사람을 돕는 일이 선택사항이 아닌 정의로운 삶을 사는 데 있어 필수적인 부분임을 뜻한다. 『탈무드』(옛 랍비들이 유대 율법과 윤리에 대해 논의한 기록물)에서는 자선이 다른 모든 계명을 합친 것과 동등할 정도로 중요하다고 말하며, 유대인은 수입의 최소 10%를 체다카로 내야 한다고 했다.[14]

---

* 유대교에서 체다카는 보통 righteousness, 우리 말로 공의公義라고 번역되며, 정의로 번역되는 미슈파트mishpat의 상위개념이다. 미슈파트가 구체적인 행동의 잘잘못, 공정함 등을 나타낸다면 체다카는 그보다 큰, 사회와 세계의 의로움을 나타낸다. ― 옮긴이

1부 | 도울 것인가, 외면할 것인가

이슬람교 역시 신도들에게 불우한 사람들을 도울 것을 요구한다. 최소한도 이상의 재산을 가진 무슬림은 매년 그 재산에 비례하여(소득이 아니다) 자카트$_{zakat}$를 내야 한다. 금과 은의 경우에는(오늘날에는 현금과 기타 유동자산을 포함하는 것으로 받아들여진다) 매년 그 2.5%를 내야 한다. 여기에다 사다카$_{sadaqa}$도 납부해야 하는데, 여기에는 돈뿐 아니라 노동력도 포함될 수 있다. 가령 여행자들이 물을 마실 수 있도록 우물을 판다거나, 모스크를 짓는 데 힘을 보탠다든가 하는 식이다. 자카트와는 달리 사다카는 선택사항이다.

유대교, 기독교, 이슬람교는 세계의 같은 지역에 뿌리를 둔 연관된 종교 전통이다. 중국의 전통은 이와 매우 동떨어져 있고 때로는 도움이 필요한 낯선 이들을 향한 자선 행위보다는 가족을 비롯한 특정한 관계 있는 사람들에 대한 행동방식에 더 초점을 맞추고 있다고 한다. 그러나 여기에서도 가난한 사람에 대한 의무가 매우 뚜렷하게 제시되고 있음을 볼 수 있다. 기독교 시대보다 약 300년 전에 살았던 맹자는 유교 전통의 가장 권위 있는 해석자로 여겨지며, 중국 사상에 미친 영향력 면에서 공자 다음가는 성인으로 추앙된다. 그의 가르침을 적은 책에는 그가 양혜왕梁惠王을 만났을 때 남긴 말이 나온다. 그는 왕 앞에 나서자마자 이렇게 말했다.

길에 굶어 죽은 시체가 있는데도 창고를 열 줄 모르시며, 사람들이 굶어 죽는 일을 놓고 "내 탓이 아니라 흉년 탓이다"라고 하십니다. 사람을 찔러 죽이고 "내 탓이 아니라 무기 탓이다"라고 하는 것과 무엇이 다르

겠습니까?[15]

어려운 사람들을 돕는 것이 우리의 중대한 의무라는 생각은 전혀 새롭지 않다. 돕기 어렵지 않은 일대일 상황에서, 우리의 직관은 돕지 않으면 옳지 않다고 우리에게 일러준다. 하지만 우리 모두는 세계에서 가장 가난한 나라의 극빈층을 돕자는 호소를 보거나 읽으면서도 대부분 "네가 대접받고자 하는 대로 남을 대접하라"는 말을 실천하지 못한다. 이제부터 우리가 행동하지 않는 까닭을 몇 가지 짚어보도록 하겠다.

| 3장 |
기부를 거부하며 우리가 흔히 하는 말

당신은 자신을 자선적인 사람이라고 생각할지도 모른다. 대부분의 미국인이 그렇게 생각하며, 2018년에 자선단체에 기부된 4,270억 달러(그중 68%가 개인의 직접 기부금이다)가 이러한 믿음을 뒷받침한다.[1] 미국인의 기부금 총액은 미국 국민총소득GNI의 2%를 조금 넘는다.[2] 이는 다른 어떤 나라보다도 많은 액수지만, 이를 미국인 전체가 특별히 관대하다는 지표로 받아들일 수는 없다. 극소수의 극도로 부유한 사람들이 내놓은 거액의 기부금으로 인해 높아진 수치이기 때문이다. 미국인 가운데 기부에 참여하는 비율은 전체의 61%로 세계 12위이며, 1위인 미얀마의 88%에 비하면 꽤 낮은 편이다. 이 랭킹은 자선지원재단Charities Aid Foundation이 수행한 연구의 일부인데, 이 연구에서는 세 가지 다른 유형의 도움 행위를 살펴봄으로써 각국이 얼마나 관대한지를 평가했다. 그 세 가지는 다음과 같다. (1) 낯선 사람을 돕는가?

(2) 시간을 내 자원봉사를 하는가? (3) 자선단체에 기부금을 내는가? 2018년에는 인도네시아가 전체 순위에서 1위를 차지했고, 오스트레일리아와 뉴질랜드가 그 뒤를 이었으며, 미국은 4위, 그다음으로는 아일랜드와 영국이 뒤를 이었다.[3]

하지만 이런 고무적인 숫자의 이면에는, 적어도 극빈층과 관련해서는 덜 고무적인 모습이 있다. 미국의 자선활동과 관련해서 가장 권위 있는 보고서인 「2019년도 미국 기부 현황Giving USA 2019」에 따르면, 미국인들이 낸 기부금의 가장 큰 몫(29%)은 종교기관에 돌아가는데, 이는 대체로 성직자들의 급여와 교회, 시나고그*, 모스크의 건립 및 유지를 위해 쓰인다. 그리고 그중 일부가 국내외 선교활동에 쓰이는데, 그런 활동에는 개종만이 아니라 원조도 포함될 수 있다(하지만 2,200개 교회를 대상으로 한 조사에 따르면, 선교활동에 쓰이는 액수란 기부금 1달러당 고작 5센트나). 따라서 기부금 가운데 개발도상국을 위한 지원은 종교기관에 기부된 총액의 5% 이하일 것으로 추정된다.[4] 두 번째로 큰 몫은 교육기관, 즉 대학이나 도서관에 돌아간다. 다시 말하지만, 그중 작은 비율만이 저소득 국가 학생들을 위한 장학금이나 그러한 국가들의 빈곤과 질병을 줄이는 데 도움이 되는 연구 기금으로 쓰인다. 「2019년도 미국 기부 현황」은 국제 구호단체에 기부한 금액을 따로 분류하지 않고, 국제 교류 프로그램이나 국제 평화 안보 관련 단체 등 빈곤층 지원과 관계없는 다른 국제단체에 대한 기부금과 함께 하나의

---

* 유대교 예배당. — 옮긴이

범주로 뭉뚱그려서 집계했다. 이렇게 '국제 관련' 범주로 묶인 기부금 합산액은 미국 기부 총액의 5%에 지나지 않으며, 이는 전년도보다 감소한 수치로 총액이 230억 달러도 되지 않았다.[5]

이 책을 선택한 당신은 아마도 자선단체에 기부하거나 지역사회에서 자원봉사를 하는 사람일 수 있다. 그럼에도 머나먼 곳에서 극빈층으로 살아가는 사람들의 생명을 구하기 위해 자신의 수입 중 상당 부분을 떼어줄 마음은 그다지 없을 수 있다. 흔히 "자선은 가정에서부터 시작된다"라고 말하는데, 많은 사람이 가정에서 혹은 거기서 그리 멀지 않은 곳에서 멈추고 만다.

나는 친구, 동료, 학생, 수강생이 여러 방식으로 자선단체에 기부하는 데 저항하는 것을 보아왔다. 나의 칼럼, 편지, 블로그 글에 대한 반응에서도 마찬가지였다. 특히 흥미로운 의견은 부유한 보스턴 교외의 글렌뷰고등학교(가명)에서 '문학과 정의'라는 선택과목을 수강하는 학생들이 제시했다. 교사들은 학생들에게 내가 1999년에 「뉴욕타임스」에 기고한 기사를 읽고 보고서를 작성하라고 했다. 그 글은 당신이 방금 읽었던 것과 비슷한 내용의 기사였다.[6] 당시 하버드대학교의 대학원생이었던 스콧 사이더Scott Seider는 청소년이 타인에 대한 의무를 어떻게 생각하는지 연구하면서, 이 과목을 수강하는 두 개 반의 학생 38명을 인터뷰하고, 그들이 낸 보고서를 읽었다.[7] 이 학생들의 생각은 검토해볼 만한 가치가 있는데, 미국 부유층에 만연한 사고방식을 반영하고 있기 때문이다.

아마도 가장 기본적인 기부 반대론은 '기부를 거부하는 사람들을 판단해서는 안 된다'고 믿는 캐서린 학생의 보고서에서 찾을 수 있을 것이다.

모든 사람에게 적용되는 흑백논리 식의 보편적 규범은 없다. 어떤 쟁점이든 누구나 각기 다른 견해를 가지고 있다는 것을 인정하고, 각자의 신념대로 행동할 수 있음을 받아들이는 게 좋다.

캐서린은 가난한 사람에 대한 도덕적 책임은 개인의 판단에 맡겨야 한다고 말한다. 하지만 상황에 따라 차이가 있고 너무 흑백논리에 따라 판단해서는 안 되겠지만, 그렇다고 해서 모든 사람에게 자신의 신념을 따를 권리가 있다는 것을 인정해야 한다는 의미는 아니다. 그것은 도덕 상대주의로, 언뜻 보기에는 그럴듯해 보인다. 누군가가 정말로, 정말로 사악한 일을 저지르기 전까지는 말이다. 누군가 고양이의 앞발을 잡아 점점 뜨거워지는 전기 석쇠에 갖다 대고 있는 걸 보고, 우리가 강력하게 항의했을 때 "그냥 재미로 하는 거예요. 고양이가 비명 지르는 것 좀 들어봐요"라고 말한다고 가정해보자. 그때 이렇게 말할 수 있을까? "아, 그래요. 당신은 당신의 신념대로 행동할 수 있죠." 그리고 아무렇지도 않게 자리를 떠날까? 우리는 동물을 학대하는 사람을 저지할 수 있고, 그렇게 한다. 강간범, 인종차별론자, 테러리스트의 행동을 저지하듯이. 단지 기부를 기피한다고 해서 그렇게 무지막지한 짓을 하는 사람과 똑같다는 이야기는 아니다. 하지만 어떤 상황에서 도덕 상대주의를 거부한다면, 모든 상황에서 그렇게 해야 마땅하다.

나의 기사를 읽고 또 한 명의 글렌뷰 학생인 더글러스는 "피터 싱어에게는 남들이 무엇을 해야 할지 말할 권리가 없다"라고 반박했다. 어떤 측면에서 그의 말이 맞다. 내게는 더글러스나 당신의 행동을 제약할 권한이 없다. 당신은 내 말을 따를 필요가 없다. 한편, 나는 현재 당신이 돈을 어떻게 써야 할지 결정하기 전에 고려해볼 만한 몇 가지 논증을 제시하면서 언론의 자유를 행사할 수 있다. 나는 당신이 이렇게 중요한 문제에 대해 결정을 내리기 전에 다양한 견해를 들어보고 싶어 하기를 바란다. 하지만 내 이야기가 틀렸다면, 당신은 지금 당장 이 책을 자유롭게 덮을 수 있고, 그에 대해 내가 할 수 있는 일은 없다.

물론 도덕은 상대적이지 않고 우리가 그것에 대해 논의해야 한다고 여기면서도, 우리에게 기부의 의무란 없다고 생각할 수도 있다. 글렌뷰고등학교의 또 다른 학생인 루시는 다음과 같이 썼다.

누가 새 자동차를 사고 싶다면 사면 된다. 집 안의 실내장식을 바꾸고 싶다면 바꾸면 된다. 새 옷이 필요하면 사면 그만이다. 우리는 돈을 벌기 위해 일했고, 그 돈을 마음대로 쓸 권리가 있다.

아마 당신도 이런 생각을 했을지 모른다. 뼈 빠지게 열심히 일했으니 그렇게 번 돈으로 즐길 권리도 있지 않겠는가? 열심히 일하며 리스크를 감수하는 사람에게 보상하기 때문에 자본주의가 그토록 생산적인 것 아닌가? 다음은 이 책의 초판에 대한 아마존 사이트에 '최고의 비평적 리뷰'로 올라온 글의 일부이다.

> **물론 요트나 2만 평방피트의 저택이 필수품은 아니다. 그러나 고사양 컴퓨터나 천연 가죽 재킷과 같은 작은 사치품에 돈을 쓰는 사람이 근본적으로 고약한 인간, 세계시민으로서의 의식이 없는 사람일까? 그가 불쌍한 사람들을 돕지 않고 자기 돈을 자기를 위해 썼다는 이유만으로?**[8]

이러한 관점에서 노력에 대한 보상이라는 생각은 공정해 보인다. 물론, 나는 자기 돈을 자기를 위해 쓰는 사람을 '근본적으로 고약한 인간'이라고 한 적이 없다. 그러나 공정성fairness 측면에서 보자면, 당신이 선진국의 중산층이라면 열심히 일하고 적절한 능력을 가진 사람들이 매우 편안한 생활 수준을 달성할 수 있도록 하는 사회경제적 여건에서 태어났다는 특권을 누리는 셈이다. 어딘가 다른 곳에서 태어났다면, 아무리 열심히 일해도 가난하게 살 수밖에 없었을지 모른다. 잘 알려진 대로 세계 최고의 부자 중 한 명인 워런 버핏은 스스로가 주식을 고르는 데 재능이 있다고 인정하면서도 이렇게 덧붙였다. "내가 방글라데시나 페루 사람이었다면, 이런 재능이 잘못된 토양에서 자랄 때 어떻게 되는지 알 수 있었을 것이다."[9] 노벨상을 탄 경제학자이자 사회과학자인 허버트 사이먼Herbert Simon은 부유한 사회에서 사람들이 버는 것의 최소한 90%는 '사회적 자본' 덕이라고 추정했다.[10] 사이먼은 효율적인 은행 시스템, 범죄자들로부터 확실히 보호해주는 경찰, 누군가가 계약을 깨면 합당한 심판을 내려주는 사법제도 등 훌륭한 제도를 갖춘 사회를 말한 것이다. 도로, 통신시설, 배전시설 등 사회간접자본 역시 사회적 자본의 일부다. 그런 조건이 없다면 개인이 아무리 열심히 일해도 가난에서 벗어나기 어렵다. 가난한 나라 사람들도 대부분 우리만큼 열심히 일한다. 그들에게는 선택의 여지가 별로 없다. 심지어 부유한 나라 사람이라면 절대 견디지 못할 조건에서 일을 하는데도 말이다. 가난한 나라에서의 일은 그런 일을 대신해줄 기계가 많지 않기 때문에 힘겨운 육체노동을 포함할 가능성이 더 높다. 또한 산업 안전 및 보건 규정이 갖춰져 있다고 해도, 제대로 집행되지 않는 경우가 많다. 만약 가난한 사람들이 일을 하지 않는다면, 그건 아마도 부유한 나라에 비해 가난한 나라의 실업률이 훨씬 높기 때문일 것이며, 이는 가난한 사람들의 잘못이 아니다.

루시는 자기가 번 돈을 자기 마음대로 쓸 권리가 있다고 했다. 설령 이 의견에 동의한다고 해도, 뭔가를 할 권리가 있다는 것이 당신이 무엇을 해야 하는지에 대한 질문까지 해결해주지는 않는다. 만약 당신에게 무엇인가를 할 권리가 있다면, 내가 그것을 하지 못하도록 정당하게 강요할 수는 없다. 하지만 어떤 일이 어리석은 일이라거나 무서운 일이라거나 잘못된 일이라고 말할 수는 있다. 당신은 주말 내내 게임을 하며 보낼 권리가 있을 수 있지만, 편찮은 어머니를 찾아뵈었어야 옳았음은 변함이 없다. 마찬가지로, 부자는 2만 평방미터짜리 초호화 요트에 돈을 퍼부을 권리가 있다. 아예 돈뭉치를 화장실 변기에 쏟아붓고 물을 내릴 권리도 있다. 그보다 가진 게 많지 않은 우리 같은 사람이 그보다 돈이 덜 드는 유흥거리로 일하느라 쌓인 피로를 달랜다고 해서 죄받을 일은 아니다. 하지만 사람을 구하는 대신 그런 유흥거리에 돈을 쓰는 일은 옳지 않다고, 동정심이 마비된 거라고, 결국 그런 선택을 하는 사람은 선량하지 않다고 여길 수도 있다. 그리고 그 아마존 리뷰어의 표현대로 '근본적으로 고약한 인간, 세계시민으로서의 의식이 없는 사람'이라고 볼 수도 있을 것이다. 그렇게 생각해야만 한다는 말은 결코 아니다(이 문제에 대해서는 이 책의 마지막 세 개 장에서 더 자세히 이야기할 것이다). 다만 그런 입장과 누구나 자기 돈을 마음대로 쓸 권리가 있다는 입장 사이에는 모순이 없다.

만약 우리에게 돈을 원하는 대로 사용할 권리가 있다면, 그 권리는 부자들에게 돈을 기부하도록 강요하거나 세금 등을 통해 그들의 돈을 가져가려는 시도에도 반대할 근거가 될 것이다. 하지만 그렇다고 내가 여기서 극빈층을 돕기 위한 증세나 다른 강제적 수단을 주장하는 것은 아니다. 윤리적으로 살기 위해 우리의 돈을 어떻게 써야 하는지에 대해 말할 따름이다. 동시에, 전 세계의 빈곤을 줄이는 일에 있어 각국 정부의 역할에 반대하는 것도 아니다. 정부가 그러한 역할을 해야 하는지의 여부는 지금 하고 있는 논증과는 별개의 문제다. 나는 다만 당신, 즉 이 책을 읽는 개인 독자에게 가난한 사람을 돕는 일을 더 많이 할 수 있고, 더 많이 해야 한다고 설득하고자 할 뿐이다.

자유지상주의자는 우리에게 남을 도울 의무가 있다는 생각에 반대한다. 캐나다의 철학자인 제임스 나베슨 James Narveson 은 그런 관점을 다음과 같이 정리했다.

> **우리는 분명 남에게 해를 끼쳤을 때 책임을 져야 한다. 우리 때문에 피해를 본 사람이 있다면, 그가 어디 있는 누구든 상관없이 보상을 해야 한다. (…) 그러나 우리가 아무런 잘못도 저지르지 않은 사람에 대해서도 일반적인 의무로서 무엇인가를 빚지고 있다는 그럴듯한 논증은 본 적이 없다.**[11]

이런 이야기에는 언뜻 보기에는 매력적인 정치철학이 들어가 있다. "나를 내버려두시오. 그러면 나도 당신을 내버려두겠소. 그러면 다 잘 될 거요." 이는 개척자적 사고방식에 어울린다. 광활한 땅에서 드문드문 떨어져 살며, 이웃의 방해를 받지 않고 살아가는 이상적인 삶에 호소한다. 하지만 자신이 그렇게 만든 것은 아니라 해도, 도움이 필요한 처지에 놓인 사람에게 아무런 책임도 없다고 주장하는 철학에는 냉혹한 면이 있다. 자유지상주의를 진지하게 받아들인다면 일자리를 구하지 못하거나 병들거나 장애가 있는 사람들을 위한 모든 국가 지원 복지 프로그램과, 노인들과 의료보험을 감당할 수 없는 빈곤층을 위한 모든 국가 지원 의료 서비스를 폐지해야 할 것이다. 이런 극단적인 주장을 정말로 지지하는 사람은 없으리라. 대부분은 상대적으로 적은 희생으로 남을 도울 수 있다면 도와야 한다는 의무가 있다고 생각하며, 특히 같은 나라에 사는 동포라면 더욱 그럴 것이다. 그리고 나는 그렇게 경계를 지을 타당한 이유는 없다고 본다. 만약 그 점에 대해 납득이 되지 않는다면, 고려해볼 만한 다른 논증이 있다. 만약 우리가 세계에서 가장 가난한 사람들의 가난에 조금이나마 원인을 제공했다면, 즉 우리가 가난한 사람들에게 해를 끼쳤다면, 나베슨과 같은 자유지상주의자조차도 그들에게 보상을 해야 한다는 데 동의할 것이다.

어떤 사람들은 세상의 부가 고정된 양이라고 상상한다. 마치 여러 사람이 잘라서 나눠 먹는 파이처럼. 그런 모델에서는 부자들이 더 큰 조각을 차지할수록 가난한 사람들의 몫이 줄어든다. 그것이 진짜 세상이 돌아가는 방식이라면 상대적으로 소수인 엘리트가 다른 모든 이에게 지독한 불의를 저지르고 있는 셈이다. 세상의 1%에 속하는 사람이 전체 부의 45%를 차지하고 있고, 가장 부유한 10%는 84%를 갖고 있기 때문이다. 반면 그 최저점에서는 세상의 64%가 전체 부의 겨우 2%를 나눠 갖고 있다.[12] 2019년도 옥스팜 보고서에 따르면 모양새가 더 심각하다. 세계에서 가장 부유한 스물여섯 명이 세계 저소득층 50%와 맞먹는 부를 소유하고 있다. 그리고 이처럼 극소수에게 부가 집중되는 추세는 점점 더 심해진다. 겨우 2년 전만 해도 저소득층 50%에 맞먹는 부를 가진 슈퍼리치의 숫자는 61명이었다.[13] 이런 숫자가 아무리 극적이라고 해도, 극소수의 엄청난 부가 다른 이들을 더 가난하게 만들었느냐는 질문에는 답하지 못한다. 세상의 부는 크기가 고정되어 있지 않다. 세상은 가령 1,000년 전에 비하면 놀랄 만큼 부유해졌다. 사람들이 욕망하는 대상을 더 잘 창출해냄으로써 경영자들은 스스로를 부유하게 한다. 하지만 그것이 곧 남들을 가난하게 만드는 일은 아니다. 이 책은 극빈, 즉 자신과 부양가족의 기본적인 필요조차 충족시키지 못하는 빈곤을 다룬다. 이는 절대적인 기준이며, 상대적 빈곤과는 무관하다. 따라서 세상의 부가 불평등하게 분배된다는 사실은 극소수 억만장자의 엄청난 부의 축적이 빈자에게 해를 끼쳤다는 증거로 불충분하다(놀랍게도).

그러나 부자가 빈자에게 해를 끼쳐왔다는 사실은 여러 가지 점에서 분명하다. 알레 노디예Ale Nodye는 그런 증거를 하나 알고 있다. 그는 서아프리카 국가인 세네갈의 바닷가 마을에서 태어나 자랐다. 그의 아버지와 할아버지는 어부였고, 그 역시 어부가 되려 했다. 그러나 배의 연료비를 겨우 충당할 정도밖에 물고기가 잡히지 않게 된 지 6년 만에 그는 카누를 타고 카나리아 제도를 향해 떠났다. 거기서 수많은 유럽 불법 이민자 중 하나가 되기를 바랐지만, 그는 체포되어 추방되었다. 그는 이것이 매우 위험한 여정이고 그의 사촌이 비슷한 상황에서 목숨을 잃었는데도, 다시 시도하겠다고 말한다. 그는 "이곳 바다에는 더 이상 물고기가 없기 때문에" 자신에게는 선택의 여지가 없다고 말한다. 유럽 조사위원회의 보고서에 따르면 노디예의 말이 맞다. 노디예의 아버지와 할아버지가 고기를 잡고 가족을 먹여 살렸던 어장이 유럽, 중국, 러시아에서 온 기업형 선단에 의해 씨가 말랐다. 그들은 고기를 싹쓸이해서 높은 가격을 지불할 수 있는 유럽 고객들에게 팔았다. 이 기업형 선단은 저인망으로 바다 밑바닥을 샅샅이 훑고 다니며 물고기가 번식하는 산호초를 파괴한다.

그 결과, 가난한 사람들의 주요 단백질 공급원이 줄어들었고, 고기를 잡거나 고깃배 만드는 일을 하던 사람들이 일자리를 잃었다. 그들 가운데 일부는 돌고래나 고래처럼 멸종 위기 동물을 사냥하는 일로 넘어갔다. 아프리카 연안 수역의 어업 규제 시도에도 불구하고, 어느 연구조사에 따르면 불법 산업용 선단이 세네갈 해역에서만 3억 달러 상당의 물고기를 잡고 있으며 서아프리카 전역으로 보면 그 규모가 13억 달러에 달하는 것으로 추정된다. 이런 이야기는 세계 곳곳의 다른 연안 해역에서도 반복되고 있다.[14]

부유한 나라에 사는 우리가 가난한 사람들에게 해를 끼치는 또 다른 방식이 지난 수십 년 동안 점점 더 분명해졌다. 우간다의 요웨리 무세베니 Yoweri Museveni 대통령은 2007년도 아프리카연합 정상회담에서 산업화된 국가들을 향해 이렇게 직설적으로 말했다. "당신네 나라들은 지구온난화를 일으킴으로써 우리를 침략하고 있습니다. (…) 알래스카는 아마도 좋은 농지가 될 겁니다. 시베리아 역시 농사짓기 좋은 땅이 될 겁니다. 하지만 그렇다면 아프리카는 어떻게 됩니까?"[15]

표현이 거칠긴 하지만, 이 비난을 부정하기는 어렵다. 지금 대기 중 온실가스의 거의 절반은 미국과 유럽에서 나오고 있다. 그런 가스가 없었다면 인간이 유발한 지구온난화 문제도 없을 것이다. 반면 아프리카가 지구온난화에 기여하는 부분은 매우 미미하다. 1751년 이래 화석연료의 연소로 인한 전 세계 가스 배출량 가운데 아프리카가 차지하는 비율은 3% 이하다. 여기에 숲의 개간과 가축 사육에서 발생하는 메탄가스 배출량을 포함하더라도 산업화된 국가들의 배출량에 비하면 하찮은 수준이다.[16] 무세베니가 지적한 대로, 모든 국가가 기후변화에 적응하는 데 어려움을 겪겠지만, 적도 인근에 있는 세계 빈곤지역에 훨씬 많은 어려움이 돌아간다. 국제통화기금 IMF은 연평균 기온이 25°C인 나라(가령 방글라데시, 아이티, 가봉)는 기온이 1°C 상승하면 1인당 생산량이 최대 1.5% 감소할 것으로 추정했다.[17] 이러한 1인당 생산량 감소는 유럽, 미국, 캐나다 및 평균기온이 이보다 훨씬 낮은 다른 오래된 산업화 국가들에는 적용되지 않는다.[18]

일부 과학자들은 강수량이 적도에 가까워질수록 줄어들고 극지에 가까워질수록 늘어난다고 본다. 어쨌거나, 수억 명이 식량을 재배하기 위해 의존하는 강우의 패턴은 점점 더 예측하기 어려워질 것이다. 더욱이 가난한 나라는 부자 나라에 비해 농업 의존도가 훨씬 높다. 미국의 경우 농업은 전체 경제의 겨우 1%에 불과하지만, 시에라리온에서는 60%를 차지한다. 말라위에서는 국민의 80%가 영세 농민이며, 사실상 거의 전부가 강우에 의존해 농사를 짓는다.[19]

가뭄만이 기후변화가 빈곤층에 가져올 유일한 문제는 아닐 것이다. 벵골만의 순데르반 제도 중 하나인 고라마라섬의 주민들은 해수면의 상승으로 인한 침수와 염분화 피해를 견딜 수 없어 이미 이주에 나서고들 있다. 이는 머지않아 더 큰 규모로 일어날 가능성이 있다.[20] 수천만 명이 살고 있는 이집트, 방글라데시, 인도, 베트남의 인구 밀집 델타 지대는 아주 조금만 해수면이 상승해도 범람해버린다. 태평양의 소규모 산호섬들로 이루어진 나라들, 즉 키리바시나 투발루 등도 비슷한 위기에 처해 있다. 그리고 앞으로 수십 년이 지나면 그런 나라들이 물에 잠기는 것은 불가피해 보인다.[21]

선진국들의 온실가스 배출이 세계의 많은 최빈곤층에게(또한 많은 부유층에게도) 해를 끼쳐왔으며, 지금도 계속해서 해를 끼친다는 사실을 뒷받침할 증거는 널려 있다. 만약 우리가 남에게 해를 끼친 사람은 반드시 보상해야 한다는 것을 받아들인다면, 선진국이 세계의 많은 최빈곤층에게 보상해야 마땅하다는 것을 부정할 수 없을 것이다. 그들이 기후변화의 악영향을 극복할 수 있도록 적절한 원조를 한다면, 그런 보상의 일환이 될 수 있을 것이다. 국제통화기금은 개발도상국 경제가 2050년까지 매년 800억 달러의 기후 적응 투자를 필요로 할 것으로 추산했다. 2014년에는 이러한 목적으로 단 93억 달러만이 투자되고 있었다. 국제통화기금은 또한 이렇게 덧붙였다. "형평성 차원에서, 기후변화를 유발한 정도와 그들 나라가 기후 관련 기부를 하는 액수를 연계하는 것이 바람직해 보인다."[22] 이 주장은 앞서 언급한 무세베니 대통령의 발언보다 조심스러운 접근이며, 따라서 반대하기가 더 어렵다. 하지만 둘의 주장은 공통된 가정을 공유한다. 부자 나라가 가난하고 약한 나라에 해를 끼쳤고, 계속해서 끼치고 있다는 것이다.

기후변화를 일으키지 않고는 지구가 더 이상 온실가스를 흡수할 여력이 없는 상황에서, '나를 내버려두시오. 그러면 나도 당신을 내버려두겠소'와 같은 철학으로 살아가기란 거의 불가능하다. 이는 대기 중에 이제 더는 온실가스를 배출하지 않아야 함을 의미하기 때문이다. 그렇지 않다면, 우리는 실제로 다른 이들을 내버려두는 것이 아니다.

미국은 세금을 통해 이미 해외원조를 많이 하고 있다?

미국이 다른 부유한 국가와 비교해서 소득 대비 더 많은 원조를 하고 있는지, 적게 하고 있는지, 혹은 비슷한 수준으로 하고 있는지 물었을 때, 스무 명 가운데 단 한 명만이 정답을 맞힌다. 다음 그래프에서 볼 수 있듯이, 2018년 기준으로 가장 관대한 국가는 튀르키예와 스웨덴으로, 국민총소득의 1% 이상을 해외원조에 쓰고 있다. 0.7%가 유엔이 제시한 목표인데(국민이 100달러를 벌 때마다 70센트를 해외에 기부), 이 두 나라 외에 룩셈부르크, 아랍에미리트, 노르웨이, 덴마크, 영국이 그 목표치를 초과하는 원조를 한다. OECD로 잘 알려진 경제협력개발기구 회원국의 평균 원조 비율은 소득 대비 0.38%다. 미국은 겨우 0.17%에 그쳐 포르투갈과 비슷하고 프랑스, 이탈리아, 일본, 스페인보다 아래다. 미국보다 원조 비율이 적은 나라는 확실히 그다지 부유하지 않은 국가로, 그리스, 폴란드, 헝가리, 러시아 등이 여기 해당된다.*

미국 정치에서 해외원조에 인색한 것은 보통 당연하게 여겨졌다. 미국인을 대상으로 하는 많은 조사가 미국의 해외원조 액수가 많은지 적은지 적절한지에 대한 질문을 포함해왔다. 수십 년 전에는 열 명 중 일곱 명이 '너무 많다'고 대답했다. '메릴랜드대학교 공공자문 프로그램'이 실시한 2017년도 조사에서는 이 수치가 59%로 떨어졌고, 다른 조사에서는 49%까지 낮아졌다. 좋은 소식이다. 그러나 이처럼 낮아진 수치조차도 지나치게 높다. 실제 자국의 해외원조 규모가 얼마나 약소한지 정확히 알았더라면 훨씬 더 내려갔을 것이 분명하다. 2015년, 카이저 가족재단 Kaiser Family Foundation 은 미국인 대상 설문에서 정부 지출(국민 총소득이 아니라) 가운데 얼마가 해외원조에 쓰이는지 아느냐

---

* 그러나 그래프에서 보다시피 한국은 0.15%로 미국의 절반에도 못 미친다. ― 옮긴이

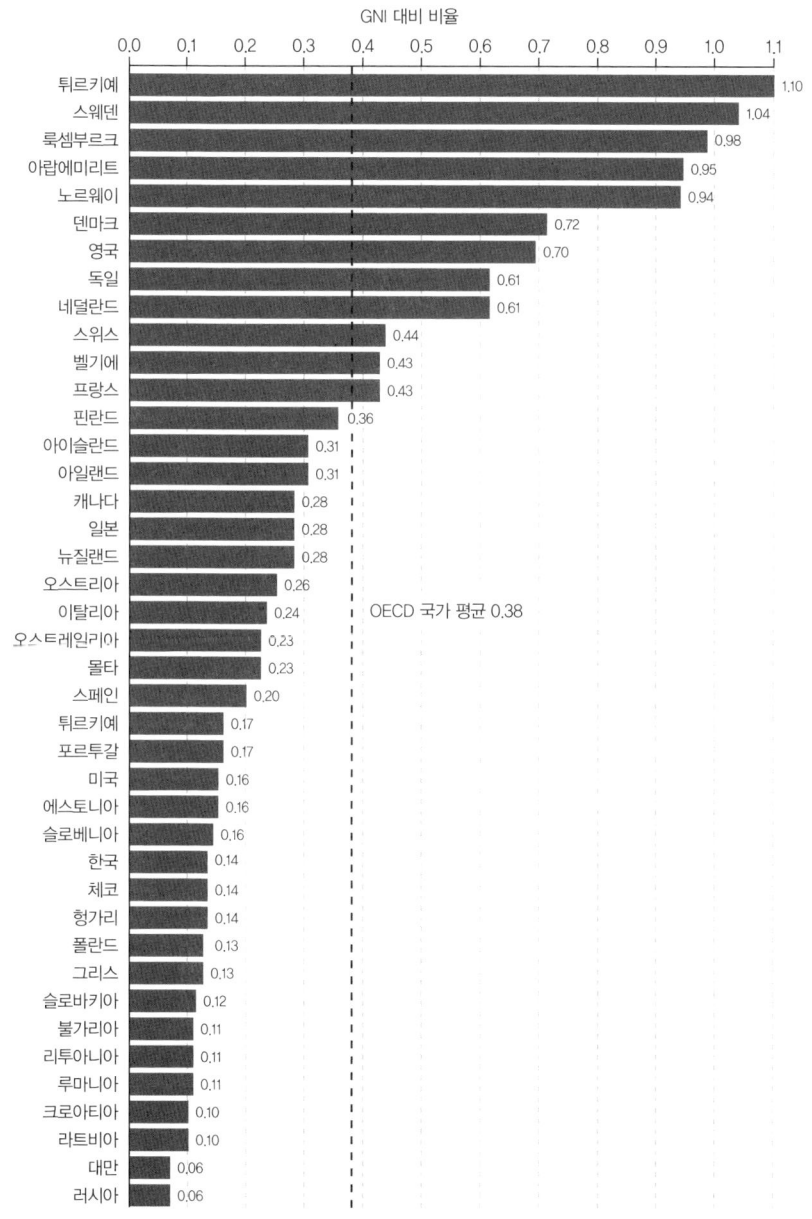

고 물었다. 평균 응답은 26%로, 예산 가운데 그 정도가 다른 국가를 돕는 데 쓰인다고 답했다. 그러나 실제는 1%도 못 된다. 이는 특이한 결과가 아니다. 카이저 재단과 그 외 기관이 1990년대부터 실시한 설문에서도 같은 질문에 대체로 비슷한 결과가 나왔다. 2015년도 카이저 재단 설문은 미국의 해외원조가 과다한지 여부도 물었고, 56%가 그렇다고 대답했다. 그리고 실제 정부 예산의 1% 이하만이 해외원조에 쓰인다는 사실을 알려주자, 그 수치는 절반인 28%로 줄어들었다. 다른 설문조사에서는 연방정부 예산의 몇 퍼센트가 해외원조에 쓰이는 것이 적절한지 물었고, 중간값은 10%였다. 달리 말해, 다수의 미국인이 연방정부가 해외원조에 너무 많은 돈을 쓴다고 생각하지만, 얼마를 써야 하는지를 묻자 현재 지출의 열 배에 달하는 수치를 말한 것이다![24]

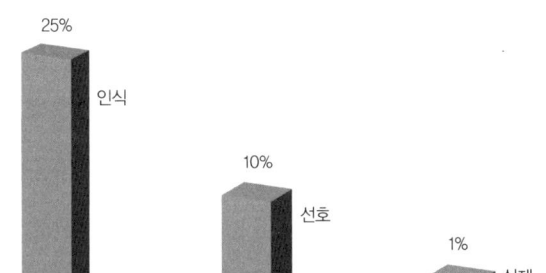

미국 정부 예산 가운데 해외원조 비율[25]

이 막대그래프는 월드 퍼블릭 오피니언(WorldPublicOpinion.org)과 지식 네트워크(Knowledge Networks)에서 미국 국민을 대상으로 행한 2010년도 연구조사에서 설문 응답자들이 대답한 숫자의 중간값을 나타낸다. 1995년 이래 미 국민을 대상으로 이루어진 다른 조사의 결과도 이와 비슷했다. http://worldpublicopinion.net/american-public-vastly-overestimates-amount-of-u-s-foreign-aid 참조.

자국이 얼마나 해외원조를 하고 있나 잘 모르는 국민이 미국인만은 아니다. 2018년도 로위연구소Lowy Institute의 조사에 따르면 오스트레일리아인은 자국이 평균적으로 해외원조에 연방정부 예산 14%를 쓴다고 대답했다. 실제 수치는 겨우 0.8%였다. 미국인과 마찬가지로 다수의 오스트레일리아인도 해외원조의 증액을 지지하지 않았다. 그러나 연방정부의 해외원조 예산이 얼마나 되는 게 좋겠느냐는 질문에 10%라고 답했다![26]

오스트레일리아의 2017년 해외원조 예산은 국민총소득의 0.23%로 미국보다는 약간 높은 수준이지만, 2018년에 오스트레일리아가 스위스를 제치고 성인 1인당 중위자산이 가장 높은 국가가 되었다는 점을 고려하면(말하자면 전형적인 오스트레일리아 사람은 19만 1,450달러의 자산을 보유하며 이는 세계 어느 나라보다 높다) 여전히 매우 낮은 수준이라고 볼 수밖에 없다. 이와 비교해, 영국인 성인의 중위자산은 9만 7,170달러, 미국은 6만 1,670달러다.[27] 따라서 오스트레일리아가 적어도 영국의 해외원조액인 국민총소득의 0.7%는 써야 하며, 겨우 그 3분의 1 정도에 그치는 지금보다는 나아져야 한다고 여길 만하다.

일부 미국인은 이런 공식 원조 수치에 오해의 소지가 있다면서, 미국은 다른 국가에 비해 민간 원조를 훨씬 더 많이 제공한다고 주장한다. 그러나 OECD 통계에 따르면 미국이 대부분의 부유한 나라보다 더 많은 민간 원조를 제공하긴 하지만 캐나다보다도 뒤처지며 아일랜드보다도 못하다. 두 나라 모두 국민총소득 대비 미국보다 더 높은 비율의 정부 원조를 제공한다. 미국의 비정부 해외원조 금액인 소득 100달러당 17센트를 정부 원조와 합쳐도, 미국의 해외원조 총액은 수입 100달러당 34센트에 불과하다. 영국, 스웨덴, 노르웨이, 룩셈부르크, 튀르키예, 아랍에미리트에 대한 비정부 원조의 비교 통계는 제공되지 않지만, 영국의 공식 원조만 해도 국민총소득의 0.7%로 정부와 비정부 원조를 모두 포함한 미국 원조 수준의 두 배이며, 2018년에는 앞서 언급한 다른 모든 국가가 미국의 정부 및 비정부 원조 총액의 약 세 배에 달하는 정부 원조를 제공했다.[28]

해외원조에 대한 대중의 오해는(보았다시피, 미국만이 아니다) '국민총소득의 0.7%'라는 유엔의 목표에 맞춰 해외원조액을 늘리고자 하는 정치 지도자들에게 걸림돌이 된다. 자국이 얼마나 많이, 혹은 오히려 얼마나 적게 해외원조에 기여하는지 아는 것이 이를 늘리기 위한 첫걸음이다. 당신이 만약 국민총소득 대비 해외원조액이 다른 나라보다 저조한 나라에 살고 있다면, 직접 기부하는 것만이 할 수 있는 일의 전부는 아니다. '우리 나라가 얼마나 해외원조에 인색한지' 주위에 알리고, 국민총소득의 최소 0.7%를 기부한다는 유엔의 목표를 달성하는 효과적인 해외원조 프로그램을 개발하기를 원한다는 것을 정치인들에게 알리는 적극적인 시민이 되는 것도 중요하다.

'자선'은 미봉책일 뿐 세계 빈곤을 치료할 수 없다?

우파가 나를 두고 '우리 돈을 세계의 빈민들에게 제공하라고 국가를 부추기고 있다'면서 우려한다면, 일부 좌파도 내 생각에 염려를 표한다. 부자들이 구호단체에 약간의 돈을 보태게 함으로써 양심의 가

책을 덜어주고, 수십억 명을 가난하게 만드는 세계 경제시스템에서 그들 자신은 계속 이익을 챙기게 해준다는 것이다.[29] 철학자 폴 곰버그Paul Gomberg는 자선이 '정치적 침묵주의'를 조장한다고 말한다. 그는 자선이 빈곤의 제도적 원인(본질적으로 그의 관점에서는 자본주의)과 이러한 제도에 대한 급진적 대안을 찾아야 할 필요성으로부터 눈을 돌리게 만든다고 믿는다.[30]

나는 우리가 빈곤 퇴치 단체에 더 많은 수입을 기부해야 한다고 생각하지만, 과연 무엇이 빈곤과 싸우는 최선의 방법인지에 대해서는 열린 마음을 가지고 있다.[31] 예를 들어, 옥스팜과 같은 일부 단체는 긴급구호, 개발원조 그리고 저소득 국가를 위한 더 공정한 경제 거래를 지지하는 활동을 추진한다. 하지만 세계 빈곤의 원인을 조사하고 이를 줄일 가능성이 가장 높은 접근법을 고려한 후, 극빈을 종식시키는 유일한 방법이 세계 경제질서의 체계적 변혁이라고 결론 내린다고 가정해보자. 그렇다면 우리는 극빈자를 돕기 위해 애쓰는 효과적인 자선단체에 기부하지 말고 그 대신 세계 경제체제를 혁명적으로 바꾸는 일에 모든 자원을 투입해야 하는가? 아니, 그렇지 않다. 적어도 몇 가지 중요한 질문에 먼저 답하지 않고서는 그렇지 않다. 어떤 종류의 변혁을 보고 싶은가? 소련, 중국, 쿠바, 캄보디아 등 자본주의를 폐지하려 했던 20세기의 대안 체제는 아마도 아닐 것이다. 그들은 모두 실패했으니 말이다(중국은 아직 명목상 공산주의이기는 하다. 하지만 그곳에서 지내본 사람이면 누구라도 자본주의가 재도입되어 번성하고 있음을 알 수 있다). 다음으로, 당신이 바라는 세계 경제체제 변혁 모델을 제시할 수 있다면, 구체적으로 어떻게 거기에 이를지 그 경로도 설명할 수 있는가? 더 중요하게는, 그런 구체적 방안을 실현하기 위해 뭔가를 할 수 있는가? 이런 질문에 긍정적 답변을 한 뒤에야, 자신의 시간, 에너지, 돈을 들여 세계 경제체제를 혁명적으로 바꾸려는 조직을 후원하는 일이 의미 있게 다가올 것이다. 만약 당신이 추구하는 시스템 변혁을 이룰 현실적 기회가 없거나 그런 일에 힘을 보탤 방법이 없다면, 무위로 끝날 거대한 계획에 시간과 자원을 헛되이 쓰느니 비록 빈곤을 완전히 뿌리 뽑는 전략은 못될지언정 지금 극빈 속에 살고 있는 사람들 중 적어도 일부가 겪는 고난과 고통을 줄여줄 수 있는 전략을 찾는 편이 훨씬 낫다. 결국, 상처를 완전히 치료할 수 없다고 해도 그것이 반창고조차 붙지지 말아야 할 이유가 될 수 있을까?

돈이나 식량을 주면 의존성을 키운다?

가뭄, 홍수, 지진과 같은 긴급 사태가 일어났을 때를 제외하고 가난한 사람들에게 직접 음식을 제공하지 말아야 한다는 데 동의한다. 이러한 재난 상황에서는 단기적으로 사람들이 굶주림을 면하도록 하기 위해 음식을 제공해야 할 수 있다. 그러나 덜 심각한 상황에서 식량을 직접 지원하면 의존성을 키울 수 있다. 가령 다른 나라에서 식량을 배에 싣고 와서 풀어놓으면 지역 시장은 붕괴할 것이며, 현지 농민은 잉여 생산물을 판매하려는 의욕을 잃을 것이다. 우리는 사람들이 스스로 식량을 생산하고 자신의 노동을 통해 지속 가능한 방식으로 그 외의 필요를 충족할 수 있도록 해야 한다.

이 책의 초판에서도 나는 가난한 사람들에게 돈이나 식량을 직접 주는 일에 반대했다. 그런데 2009년, 네 사람의 하버드와 MIT 대학원생이 케냐의 가난한 가정에 아무런 조건 없이 돈을 제공하면 어떻게 될지 알아보기로 했다. 그들은 그 돈으로 무엇을 할까? 한 가지 견해는 가난한 사람에게 돈을 주면 술과 매춘, 도박 등에 탕진하여 단기적으로도 생활이 나아지지 않으리라는 것이다. 많은 경제학자가 선호하는 다른 견해는 무엇이 자신들에게 도움이 될지는 그들 자신이 가장 잘 안다는 것으로, 따라서 현금을 주고 어디에 쓸지 그들이 결정하도록 하자는 것이다. 대학원생들은 그들의 사비로 참가한 각 가정에 1,000달러 정도의 돈을 나눠 주기로 했다. 돈을 받은 사람 다수는 물이 새는 초가지붕을 금속제로 바꿔서 자신의 건강을 지키고 식량이 젖지 않도록 하는 데 그 돈을 썼다. 짚으로 된 지붕은 매년 교체해야 하지만 가난한 가정들은 금속 지붕을 살 만큼 돈을 모을 수 없었다는 점을 고려할 때, 이 지붕은 장기적으로 제 몫을 톡톡히 해냈다. 전체 수입 대비 술 구매 비율은 증가하지 않았다.[32]

2012년, 이 네 사람의 연구자인 마이클 페이_{Michael Faye}, 폴 니하우스_{Paul Niehaus}, 제레미 샤피로_{Jeremy Shapiro}, 로히트 완추_{Rohit Wanchoo}는 '기브다이렉틀리_{GiveDirectly}'라는 이름의 비영리단체를 창립했다. 이 단체는 온라인으로 기부금을 받아서 케냐, 우간다, 루안다의 극빈 가구에 1,000달러씩을 직접 보내준다. 이 단체의 창립자들은 완전한 투명성을 강조하며, 새로운 약물이나 다른 의료 절차의 효과를 판단하는 데 사용되는 '황금률'인 엄격한 무작위 검증을 실시하여 돈을 받은 가정이 수년 후에 돈을 받지 않은 비슷한 가정들보다 더 나아졌는지 확인하기로 했다. 이 검증 결과에 따르면 돈을 받은 가난한 가정에서는 다음과 같은 모습이(다른 금전 지원 프로그램을 통해서도 입증된) 보였다.

- 성인의 노동량은 줄지 않았으나, 아동 노동이 줄었다.
- 학교 출석률이 올랐다.
- 경제자립도가 높아졌다.
- 여성의 의사결정 능력이 강화되었다.
- 식단의 다양성이 늘었다.
- 보건 서비스 이용도가 높아졌다.[33]

2017년에 기브다이렉틀리는 12년 동안 기본적인 필요를 충족시킬 수 있는 소득을 보장하는 보편적 기본소득 제도 실험을 시작했으며, 추가 소득이 어떤 지속적인 영향을 미치는지 알아보기 위해 통제된 연구를 다시 실시했다. 기브다이렉틀리는 창립 이후 2018년 말까지 10만 가구 이상에 자금을 지원했다.

기브다이렉틀리는 빈곤층에 직접 돈을 주는 것에 대한 내 태도를 바꾸었다. 분명 그것은 긍정적 효과가 있었다. 그러나 기본소득을 보장하면 일회성 현금 지원을 할 때보다 더 의존성이 커지지 않을까? 그리고 현금 지원이 다른 모든 형태의 원조보다 더 효과적일까? 우리에게는 아직 이런 의문에 답하기에 충분한 자료가 없다. 7장에서 우리는 현금 지원과 함께 직업 훈련 및 다른 혜택을 제공하는 접근법이 그에 상응하는 현금만 주는 것보다 더 나을 수 있다는 것을 살펴볼 것이다. 하지만 그것이 정말로 더 나은지 알기 위해서는 추가적인 장기 연구가 필요하다.

자본주의의 씨앗인 돈을 나눠 주면 미래 성장력이 저해된다?

가에타노 치프리아노Gaetano Cipriano라는 사람이 내 글 중 하나를 읽은 후 기업가적 자본주의자로서 도움이 될 만한 관점을 제시할 수 있다고 생각하여 내게 연락을 해왔다. 미국 이민자의 손자인 그는 EI어소시에이츠라는 회사의 오너이자 경영자이다. 뉴저지주 시더놀스에 본사를 둔 건축업체인 그 회사는 8,000만 달러 정도의 자산을 보유하고 있다. '현금은 자본주의의 씨앗이다'는 그의 모토이다. 가에타노는 자신의 돈을 가장 수익성 있고 성장 가능성이 높은 곳에만 투자한다면서 그 이상 돈을 써버린다면 '스스로 목을 자르는 일'이 될 것이라고 말했다. 그러나 그는 과도한 소비를 하지 않는다. "저는 호화로운 집에 살지 않습니다. 별장도 없지요. 2001년형 포드 익스플로러를 타고 다니는데, 7만 3,000마일을 뛰었습니다. 괜찮은 스쿼시 동호회 한 곳에 참여하고 있고요. 양복 정장은 네 벌, 검정 구두는 두 켤레 있죠. 휴가는 짧게 가까운 곳에 다녀옵니다. 요트나 비행기 따위는 없고요." 그는 기부를 하기는 하지만 '지속 가능한 성장과 균형을 이루는 신중한 수준'에서 한다. 그가 더 많은 돈을 기부하려면, 지금 자신의 사업에 재투자하고 있는 돈을 헐어야 할 것이다. 이 행위는 다시 그의 장래 소득을 줄이고, 그가 고용할 수 있는 사람의 수를 줄이거나 그들에게 지급할 수 있는 임금 수준을 낮출 수 있다. 또한 그가 나중에 더 많이 기부하고 싶어질 때, 기부할 수 있는 금액을 줄일 수 있다.

우리가 처음 만나고 12년 뒤 이 개정판 작업을 시작했을 무렵, 나는 치프리아노에게 사업은 어떻게 되어가고 있는지, 생활 방식이나 기부 방식에 바뀐 것은 없느냐고 물었다. 그는 잘 지내고 있었고, 12년 동안 자산을 두 배 이상 불렸다. 그는 자동차를 포드에서 GMC 터레인 중고차로 바꾸었다. 살고 있는 집은 그대로였으며, 그의 말에 따르면 이렇다. "여전히 해변의 별장이나 요트, 비행기, 내연녀 따위는 없습니다." 그의 주된 사치라면 자신과 친구들이 자주 사용하는 복식 스쿼시 코트를 짓는 데 50만 달러를 쓴 것이었다. 그는 자신이나 가족을 위해 더 큰 돈을 쓰지는 않았지만, 그렇다고 이 책이 지지하는 식의 기부도 하지 않았다. 그의 자선활동의 초점은 '스쿼시-교육 연맹'에 맞춰져 있었고, 이 연맹은 주로 미국에서 스쿼시와 학업, 멘토링, 여행, 대학 학비 지원, 취업 준비를 결합한 청소년 프로그램을 운영한다. 그는 또한 뉴저지주 뉴어크의 세인트존 천주교회가 운영하는 무료 급식소의 주 후원자인데, 고인이 된 그의 아버지가 이 교회에서 미사를 드리고 교회의 선행을 지원했었다. 그와 그의 어머니는 이제 아버지를 기리며 이 일을 이어가고 있다. 이 오래된 교구 건물에서 구조적 결함이 발견되었을 때, 그의 기술진은 무료로 보강 설계를 해주었다. "저는 세상을 바꿀 수 없어요. 그러나 한 귀퉁이를 좋게 만들고자 애쓴답니다. 매일, 조금씩 말이죠." 그것이 치프리아노의 자선 철학이다. 그는 자신의 사업체 소유권을 자녀들에게 물려줄 계획이다.

열심히 일하고, 검소하게 살고, 좋은 일자리를 만들어주고, 이익을 재투자해서 사업을 확장해 더 많은 일자리를 만들고, 지역의 좋은 활동을 후원하는 일은 분명히 가치가 있다. 그 덕분에 지역사회가, 나아가 국민경제가 혜택을 입는다. 역설적이게도, 중고차를 살 정도로 자신의 돈을 최대한 활용하는 방법을 분명히 알고 있는 사람임에도 치프리아노는 자선에 있어서는 이러한 요구사항을 놓치고 있다. 이런 점에서 그의 기부는 가치 투자의 달인인 또 다른 사람, 워런 버핏의 예와 비교된다. 워런 버핏은 처음 벌어들인 100만 달러를 기부하지 않는 게 옳다는 사례로 종종 언급된다. 그가 그것을 기부해버렸다면, 자기 사업을 발전시키는 데 필요한 투자를 할 수 없었을 것이며, 게이츠 재단에 이미 기부한 310억 달러를 벌지도 못했을 것이다. 그는 세계 최빈곤 지역사회의 건강을 개선하고 경제성장을 자극하는 것이 미국 내 기부보다 훨씬 더 비용 효과적이라고 보기 때문에 자신의 막대한 재산 대부분을 게이츠 재단에 기부할 계획이다. 만약 당신이 버핏처럼 투자의 달인이라면, 나는 당신도 그처럼 삶의 후반기까지 돈을 간직했다가 나중에 대부분을 기부하라고 권할 것이다. 하지만 그렇게 귀신 같은 투자의 재능이 없는 사람은 더 일찍 기부하고 그 돈을 가장 큰 선을 행할 수 있는 곳으로 가장 먼저 보냄으로써 더 많은 선을 행할 수 있을 것이다.

2008년에 사망한 클로드 로젠버그Claude Rosenberg는 기관 자금 관리 회사인 RCM 캐피탈 매니지먼트의 설립자이자 회장이었기에 투자에 대해 잘 알고 있었다. 그는 또한 자선에 대해서도 아는 게 많았다.

그는 '새로운 십일조New Tithing'라는 단체를 설립하고, 『부유하고 현명하게: 당신과 미국이 기부에서 최대한의 것을 얻는 방법Wealthy and Wise: How You and America Can Get the Most Out of Your Giving』이라는 책을 썼다. 그는 지금 기부하는 것이 일단 투자하고 나중에 기부하는 것보다 낫다고 주장했다. 사회문제란 계속되는 기간이 길수록 더 고약해지기 때문이다. 달리 말해, 투자한 자본이 불어나듯 사회문제를 해결하는 데 들어가는 비용도 불어난다. 그리고 로젠버그의 관점에서는 사회문제를 해결하는 비용의 증가율이 자본 수익률보다 "기하급수적으로 더 크다."[34] 이러한 관점을 뒷받침하고자, 로젠버그는 빈곤과 기타 사회문제가 미치는 영향이 점점 커지고 있다고 지적했다. 즉 당대의 한 사람만 괴로움을 겪는 게 아니라, 미래 세대와 사회 전반에 연쇄적으로 괴로움이 파급되는 것이다. 이는 증명하거나 반증하기 어려운 광범위한 주장이다. 하지만 만약 이것이 미국에서의 빈곤에 대해 사실이라면, 낮은 기반에서 시작할 때 높은 수익률을 얻기가 더 쉽다는 점에서 개발도상국의 빈곤에 대해서는 더욱 그럴 것이다.

하지만 이는 고소득 국가의 시민이 해외로 돈을 보내면 자국 경제에 해가 된다는 주장을 완전히 반박하지는 못한다. 나의 이전 저작에 대해, 당시 마이애미대학교의 철학 교수였던 콜린 맥긴Colin McGinn은 반론을 강력하게 제기했다.

만약 당신이 가진 것을 탈탈 털어서 아프리카의 가난한 사람들에게 주면 어떻게 될까…? 그것은 우리 경제를 완전히 망가뜨리며, 새로운 부

를 창출하거나 누군가를 도울 수 있는 능력의 배양과는 무관한 결과만 낳는다.[35]

맥긴이 가리키는 '당신'이 당신, 즉 개별 독자를 의미하는지, 아니면 미국 남부 사람들이 "댁네들 y'all"이라고 부를 만한 집단을 의미하는지는 불분명하다. 만약 독자 개인이 가진 것을 탈탈 털어서 아프리카의 가난한 사람들에게 준다고 해도, 우리 국민경제에는 아무런 영향이 없을 것이다. 설령 이 책의 모든 독자가 그렇게 한대도, 경제는 겨우 딸꾹질 한번 하고 말 것이다(이 책이 상상을 한참 초월하는 만큼 팔리지 않는 다음에야). '모든' 미국인이 그렇게 한다면, 국민경제는 파탄 날 것이다. 그러나 지금 당장은 그러한 가능성에 대해 걱정할 이유가 없다. 그런 조짐은 전혀 없고, 어쨌든 나도 그것을 주장하는 것도 아니다.

상당한 규모로 기부하는 사람은 매우 소수이므로, 더 많은 기부가 필요하다. 그리고 우리 각자가 더 많이 기부할수록 더 많은 생명을 구할 수 있다. 하지만 만약 '모든 사람'이 지금보다 훨씬 더 많이 기부한다면 우리는 전혀 다른 상황에 처하게 될 것이다. 부자와 빈자 사이의 큰 격차는, 만약 모든 사람이 기부를 한다면 그들이 가진 것을 탈탈 털어서 아프리카로 보낼 필요가 없다는 것을 의미한다. 이 책을 다 읽기도 전에 알게 되겠지만, 안락한 삶을 누리고 가끔 외식을 하며 생수를 사서 마시는 모든 사람이 아주 적은 액수만 기부해도 세계의 극빈층 대부분을 하루 1.90달러라는 빈곤선 위로 끌어올리기에 충분할 것이다. 그런 적당한 기부가 이루어지면, 더 이상 비타민 A 결핍으로 아이들이 실명하거나, 말라리아 백신이나 모기장이 없어서 말라리아에 걸리거나, 몇 푼 안 되는 치료비로 살릴 수 있었던 아이들이 이질로 죽는 상황에 처하지 않을 것이다. 따라서 소수의 사람이 많이 기부하든, 다수의 사람이 조금씩 기부하든, 결국 세상에 넘치는 극한의 빈곤을 끝장내는 일에 부유한 나라의 경제가 휘청일 일은 없다. 이는 경영자의 활동과 개인의 부를 위한 충분한 여지를 허용할 것이다. 더욱이 장기적으로 세계 경제는 침체되기보다 약진할 것이다. 지금은 경제 밖에 떨어져 있는 7억 3,600만의 사람들을 경제 안으로 끌어들여 새로운 시장과 무역 및 투자 기회를 만들 테니 말이다.

옥스퍼드, 프린스턴, 스탠퍼드에서 학생들을 가르친 또 다른 철학자 앨런 라이언Alan Ryan은 내 견해에 다른 목소리를 낸다.

사람은 자신의 가족, 지역사회, 국가와 특별한 관계를 맺고 있다. 이는 인간의 기본 조건이다. 그리고 인류 역사상 대부분의 사람은 이러한 점에 아무런 문제가 없다고 여겨왔다.[36]

대개의 사람들이 자신의 가족과 친구를 낯선 사람보다 아끼는 것은 사실이다. 자연스러운 일이며, 그 사실에는 아무런 잘못이 없다. 그러나 가족과 친구에 대해 얼마나 팔이 안으로 굽어야 바람직할까? 글렌뷰고등학교의 학생 브렌던은 가난한 사람들을 돕기 위해 기부하는 대신 '각자의 가족과 친구들에게 건네 아쉬운 대로 쓰도록 하는 게 나을 것이다'라고 생각했다. 가족과 친구가 정말로 돈이 필요하다면, 극한의 빈곤에 처한 사람들과 다를 게 없는 상황이라면, 인간 본성에 비추어 모르는 사람보다 그들을 먼저 챙기는 것이 당연하다고 할 수 있다. 다행히도, 부유한 나라에 사는 대부분의 중산층은 그런 선택을 할 필요가 없다. 그들은 지금 쓰는 것보다 훨씬 적은 돈으로도 가족을 충분히 부양할 수 있다. 그리고 극한의 빈곤에 처한 사람을 도울 여력도 있다. 물론 어디에 균형점을 둬야 할지 말하기는 어렵다. 이 문제는 책의 후반부에서 다시 검토할 것이다.

역시 글렌뷰 학생인 키어넌은 앨런 라이언과 비슷한 주장을 했다.

(우리에게 불필요한 것을 가난한 사람에게 주면) 세상은 더 나아지고, 더 평등한 곳이 될 것이다. 그러나 그것은 꼬마가 사탕을 사 먹는 것과 마찬가지다. 사탕을 사서 한 알만 남기고 나머지는 다른 아이에게 준다? 그런 일은 그냥 일어나지 않는다.

이 모든 발언이 제기하는 문제는 우리 인간이 과연 어떤 존재이고 과연 우리가 무엇을 해야 하는가의 문제와 연관되어 있다. 온타리오에 있는 퀸스대학교의 철학과 학생인 브렌던 오그레이디Brendan O'Grady가 이 문제를 블로그에 올렸을 때, 또 다른 철학과 학생인 토머스 시먼즈Thomas Simmonds는 다음과 같은 답글을 달았다.

물론 나는 사람들이 죽는 걸 바라지 않는다. 그저 그들에게 마음이 쓰

이지 않을 뿐이다. 내가 사람들이 굶주리는 곳으로 여행을 간다면 다르게 생각할 수도 있겠지만, 현재로서는 마음이 움직이기에 그들은 너무 멀리 떨어져 있다. 기부를 하지 않는 사람으로서 나는 암묵적으로 많은 이들의 기초적인 생계보다 나 자신의 풍요로운 삶에 더 큰 가치를 두고 있다. 그리고 글쎄, 나는 그렇게 하고 있다. 그렇게 하는 내가 부도덕한가? 아마 그럴지도 모르겠다.[37]

오그레이디가 이 의견에 질문을 제시하자, 시먼즈는 자신의 입장을 명확히 했다. "나는 도덕적 변호를 하려는 것이 아니라, 단지 개인적인 감정을 말하고자 한 것이다. 즉 내 느낌을 설명하려는 것이다." 무엇이 '어떠한지'를 말하는 것과 '어떠해야 하는지'를 말하는 것 사이의 차이는 키어넌과 앨런 라이언의 의견에서도 볼 수 있다. 우리가 우리 가족, 지역사회, 국가를 선호한다는 사실은 멀리 떨어져 있는 가난한 사람들의 생명을 구하지 못하는 우리의 실패를 설명할 수는 있다. 하지만 우리 조상들이 수 세대에 걸쳐 거기서 아무런 문제점을 느끼지 않았다고 해도 윤리적 관점에서 그 실패를 정당화하지는 못한다. 그래도 왜 우리는 이렇게 행동하는지에 대한 적절한 설명은 어느 정도의 변화가 가능한지를 이해하기 위한 중요한 첫걸음이다.

가에타노 치프리아노는 자신이 지역사회에 기부하는 것에 대해 다른 식의 정당화를 제시한다. "여기 뉴저지에도 도움이 필요한 사람들이 많아요"라고 그는 말한다. 하지만 그 사실보다 그에게 더 영향을 준 것은 그가 세인트존스 교회의 무료 급식소를 운영하는 신부와 '스퀴시-교육 연맹' 운영자 그리고 다른 여러 도시에서 프로그램을 운영하는 사람들과 개인적으로 친분이 있다는 사실이다. 그는 이것이 자신의 돈이 적절하고, 효율적이며, 비용 효과성 있게 쓰이고 있다는 것을 알 수 있는 방법이며, 그런 자선단체가 "실질적이고, 측정 가능하며, 가시적인 결과"를 얻고 있다는 것을 알 수 있는 방법이라고 말한다. 반면 그는 "나는 아프리카에는 아는 사람이 하나도 없어요"라고 말한다.

물론 뉴저지에도 필요를 충족시키지 못한 사람들이 있다. 하지만 그들을 비용 효과성 있게 도울 수 있을까? 미국 내에 사는 힘든 사람들을 돕는 일의 상대적 비용 효과성만 따진다면, 맞는 말이다. 아마 치프리아노의 기부는 비용 효과적일 것이다. 그러나 세계로 눈을 돌려보면(이 책의 6장에서 더 자세히 보겠지만), 부유한 국가의 사람들을 돕는 것은 비용 효과성 측면에서 저소득 국가의 극빈층을 돕는 것과 경쟁이 되지 않는다. 저소득 국가에 아는 사람이 아무도 없다는 것 역시 그런 나라에 기부하지 않는 일을 정당화하기에는 시원찮다. 앞으로 보겠지만, "실질적이고, 측정 가능하며, 가시적인 결과"를 기부자보다 기부받는 사람의 입장에서 엄격하게 평가하는 기관들이 있다. 기부자들은 수백 시간을 들여서 기부의 성과를 계산할 준비도 안 되어 있고, 설령 그런 시간을 투자할 의향이 있다손 치더라도 이를 제대로 처리할 전문성을 갖추기는 어려우니 평가기관과 비교가 되지 않을 것이다.

밑 빠진 독에 물 붓기다?

이 책의 초판 출간 후 나는 많은 곳에서 인터뷰를 했다. 그 가운데는 청취자가 전화를 걸 수 있는 라디오 프로그램도 있었다. 그리고 그때 내가 받은 가장 많은 반박은 우리는 이미 저소득 국가의 가난한 사람들에게 많은 돈을 지원했음에도 여전히 수백만 명의 극빈층이 있으니, 이 모든 게 헛된 도전이 아니냐는 것이었다.

1장에서 보았듯이, 그런 반응은 지난 50년 동안 쌓인 가장 중요한 사실에 대한 무지를 보여준다. 물론 여전히 수백만 명이 극빈 상태에 있다는 것은 사실이지만, 76억의 명의 인구가 살아가는 이 세계에서 그 비중은 결코 크지 않다. 실제로 기본적인 필요를 충족시키지 못하고 사는 인류의 비율은 5세가 되기 전에 사망하는 아이들의 비율과 마찬가지로, 인류사에서 아마도 가장 낮은 수준일 것이다.[38] 분명 오늘날의 기대수명은 그 어느 때보다 높다.[39] 2세기 전인 1800년으로 돌아가보자. 세계에서 기대수명이 가장 높았던 나라인 벨기에에서도 신생아의 기대수명은 40년이었다. 인도에서는 겨우 25년이었다. 오늘날, 세계 모든 나라에서 기대수명은 50세를 넘는다. 오늘날 시에라리온에서 태어난 아기는 1800년 벨기에에서 태어난 아기보다 10년은 더 살 것으로 예상된다.

따라서 우리가 아무런 진전도 이루지 못하고 있다는 생각은 신화이다. 이 신화는 왜 이토록 널리 퍼진 것일까? 2018년에 귀를 막고 살지 않았다면, 태국의 동굴에 갇힌 열두 명의 소년과 그들의 축구 감독 이야기를 들어보았을 것이다. 이 소식은 세계 각지에서 며칠 동안 톱

뉴스로 다루어졌다. 물론 열두 소년과 감독이 구조된 일은 다행한 일이었다. 그러나 이를 1990년에서 2015년까지 매일 746명의 아이들이 덜 사망하게 된 아동 사망률의 감소와 어떻게 비교할 수 있을까? 문제는 누가 누군지가 분명한 열두 명의 소년이 동굴에 갇힌 일은 흥미진진한 뉴스거리가 되지만, 25년 동안 매일 746명의 생명이 구해진 것은 전혀 뉴스가 되지 않는다는 것이다.

세상에 사람은 이미 차고 넘친다?

세계의 빈곤에 대해 이야기할 때, 나는 종종 우리 행성에 이미 감당할 수 있는 것 이상으로 사람이 많고, 지금 가난한 사람들을 도우면 결국 식량이 바닥나고 인구가 급감할 때 더 많은 사람들이 죽게 될 것이라고 반론을 펼치는 청중을 만난다.

이런 반박은 18세기 영국의 경제학자이자 성직자였던 토머스 맬서스Thomas Malthus의 사상이 아직도 반향을 얻고 있다는 증거다. 그는 인구 성장이 언제나 식량 공급을 앞지를 것이라고 주장했다. 전염병과 유행병이 인구 증가를 억제하지 않는 한 '피할 수 없는 대기근'이 그 기능을 할 것이라고 그는 썼다.[40] 2세기가 지난 뒤인 1968년, 폴 에얼릭Paul R. Ehrlich*은 베스트셀러가 된 『인구 폭탄The Population Bomb』에서 이미 인류는 자신을 먹여 살리는 전투에서 패배했다고 경고했다. 그는

---

* 미국의 생물학자(1935~). 독일 생물학자인 파울 에를리히Paul Ehrlich(1854~1915)와 혈연관계는 없다. 여기서 언급된 『인구 폭탄』으로 세계적 명성을 얻었지만 그 취지는 환경 보호와 생물다양성 보호의 중요성을 강조하는 데 있었다. ─ 옮긴이

1985년이면 세계가 '광범위한 기근'에 휩싸여 "수억 명이 굶어 죽을 것"[41]이라고 예측했다.

다행히도, 맬서스와 에얼릭 둘 다 틀렸다. 에얼릭이 그 으스스한 예언을 한 후 반세기 동안 1인당 식량 생산은 혁신적으로 늘었으며, 저소득 국가에서 매일 2,200칼로리(기본적인 충분량)를 섭취하지 못하는 사람의 비율은 두 명 중 한 명 이상에서 2015년 이후 약간 증가하기 전까지 열 명 중 한 명으로 감소했다. 이 책을 쓰는 시점에서, 최신 통계(2017년)에 따르면 8억 2100만 명, 즉 세계 인구 비율로는 아홉 명 중 한 명이 만성적인 식량 부족을 겪고 있다.[42]

오늘날 세계 인구가 계속 증가하여 2050년이면 98억 명, 2100년이면 112억 명에 이를 것으로 예상되지만, 세계는 모든 사람에게 적절히 제공하기에 충분한 식량을 생산하고 있다. 또한 모든 식량이 사람들을 먹이는 데 사용된다면 전 세계 인구를 먹이기에 충분할 것이다. 미국은 세계 최대의 옥수수 생산국이지만, 미국 옥수수 생산량의 3분의 1 미만만이 인간에게 소비된다. 그중 거의 40%는 에탄올로 전환되어 미국 자동차들의 연료통에 주입되고, 26%는 수백만 톤의 다른 곡물 및 대두와 마찬가지로 동물에게 먹이로 공급된다. 전 세계적으로 농작물에서 생산되는 칼로리의 36%가 동물에게 공급되며, 그 가운데 12%만이 동물성 식품의 형태로 우리에게 돌아온다. 그 나머지(세계 작물이 생산하는 모든 칼로리의 거의 3분의 1)는 가축의 체온 유지나 우리가 먹지 않는 신체 부위를 발달시키는 데 사용된다.[43]

세계는 식량이 부족하지 않다. 문제는 고소득 국가의 사람들이 작물을 직접 먹을 때보다 네다섯 배나 더 많은 식량을 소비할 방법을 찾아냈다는 데 있다. 그럼에도, 세계 최빈국들에서 인구가 가장 빠르게 늘고 있는 사실에 대해 우려할 만한 몇 가지 이유가 있다. 유엔 인구조사부에 따르면, 2050년까지 26개 아프리카 국가의 인구가 적어도 지금의 두 배가 될 것이며, 2100년까지 앙골라, 부룬디, 니제르, 소말리아, 탄자니아, 잠비아의 인구가 지금의 다섯 배로 늘 것으로 예상된다. 나이지리아의 인구도 빠르게 늘고 있으며 훨씬 더 큰 인구를 기반으로 하기 때문에, 2100년까지 7억 9,400만 명의 인구를 보유할 것으로 보인다. 이는 인도와 중국에 이어 세 번째로 큰 수치가 될 것이다. 나이지리아는 풍부한 석유 매장량으로 인한 수입에도 불구하고 지금 기대수명이 고작 55세이고, 인구의 98%가 빈곤층이거나 저소득층이며, 53%가 세계은행의 빈곤선 이하에서 사는 상황에서 이러한 인구 증가를 겪고 있다.[44]

오늘날 일부 집단에서는 인구 성장에 대한 이야기를 꺼린다. 부분적으로는 과거의 대기근 예측이 강제 불임시술이나 임신중절 등의 인권 유린으로 이어졌기 때문이다. 인구문제에 관해 이야기하는 것을 주저하게 하는 또 다른 요인은 백인이, 특히 백인 남성이 아프리카 여성들에게 몇 명의 아이를 낳을지 말해서는 안 된다는 믿음이다. 그러나 아프리카의 사상가들도 우리가 인구문제에 관해 이야기할 필요가 있다고 말하고 있다. 나이지리아의 이모주립대학교와 이바단대학교에서 공부한 알렉스 에제Alex Ezeh는 인구문제를 '방 안의 코끼리'라고 부르면서, 개발 공동체가 이를 무시하고 있다고 비판했다.[45]

그러나 저소득 국가들의 인구 증가 우려에 대한 올바른 대응은 생태학자 개릿 하딘Garrett Hardin이 1970년대에 주장한 것처럼 '원조가 상황을 악화시킬 뿐이므로 원조를 중단해야 한다'[46]고 말하는 것이 결코 아니다. 그런 접근은 우리의 미래 예측 능력을 심각하게 과대평가한 데서 비롯된다. 하딘은 인도와 방글라데시 같은 국가가 그들의 '수용 능력'을 초과했으며, 지원을 제공하면 불가피한 기근이 발생할 때 더 많은 사람이 죽게 될 것이라고 단언했다. 그가 예측한 파멸적인 기근은 일어나지 않았고, 오늘날 이 국가들은 1970년대에 비해 인구가 더 늘었지만 더 잘 먹으며 살고 있다.

높은 인구성장률을 보이는 국가에 대한 원조를 끊지 말아야 할 한 가지 이유는 빈곤을 줄이면 출생률도 줄어든다는 풍부한 증거가 있기 때문이다. 국제가족계획연맹의 전 사무총장인 스티브 신딩Steven Sinding은 이렇게 말한다. "생활 수준 향상과 출산율 감소 사이에 인과관계가 있음은 이제 논란의 여지가 없다."[47] 유아 사망률이 높고 사회보장 제도가 없는 나라에서, 부모는 노년기에 자신을 돌볼 사람을 남기기 위해, 또한 농촌 가정의 경우에는 땅을 경작할 일손을 얻기 위해 아이를 많이 낳으려는 경향이 있다. 국가들이 산업화되면서 생활 수준이 향상되고, 더 많은 사람이 도시로 이주하면서 출산율이 떨어진다. 그것이 유럽과 북아메리카에서, 나중에는 아시아와 라틴아메리카에서 일어난 일이다. 사하라 이남 아프리카는 높은 수준의 출산율과 젊은 인구 구조에서 출발했지만, 특히 도시 지역에서 같은 길을 걷기 시작한 것으로 보인다.[48]

여성의 교육 역시 출산율을 감소시킨다. 말리에서, 중등 이상의 교육을 받은 여성의 평균 자녀 수는 세 명인 반면, 교육을 전혀 받지 않은 여성의 평균 자녀 수는 일곱 명이다. 과테말라에서 이루어진 장기 연구에 따르면 여자아이가 학교에서 보내는 시간이 1년 늘어날 때마다 첫 아이를 갖는 나이가 6~10개월 늦춰졌다. 인도에서도 매우 빈곤한 주 가운데 하나인 케랄라에서도 교육이 출생률에 미치는 영향이 확연히 나타난다.[49] 비록 빈곤하지만 케랄라 사람들은 다른 인도 지역에 비해 문해율이 높으며 성평등 수준도 높다. 그곳 여성들은 평균 1.7명의 아이만 낳는데, 이는 문해율과 여성 지위가 더 낮은 다른 인도 지역은 물론이고 스웨덴이나 미국보다도 낮은 출생률이다. 따라서 원조가 문해율과 성평등 수준을 높이는 수단이 된다면, 지속 가능한 인구 수준을 달성하는 데도 도움이 될 것이다.

그래도 출산율이 높은 빈국들에서는 최소한의 품위와 지속 가능한 생활 수준을 보장할 정도까지 인구를 안정화하려면 출산율을 낮추기 위한 더 직접적인 조치가 필요할 수 있다. 그러나 그것이 원조의 중요성을 줄이지는 않는다. 기본적인 보건의료 서비스를 제공하는 것은 여성들에게 다가가 피임에 대해 이야기할 수 있는 방법이기 때문에 이러한 노력의 중심이 된다. 세계보건기구 WHO에 따르면, 개발도상국에서는 가임기 여성 2억 1,400만 명이 임신을 피하고 싶어 하지만 현대식 피임 방법을 사용하지 않고 있다.[50] 인구 증가를 억제하는 일이 최우선 과제라는 생각은 효과적인 자선단체에 기부하는 일을 막을 근거가 되지 않는다. 오히려 PSI Population Services International (인구서비스국

제기구) 같은 단체에 기부하고 그 기부금을 가족계획 프로그램에 지정해달라고 요청할 만한 근거가 된다.

내가 기부한 돈이 정말로 도움이 필요한 사람들에게 전달되는지 알 수 없다?

내가 이 책의 초판을 쓴 이후 자선사업과 국제개발 공동체에 일어난 매우 큰 변화 중 하나는 극빈층을 돕는 특정 개입의 효과를 측정하고 가장 성공적인 개입을 시행하는 단체들의 효과성을 계측하는 독립기관들에 대한 관심이 훨씬 증가했다는 것이다. 기브웰GiveWell(이 책의 뒷부분에서 다시 살펴볼 것이다)은 이 분야의 선구자이며, 자선활동을 엄격하게 평가할 새로운 기준을 정립했다. 더스틴 모스코비츠Dustin Moskovitz와 캐리 투나Cari Tuna의 선견지명 있는 관용 덕에(그들의 굿벤처스Good Ventures Foundation 재단이 연구를 지원했다) 기브웰은 자선단체들의 활동을 조사하고 가장 효과 있는 활동을 찾아낼 능력을 갖추었다. 일찍부터, 기브웰은 고소득 국가에서의 비영리사업 활동은 지출되는 돈 대비 할 수 있는 선행의 측면에서 저소득 국가에서의 활동과 견줄 수 없을 것이라고 판단했다. 기브웰의 엄격한 평가 기준이란, 그 웹사이트를 방문해서 당신이 최상위 등급의 자선단체 가운데 하나를 선택하면, 극빈층이 당신이 기부한 돈으로 혜택을 받고, 그 혜택이 매우 비용 효과적인 방식으로 이루어지리라고 확신할 수 있다는 것을 의미한다.

극한의 빈곤과 그 파급효과를 줄이고자 하는 매우 효과적인 자선단체를 추천하는 또 다른 조직이 있다. 그 조직은 이 책의 제목을 따서 이름을 지었으며, 이 책 덕분에 존재하게 되었다. 2012년, 나는 찰리 브레슬러에게서 이메일 한 통을 받았다. 그는 자신을 전직 심리학 교수이며 '어쩌다 보니' 대형 소매체인의 사장이 된 사람이라고 소개했다. 그러나 그는 경영계에서 일하는 것이 스스로가 원한 삶의 방식이라고 한 번도 느껴본 적이 없다고 했다. 이 책을 읽으면서 그는 빈곤층을 돕는 것에 관한 내 생각을 널리 알리는 데 도움이 될 방법을 고민하기 시작했다. 당시 나는 이 책과 관련된 웹사이트를 열어서 자기 소득의 일부를 극빈자를 돕는 일에 보태려는 사람들이 서약할 수 있는 공간으로 삼고 있었다. 또한 일부는 나를 도와 이 웹사이트를 단체로 발전시키는 일에 자원봉사자로 동참했다. 그러나 열성적인 상근 관리자가 없는 프로젝트가 으레 그렇듯, 그 일은 진척이 더뎠다. 그때 찰리가 참여했으며, 그는 상근 관리자가 되어(그는 수많은 업무 시간에 대해 어떤 보수도 받지 않았기에 여전히 공식적으로는 자원봉사자이지만), TLYCS를 하나의 단체로 발전시켜 독립적인 연구를 통해 검증된 비영리단체들에 기부하도록 장려하고, 운 좋게 태어난 사람들이 불운한 다른 이들의 삶에 얼마나 큰 변화를 만들 수 있는지 널리 알리는 조직으로 변화시켰다.

THE LIFE YOU CAN SAVE

2부

왜 기부를 망설이는가

| 4장 |
기부를 가로막는 5가지 심리

논리적으로 일관된 도덕적 주장을 하는 것만으로 사회 변화를 이끌어 낼 수 있다면 세상은 훨씬 더 단순해질 것이다. 그러나 더 많이 기부해야 한다고 생각하는 사람조차 언제나 그렇게 하지는 않는 게 분명하다. 우리는 최근 수십 년간 사람들의 행동을 이끄는 심리적 요인에 대해 배웠다. 이제 우리의 문제에 그런 지식을 적용할 때다. 왜 우리는 더 많이 기부하지 않으며, 더 기부하도록 하려면 무엇이 필요한가?

일상생활에서 인간이 자신의 이익을 선호하는 경향이 있다는 것을 아직 확신하지 못했다면, 심리학자들의 실험을 통해서도 이를 확인할 수 있다. 예를 들어, 대니얼 뱃슨Daniel Batson과 엘리자베스 톰슨Elizabeth Thompson은 실험 참여자들에게 자신과 그 자리에 없는 다른 참가자에게 과제를 할당하도록 했다. 설명에 따르면 한 과제는 비교적 흥미롭고 상당한 혜택이 있고, 다른 과제는 지루하고 혜택도 없다고 했다. 참가자들은 또한 이런 설명을 들었다. "대부분의 참가자는 공평한 기회를 갖습니다. 예를 들어 동전 던지기를 해서 두 가지 중 어느 쪽 과제를 받을지 정할 수 있습니다." 그러한 목적으로 동전이 제공되었다. 참가자 외에는 아무도 동전이 어떻게 떨어졌는지 볼 수 없었다. 과제를 할당한 후 인터뷰에서 모든 참가자는 동전을 던져서 결정하거나 더 보상이 큰 과제를 다른 참가자에게 양보하는 것이 가장 도덕적인 대응이라고 대답했다. 그러나 약 절반은 동전을 던지지 않기로 선택했고, 동전을 사용하지 않은 사람 가운데 80% 이상이 자신에게 더 좋은 과제를 할당했다. 더 놀라운 것은, 동전을 던졌다는 사람들 중 85%가 자신에게 유리한 결과를 얻었다고 보고했다는 사실이다.[1]

그럼에도 우리는 종종 친절하고 관대한 일을 한다. 대부분의 선진국에서 의료 서비스는 모르는 사람들을 위해 자기 피를 기꺼이 제공한 보통 시민들의 이타주의 덕분에 유지된다. 그들은 자기 시간을 쪼개고, 많은 사람이 무서워하는 정맥주사를 경험하면서도 주스와 쿠키 정도 외에는 아무런 보상도 받지 않는다. 그들은 심지어 피가 필요할 때 우선순위를 약속받지도 않는다. 그리고 사람들이 물에 빠진 아이를 보면 뛰어들어 구하겠다고 일말의 주저도 없이 말할 때, 그들은 아마도 진실을 말하고 있을 것이다. 그렇다면 왜 우리는 개발도상국의 아이들을, 그것도 적은 비용으로 구할 수 있는데도 구하지 않는 것일까? 이기주의냐 이타주의냐 하는 단순한 싸움의 수준을 넘어, 여기에는 뭔가 다른 심리적 요인이 작용하고 있으며, 이번 장에서 나는 가장 중요한 다섯 가지 요인을 설명할 것이다.

내 눈에 보여야 불쌍한 사람이다

연구자들은 어떤 요인이 관대한 반응을 유발하는지 알아내기 위해 심리학 실험 참가자들에게 돈을 지급한 다음, 그 돈의 일부를 '세이브 더 칠드런Save the Children'에 기부할 기회를 제공했다. 세이브 더 칠드런은 미국과 개발도상국의 빈곤 아동을 돕는 구호단체다. 한 집단에는 기부의 필요성에 대한 일반적 정보를 주었는데, 거기에는 '말라위에서 식량 부족 사태가 벌어져서 300만 명 이상의 아이들이 고통받고 있다'는 등의 정보가 포함되어 있었다. 두 번째 집단에는 '로키아'라는 이름의 일곱 살짜리 말라위 소녀 사진이 제공되었다. 그리고 로키아는 극단적으로 불우한 환경에 처해 있으며 "여러분이 성의를 보여준다면 이 소녀의 삶은 달라질 것입니다"라는 글귀를 추가했다.

로키아의 정보를 접한 집단은 단지 일반 정보만을 들은 집단보다 훨씬 많은 액수를 기부했다. 그리고 제3의 집단에는 일반 정보와 로키아의 사진, 그녀에 대한 정보를 모두 제공했다. 그 집단은 일반 정보만 얻은 집단보다는 많이 기부했는데, 로키아의 정보만을 들은 집단보다는 적게 기부했다.[2] 그리고 로키아의 정보에 덧붙여 또 한 명의 식별 가능한 아이를 추가 제시했을 때조차(일반 정보는 제공하지 않으면서), 한 아이만을 제시했을 때보다 기부 수준이 낮았다. 실험 참가자들은 두 아이에 대해 들었을 때보다 한 아이에 대해 들었을 때 더 강한 감정을 느꼈다고 보고했다.[3]

또 다른 연구도 비슷한 결과를 보인다. 한 집단에는 30만 달러가 드는 의료 서비스를 받지 않으면 한 아이의 생명이 위험하다고 전했다. 다른 집단에는 여덟 명의 아이가 모두 합쳐서 30만 달러가 드는 의료 서비스를 받아야 한다고 전했다. 이번에도 한 아이에 대해 들은 사람들이 더 많이 기부했다.[4]

이 '식별 가능한 피해자 효과identifiable victim effect'는 '구조의 법칙'으로 이어진다. 우리는 '통계적인 생명'을 구하기보다 우리 눈에 보이는 희생자를 구하는 쪽에 훨씬 더 열중한다. 987년 텍사스 미들랜드에서 마른 우물에 빠진 18개월 된 제시카 맥클루Jessica McClue의 사례를 생각해보자. 아이는 이틀 반 동안의 노력 끝에 구조되었는데, 그사이에 CNN이 구조 과정을 전 세계의 수백만 시청자들에게 중계했다. 기부자들이 너무 많은 돈을 보내서 제시카는 백만 달러의 신탁 기금을 받게 되었다고 한다.[5] 한편 세계의 다른 곳에서는 언론의 주목을 받지 못하고 제시카에게 기부된 것과 같은 돈의 도움도 받지 못한 채, 유니세프에 따르면 그 이틀 반 동안 약 6만 7,500명의 아이들이 예방 가능한 빈곤과 관련된 원인으로 사망했다. 그러나 제시카의 경우는 아무리 많은 돈이 들더라도 반드시 구해내야 한다는 데 모든 관련자의 의견이 일치했다. 앞 장에서 언급한 동굴에 갇힌 태국의 열두 소년과 그들의 감독을 구해내는 일에도 똑같이 결사적인 노력을 들였다. 마찬가지로 우리는 갱도에 갇힌 광부들이나 표류하는 선원들을 포기하지 않는다. 그들을 구하는 데 필요한 돈으로 위험한 교차로를 더 안전하게 만든다면 그 결과 더 많은 생명을 구할 수 있을 텐데 말이다. 의료 서비스의 경우도 비슷하다. 특정 환자를 살리려는 시도에 종종 헛되이, 훨씬 더 많은 비용을 지출한다. 그런 노력을 병을 예방하는 일에

기울였다면 많은 사람이 병에 걸리지 않아도 되었을 것이다.[6]

우리 마음은 추상적인 정보만 접할 때보다 어떤 사람이 구체적으로 인식될 때 더 크게 움직인다. 그럴 때 그 사람에 대해 굳이 자세한 것을 알 필요도 없다. 또 다른 실험에서 연구자들은 집이 필요한 사람에게 집을 제공하는 해비타트Habitat for Humanity에 기부하도록 피험자들에게 요청하며, 해당 가족이 '선정되었다' 또는 '선정될 것이다'라고 말했다. 그 외에는 모두 동일한 정보를 제공했다. 어느 경우에나 그 가족의 구체적인 정보, 그들을 식별할 수 있는 정보는 제공하지 않았다. 하지만 해당 가족이 이미 선정되었다는 정보를 얻은 집단이 훨씬 많은 기부를 했다.[7]

이 분야에서 선도적인 학자인 폴 슬로빅Paul Slovic은 식별할 수 있는(또는 심지어 미리 선정된) 대상자가 우리에게 그토록 큰 영향을 주는 이유는 우리가 현실을 인식하고 행동을 선택하는 과정에서 두 가지 서로 다른 메커니즘을 사용하기 때문이라고 한다. 바로 정동 체계affective system와 숙고 체계deliberative system다.[8] 그 차이는 대니얼 카너먼Daniel Kahneman의 2011년도 베스트셀러인 『생각에 관한 생각』에 의해 널리 알려졌다. 정동 체계는 우리의 감정적 반응에 기반을 두고 있다. 이 시스템은 실제 혹은 은유적 이미지와 서사를 기반으로 작동하며, 이를 빠르게 처리하여 무언가가 옳은지 그른지, 좋은지 나쁜지에 대한 직관적 감정을 만들어낸다. 그 감상은 즉각적인 행동을 유발한다. 숙고 체계는 감성보다 이성에 관련되며, 이미지와 서사가 아니라 말, 숫자, 추상적 개념으로 작동한다. 이러한 과정은 의식적이며, 논리와 근거를 찾도록 종용한다. 그 결과 숙고 체계는 정동 체계보다 처리에 시간이 좀 더 걸리며, 즉각적인 행동으로 이어지지 않는다.

도움이 필요한 개인은 우리의 감정을 자극한다. 이것이 정동 체계가 작동하는 방식이다. 마더 테레사Mother Teresa의 다음의 말에서 그런 작동을 엿볼 수 있다. "나는 대중을 볼 때는 행동하지 않습니다. 한 사람을 보면 행동할 것입니다."[9] 이 말을 잠시 생각해보면, 우리는 '대중'이 각각 '한 사람'만큼이나 절박한 필요를 가진 개인들로 이루어져 있다는 것을 깨닫는다. 그리고 우리의 이성은 오직 한 개인만을 돕기보다 그 개인에 더해 다른 한 개인을 돕는 것이 낫고, 그 두 사람에 세 번째 사람을 더해 돕는 것이 더 낫다는 것을 알고 있다. 우리는 숙고 체계가 옳다는 것을 알지만, 마더 테레사와 많은 다른 이들에게 이러한 지식은 도움이 필요한 한 사람이 우리의 감정을 자극하는 것만큼의 영향력을 갖지 못한다.

이 두 체계의 독특한 작동방식에 대한 더 많은 증거는 '로키아'에 대한 정보를 받은 사람들의 반응과 더 일반적인 정보를 제공받은 사람들의 반응을 비교했던 바로 그 심리학 연구팀의 추가 실험에서 나왔다. 이번에는 실험 참가자들의 감정을 자극하면 두 가지 서로 다른 유형의 정보에 다르게 반응하는지를 살폈다. 다시 한번, 모든 참여자가 표준 설문조사를 마친 다음 무작위로 선택된 한 집단은 감정적으로 중립적인 질문들(가령 수학 퍼즐)을 받았고, 다른 집단은 감정을 자극하는 질문들(가령 "'아기'라는 말을 들으면 어떤 느낌이 들죠?")을 받았다. 그리고 모든 참여자에게 자신의 참가비 중 일부를 자선단체에 기부할 기회가 주어졌는데, 각 그룹의 절반은 로키아에 대한 정보만 받았고, 나머지 절반은 도움이 필요한 사람들에 대한 더 일반적인 정보를 받았다. 감정을 자극하는 질문을 받았으며 로키아에 대한 정보를 접한 사람들은, 같은 정보에 접했지만 감정적으로 중립적인 질문을 받았던 사람들보다 거의 두 배의 기부금을 냈다. 그러나 일반적인 정보를 받은 사람들이 기부한 금액은 그들이 답한 질문의 종류에 따라 크게 달라지지 않았다. 이미지와 서사에 대한 그리고 식별 가능한 피해자들에 대한 우리의 반응은 감정에 좌우된다. 하지만 단어와 숫자로 전달되는 더 추상적인 사실에 대한 우리의 반응은 감정 상태가 어떠하든 거의 동일하게 유지된다.[10]

가까운 사람이 먼저다

250년 전, 철학자이자 경제학자인 애덤 스미스 Adam Smith 는 독자들에게 멀리 떨어진 곳의 이방인에 대한 각자의 태도를 돌이켜보도록 하며 다음과 같이 상상해보라고 했다. "셀 수 없이 많은 사람이 사는 거대한 중국 제국이 갑자기 대지진으로 멸망했다고 해보자." 그는 그런 다음 독자들에게 그 지역과 특별한 연관이 없는 '유럽의 인도주의적인 사람'은 그 소식을 어떻게 받아들일지 생각해보라고 했다. 스미스는 이렇게 자답했다. "각자의 일과 여흥을 여전히 좇을 것이다. 휴식과 오락을 느긋하게 즐길 것이다. 마치 아무 일도 없다는 듯이."[11]

2008년 중국의 쓰촨성을 덮친 대지진은 스미스의 견해가 아직도 옳음을 여실히 보여주었다. 그 지진으로 7만 명이 죽고 35만 명이 다쳤으며 거의 500만 명이 집을 잃었지만, 그 사건이 내게 미친 영향은 아주 일시적이었다. 사망자 수를 신문에서 읽고 참사 현장을 TV로 보면서, 나는 희생자 가족들에게 동정심이 일었다. 그러나 일을 팽개치지도, 잠을 못 이루지도, 심지어 일상의 소소한 즐거움을 삼가지도 않았다. 내가 아는 누구도 그러지 않았다. 우리의 지성, 숙고 체계는 재난의 소식을 제대로 받아들였다. 그러나 우리의 감정은 먼 곳에서 우리와 특별한 관계가 없는 사람들에게 일어난 비극에 그다지 움직이지 않았다. 그런 끔찍한 소식을 듣고 구호기금에 기부를 한다 해도, 생활 방식을 크게 바꾸는 일은 없다.

우리는 최선을 다할 때조차도 외국 사람을 돕기 위해서는 자국 사람들을 도울 때보다 훨씬 적게 기부한다. 2004년 크리스마스 직후 동남아시아를 휩쓴 쓰나미는 22만 명의 목숨을 앗아갔고, 수백만 명이 집과 생계수단을 잃어버렸다. 미국인은 구호 활동에 15억 4,000만 달러를 내놓았으며, 그것은 미국 밖에서 일어난 자연재해에 미국인이 기부한 가장 큰 금액이었다. 그러나 그다음 해에 허리케인 카트리나로 피해를 본 미국 동포에게 내놓은 65억 달러의 4분의 1에도 못 미친다. 카트리나로 목숨을 잃은 사람은 1,600명이고, 집을 잃은 사람도 쓰나미 때에 비하면 훨씬 적었다. 2005년 10월에 파키스탄에서 지진이 일어났을 때는 7만 3,000명이 사망했는데, 미국인은 상대적으로 적은 1억 5,000만 달러밖에 기부하지 않았다(그 지진은 앞에 든 두 건의 재해와 달리 영상으로 포착되지 않아 극적이고 반복적인 TV 보도로 이어지지 않았다). 미국의 재난 피해자들은 쓰나미와 지진이 강타한 해당국의 정

부보다 훨씬 더 많은 자원을 가진 정부로부터 지원금을 받고 있었다는 점도 잊지 말자.[12]

우리가 멀리 있는 나라의 사람들에게 상대적으로 무관심하다는 사실이 불편하게 느껴질 수 있지만, 우리가 왜 그러는지를 이해하기는 쉽다. 우리 종은 수백만 년간 부모가 자녀를 오랫동안 보살펴야 하는 사회적 포유류로 진화해왔다. 이 수백만 년의 역사 대부분을 통틀어, 의존 기간에 자녀를 돌보고 생존을 돕지 않은 부모들은 자신의 유전자를 물려줄 가능성이 낮았다.[13] 그래서 타인의 복지에 대한 우리의 관심은 우리 피붙이나 협력관계의 사람들에게 그리고 아마도 자신의 작은 부족 집단에 한정되는 경향이 있다.

국민국가가 형성되고 부족 윤리가 더 큰 사회의 요구사항에 의해 대체되기 시작했을 때조차, 남을 도와야 한다는 직관은 보통 동포를 돕는 데에만 한정되었다. 찰스 디킨스 Charles Dickens 는 그의 『황폐한 집』에서 "아프리카보다 가까운 곳은 안 보이는" 젤리비 부인의 '망원경 인류애'를 조롱함으로써 지역주의를 옹호한다. 그녀는 니제르강 서쪽 기슭의 보리오불라-가의 원주민들을 교육하기에 여념이 없으면서, 정작 그녀 자신의 집은 돼지우리처럼 버려두고 자녀들도 내팽개쳐둔다.[14] 디킨스가 젤리비 부인을 조롱하기란 쉬웠다. 당시에는 자선의 방향이 제대로 잡히지 않았기 때문이다. 멀리 떨어져 있는 곳의 사람들이 이쪽의 도움을 필요로 하는지 알기 어려웠고, 설령 안다 해도 어떻게 해야 효과적으로 도울 수 있는지 알기란 더욱 어려웠다. 아무튼 아프리카 사람보다 별로 나을 것이 없는 처지의 사람들이 영국에

널려 있었다. 멀리 떨어진 곳에 사는 사람들에게 우리가 보일 수 있는 동정심의 한계를 언급하면서 애덤 스미스는 "자연이 현명하게 배려한 질서"라고 말했다. 멀리 떨어져 있는 사람들은 "우리가 돌볼 수도, 해칠 수도 없는" 사람들이기 때문이다. 만약 우리가 더 많이 신경 쓴다면, 그것은 "그들에게는 아무런 이득도 되지 않으면서 우리 자신에게만 불안을 야기할 것"이라고 했다.[15] 오늘날 이런 말은 스미스가 그 말을 쓰는 데 사용하던 깃펜만큼이나 낡아빠졌다. 쓰나미 사태에 우리가 바로 대응한 사실이 보여주듯, 우리는 지금 먼 곳에서 벌어진 재난 소식을 곧바로 들을 수 있고 빠르게 구호품을 보낼 수 있다. 지금의 우리는 스미스의 시대에는 불가능했던 수준까지, 멀리 떨어진 사람들을 도울 수 있다. 또한 부유한 나라와 저소득 국가의 생활 수준 격차가 엄청나게 커졌다. 따라서 부유한 나라 사람은 멀리 떨어진 곳의 사람을 도울 힘이 훨씬 커졌고, 그들을 도와야 할 필요성도 커졌다. 멀리 있는 곳이 바로 극빈층의 대다수가 있는 곳이며, 자선기금이 가장 멀리 갈 수 있는 곳이다.

헛수고는 안 한다

한 연구에서 사람들에게 르완다의 난민 캠프에 수천 명이 위험에 처해 있는데, 그중 1,500명의 생명을 구할 수 있는 원조를 보낼 의향이 얼마나 있는지 물었다. 그 질문을 하며 연구자들은 위험에 처해 있다는 사람의 총 숫자를 이리저리 바꿔 말했지만, 원조로 구할 수 있는 사람의 수는 1,500명으로 고정했다. 피험자들은 1만 명 중 1,500명을 구하는 경우보다 3,000명 중 1,500명의 생명을 구하는 경우에 더 적극적인 기부 의사를 보였다. 대체로 위험에 처했다는 사람 중 구할 수 있는 사람의 비율이 줄어들수록 성금을 보내겠다는 사람의 수도 줄었다.[16] 우리는 대부분의 난민을 구하지 못하고 일부만 구한다면 그 노력이 '무의미하다'고 여기는 경향이 있다. 하지만 이는 잘못된 생각이다. 구조될 1,500명과 그들의 가족, 친구들에게는 전체 난민의 수와 관계없이 그들의 생명을 구하는 일이 결코 무의미하지 않기 때문이다. 이 연구의 공동책임자였던 폴 슬로빅은 이렇게 결론지었다. "구할 수 있는 사람의 비율이 구할 수 있는 사람의 수보다 중요하게 다가오는 경우가 많다." 말하자면 우리는 1,000명 중 20%를 구하는 것보다 100명 중 80%를 구하는 일에 나서고자 한다. 다시 말해서 200명보다 80명을 구하기를 택한다. 설령 두 경우에 필요한 비용이 똑같다고 해도.[17]

우리가 3장에서 본 가에타노 치프리아노는 "저는 세상을 바꿀 수 없어요. 그러나 한 귀퉁이를 좋게 만들고자 애쓴답니다. 매일, 조금씩 말이죠"라고 말하며 이런 사고방식을 어느 정도 내비쳤다고 할 수 있다. 치프리아노는 부자지만, 실제로 뉴저지주 뉴어크를 바꿀 힘은 없다. 단지 그곳의 일부 가난한 주민을 도울 뿐이다. 그러나 그는 세계의 빈민보다 뉴어크의 빈민을 비율상 더 많이 도울 수 있다. 흔히 가난한 사람을 돕는 일을 '바다에 돌 던지기'라고 말하는데, 이는 우리가 아무리 많이 기부한대도 도움이 필요한 사람은 바닷물처럼 많고, 결국 그들을 도우려 하는 일은 헛수고일 따름이라는 의미다. 앞 장에서 소개했던 고등학생들은 "이런 일은 끝이 없을 것이다"라든가 "이들을 모두 구할 만큼의 돈이 어디 있는가"와 같은 말을 했다. 이는 모두 심리학자들이 말하는 '무력감 사고futility thinking'의 예이다.

책임이 불분명하면
나서기 어렵다

우리는 또 도와야 할 책임이 우리에게 전적으로 주어지지 않을 때, 돕는 일에 적극적으로 나서지 않는 경향이 있다. 뉴욕 퀸스에 살던 젊은 여성인 키티 제노비즈Kitty Genovese 사건은 미국인들에게 충격을 주었다. 그녀가 잔인한 폭행 끝에 끝내 숨지는 동안, 주변의 서로 다른 아파트에 있던 서른여덟 명이 이 상황을 보거나 들었지만 그녀를 돕기 위해 아무것도 하지 않았다고 한다. 제노비즈의 비명을 들은 사람이 한둘이 아니었는데도 심지어 경찰에 신고 전화를 건 사람조차 없었다는 사실은 '우리가 어쩌다가 이렇게까지 되었는가' 하는 국민적 논란을 불러왔다.[18]

키티 제노비즈 살해 사건과 그에 따른 여론의 비등은 존 달리John Darley와 비브 라타네Bib Latané가 '책임 분산' 현상을 탐구하도록 이끌었다. 그들은 학생들에게 시장조사 설문에 참여해달라고 하고는, 그들을 한 젊은 여성이 기다리는 사무실로 안내했다. 그녀는 학생들에게 자리에 앉아서 설문지를 작성해달라고 했다. 그러고는 그 사무실과 커튼으로만 구분된 옆방으로 들어갔다. 몇 분 후, 학생들은 그녀가 의자 위에 올라가 뭔가 높은 곳에 있는 물건을 꺼내려다 의자에서 굴러떨어진 듯한 소리를 들었다. 그녀는 소리를 질렀다. "아, 이런 맙소사. 아이고, 발이야…." "우… 움직일 수가 없네. 아야, 내 발목. 이… 이걸… 치울 수가 없어…." 신음과 비명은 1분 정도 계속되었다.[19] 방에서 혼자 설문지를 작성 중이던 학생 중 70%가 도와주겠다고 나섰다. 하지만 설문지를 작성하는 듯한 다른 사람이 옆에 있고(사실은 실험 조력자), 그 사람이 모른 체하고 있을 때는 7%만이 도와주려 했다. 심지어 진짜 학생 두 명이 함께 방에 있을 때도, 한 명만 있을 때보다 구해주려 나서는 비율은 매우 낮았다. 책임의 분산은 현저한 억제효과, 즉 '방관자 효과bystander effect'를 가지고 온다. 다른 실험들에서도 비슷한 결과가 나왔다.[20]

왜 나만 도와야 해?

남들이 가만히 있는데 혼자서 청소를 하는 처지에 놓이고 싶은 사람은 없다. 마찬가지로, 가난한 사람을 도우려는 우리의 의지는 우리가 공정한 몫보다 더 많이 돕고 있다고 생각하면 줄어들 수 있다. 자신의 소득 여유분 중에서 상당량을 기부할까 말까 생각하는 사람은 다른 사람을 쳐다보지 않을 수 없고, 그중에는 여유가 훨씬 많은데도 기부하지 않는 사람도 있을 것이다. 어딘가 따뜻한 곳으로 겨울 휴가를 가는 대신, 집에 머무르며 여행비를 헬렌 켈러 인터내셔널Helen Keller International의 비타민 A 영양제 무료나눔 프로그램에 기부하기로 했다고 상상해보자. 이 프로그램은 아주 적은 돈을 들여서 시력 상실을 예방하고 심각한 감염의 위험을 줄여준다. 그런데 우연히 그레나다에서 돌아오는 이웃과 마주쳤다. 그들은 요트니 스쿠버다이빙이니 하면서 얼마나 신났던지를 들려준다. 이제 내년에도 기부를 위해 휴가를 포기할 생각이 들까?

공정성에 대한 우리의 감각은 매우 강해서, 다른 사람이 자신의 공정한 몫 이상을 얻는 것을 막기 위해 종종 우리 자신의 몫을 줄이기도 한다. '최후통첩 게임ultimatum game'에서 두 명의 참가자는 제안자가 일정 금액(예를 들어 10달러)을 받아서 응답자와 나눠야 한다고 들었다. 다만 돈을 어떻게 나눌지는 제안자에게 달려 있어서, 원하는 만큼 많이 혹은 적게 제안할 수 있다. 만약 응답자가 그 제안을 거절하면, 둘 다 돈을 받지 못한다. 게임은 단 한 번만 진행되고 참가자들의 신원은 공개되지 않는다. 따라서 나중에 다시 만났을 때 불공정한 행동에 대한 대가로 불이익을 받을 수 있다는 생각이 그들의 결정에 영향을 미칠 여지는 없다. 참가자들이 철저히 자기 이익에 따라 행동한다면, 제안자는 최소한의 금액을 제시하고, 응답자는 그것을 수락할 것이다. 최소한의 금액이라도 전혀 없는 것보다는 낫기 때문이다. 그러나 많은 문화권에서, 대부분의 제안자는 돈을 공평히 나눠 갖기를 제안하며, 그 경우에는 항상 응답자의 수락을 받았다. 하지만 경제학자들의 예상대로 행동하는 제안자도 가끔 있어서, 그들은 20% 이하의 금액을 제안했다. 그러자 대부분의 응답자는 그 제안을 거절함으로써 경제학자들을 당황케 했다.[21] 심지어 원숭이들도 같은 과제를 수행하는 다른 원숭이가 더 좋은 보상을 받는 것을 보면 보상을 거절한다.[22]

적은 액수를 받기를 거부한 응답자들은 다시는 만나지 않을 완전한 타인을 상대할 때조차 돈을 얻기보다 불공정함을 처벌하는 쪽을 선호한다는 것을 보여준다. 사람들은(그리고 원숭이들은) 왜 자기 이익에 반하는 듯한 행동을 하는 걸까? 가장 그럴듯한 답은 공정성과 같은 도덕적 직관이 개인과 그들이 속한 집단의 생존 적합도를 높였기 때문에 발달했다는 것이다. 사회적 동물 중에서는 협력 관계를 만들 수 있는 개체가 그렇게 하지 않는 개체보다 훨씬 더 잘 살아남는다. 공정한 제안을 함으로써, 당신은 좋은 협력 파트너가 될 수 있다는 인식을 상대방에게 심어줄 수 있다. 반대로 불공정한 제안을 거부함으로써, 당신은 부당한 대접을 감수하지 않을 것이며, 따라서 남에게 이용당할 용의가 전혀 없음을 보여줄 수 있다. 또한 그런 직관은 사회적으로도 유리하다. 대부분의 구성원이 공정하게 행동하는 사회는 모두가 불공성한 이익을 얻으려 혈안이 된 사회보다 더 잘 운영될 것이다. 서로 믿고 협력 관계를 맺을 수 있는 사람들은 더 많은 일을 해낼 수 있기 때문이다.

심리, 진화, 윤리

이 장에서 논의된 여러 심리적 직관들은 '그것은 우리의 본성이 아니다'라는 하나의 개념으로 묶을 수 있다. 많은 사람이 이를 근거로 멀리 있는 빈곤층에게 기부해야 한다는 도덕적 의무를 반박한다. 그리고 얼핏 보면 눈에 보이지 않는 피해자보다는 눈에 보이는 피해자를 도와야 한다는 도덕적 판단이 옳은 것처럼 느껴진다. 하지만 다시 생각해보면, 그런 직관은 검증을 통과하지 못한다. 우리가 폭풍 속에서 배에 타고 있는데, 뒤집힌 요트 두 대가 눈에 띄었다고 하자. 우리는 하나의 전복된 요트에 매달린 한 사람을 구조하거나, 또는 보이지는 않지만 다른 전복된 요트 안에 갇혀 있다고 알고 있는 다섯 명을 구조할 수 있다. 뒤집힌 요트들이 암초에 부딪힐 것을 고려하면 한 요트밖에 구할 시간이 없고, 우리가 구하지 않는 쪽의 사람은 빠져 죽을 가능성이 높다. 우리는 혼자 있는 사람을 식별할 수 있다. 우리는 그의 이름과 생김새를 알고 있지만, 그 외에는 그에 대해 아무것도 모르고 그와 아무런 관계도 없다. 우리는 다른 요트 안에 갇힌 사람들에 대해서는 다섯 명이라는 것 외에는 아무것도 모른다. 알아볼 수 있는 한 사람이 알아볼 수 없는 다섯 사람보다 귀중하다는 근거가 없는 한, 당연히 더 많은 사람을 구해야 할 것이다. 더욱이, 우리 스스로가 구조를 바라는 사람의 입장이라면(단 이 여섯 명 중 어느 쪽인지는 정하지 않고) 우리는 구조자들이 다섯 명이 갇혀 있는 뒤집힌 요트 쪽으로 가기를 바랄 것이다. 그것이 우리가 구조될 확률을 높여주기 때문이다.

앞서 살펴본 다른 다섯 가지 심리적 요인들도 마찬가지다. 우리의 지역주의적 감정은 국경을 넘어선 사람들에게 돈이나 힘을 쏟을 의지를 제한하며, 따라서 국내의 대상자에게 자선행위를 하는 것 이상의 성과를 거두지 못하게 한다. 하지만 글로벌 기술의 대가인 빌 게이츠는 우리가 이제 하나의 세계라는 사실의 윤리적 함의를 이해하고 그에 따라 행동했다. 그의 자선활동은 주로 세계 전체에서 가장 큰 선을 행하는 데 초점을 맞추고 있다. 「포브스」의 기자에게서 미국의 경쟁력을 향상시키고 혁신하려면 미국 대통령이 무엇을 해야 할지 조언해달라는 요청을 받고, 게이츠는 그 질문을 되받아치며 이렇게 말했다. "저는 상대적인 위치보다는 전 지구적인 관점에서 향상을 생각하고 싶습니다. 그러지 않으면 '제2차 세계대전은 참으로 잘된 일이었다. 그것이 끝났을 때 미국이 상대적으로 가장 우세한 입장이었으니까'라고 말할 수도 있겠지요."[23]

지역주의보다 무력함의 감정, 즉 우리가 구할 수 있는 사람의 숫자보다 우리가 구할 수 없는 사람의 숫자에 더 연연하는 감정은 더 반박하기 쉽다. 원조 활동을 가리켜 '바다에 돌 던지기'라는 식으로 불신하는 대응은 나의 성금이 특정 개인, 가족, 심지어 마을을 도울 것이며, 도움이 필요한 사람이 더 많다는 사실이 그들을 위해 내가 하는 선행을 감소시키지 않는다는 사실을 간과한다.

책임의 분산에 대한 직관은 조금 더 호소력이 있을지도 모른다. 그래서 그들은 말라리아로 죽을 수도 있는 아이들의 생명을 구할 모기장을 제공하기 위해 기부하는 것보다 익사하는 아이를 구할 의무가 더 강하다고 믿는다. 왜냐하면 아이를 구할 사람은 나밖에 없지만 모기장을 제공하기 위해서는 10억 명 이상이 기부할 수 있기 때문이다. 그러나 나의 기부로 도움을 받을 아이를 적어도 10억 명의 다른 사람들이 도울 수 있다 하더라도, 그들이 도움을 주지 않을 것을 알거나 말라리아가 발생하기 쉬운 지역의 모든 가정에 모기장을 제공하기에 충분한 사람이 돕지 않을 것을 안다면 그것이 무슨 소용일까?

우리 조상들이 살아남고 번성하는 데 도움이 된 행동 패턴은 오늘날 매우 다른 환경에서는 우리나 우리 자손들에게 도움이 되지 않을 수 있다. 설령 어떤 진화된 직관이나 행동방식이 여전히 우리의 생존과 번식에 도움이 된다 하더라도, 다윈 스스로 인정했듯이 그것이 옳다는 것을 의미하지는 않는다. 진화에는 윤리적인 방향성이 없다. 인간 본성에 대한 진화론적 이해는 우리가 다수보다 개인을, 멀리 떨어진 곳의 사람보다 가까운 사람을 돕고자 하는 직관을 설명해주지만, 그런 감정을 정당화해주지는 않는다. 반면 다른 사람의 곤란함을 우리 자신의 곤란함처럼 여겨야 한다는 결론은 우리의 감정과 일치하지 않는다. 그렇기에 우리는 눈앞에 있는 도움이 필요한 사람에게 반응하는 것처럼 세상에서 가장 가난한 사람들의 필요에 쉽게 반응하지 못한다.[24]

회의론자들은 우리의 윤리적 행동에 이성이 어떤 영향을 미친다는 점을 의심한다. 그러한 행동은 단지 우리의 욕망, 소망, 무엇이 좋고 무엇이 나쁘게 여겨지는지, 무엇이 매력적이고 무엇이 꺼려지는지의 산물일 뿐이라고 한다. 그들은 이해나 논증(말하자면 철학자들의 일이자 이 책의 거의 전부)이 어떤 행동을 취하게 한다는 점을 부정한다. 나는 그런 입장에 반하는 사례를 지속적으로 수집해왔다. 이미 3장에서 찰리 브레슬러가 이 책의 초판을 읽고 어떤 반응을 보였는지 언급했다. 그리고 여기, 내가 내놓은 윤리적 논증에 응답한 다른 사례들이 있다.

- 글렌뷰고등학교 학생들이 세계의 빈곤에 대해 읽은 나의 「뉴욕타임스」 기고문에는 일정액을 기부할 수 있는 국제아동기금이나 옥스팜 전화번호가 포함되어 있었다. 나중에 이들 단체는 내게 나의 기사가 실린 달에 평소보다 약 60만 달러 많은 모금이 전화로 이루어졌다고 했다. 일요일에 「뉴욕타임스」를 읽는 사람이 얼마나 많은지 생각해보면 그것은 그리 큰 숫자라고 볼 수 없다. 그래도 그 기사가 많은 사람에게 기부할 마음을 먹도록 했음은 틀림없을 것이다. 그런 기부자 중 일부는 계속해서 기부를 하고 있다. 이 기사가 나간 지 몇 년 뒤, 이야기를 하나 들었다. 보스턴의 옥스팜 사무실에 어떤 여성이 찾아와 정성스레 갈무리해둔 나의 칼럼을 가방에서 꺼내더라는 것이다. 그리고 그 칼럼을 읽고부터 그 단체에 기부할 마음을 먹었다고 말했다고 한다. 그녀는 이후 주요 기부자가 되었다.

- 산과 누공 치료재단(오늘날 TLYCS에서 추천하는 단체 가운데 하나다)의 전무이사인 케이트 그랜트Kate Grant는 많은 기부자가 내 책과 글을 읽고 자신의 단체에 찾아온다고 했다. 한번은 이런 메시지를 보내왔다. "다음 주에는 우리에게 70만 달러를 기부한 청년과 저, 우리 이사진이 케냐로 갈 겁니다. 그곳의 우리 병원 네트워크를 보러 가는 거죠. 선생님 덕분에 우리를 알게 되었다는군요."

- 딘 스피어스Dean Spears와 그의 부인 다이앤 코피Diane Coffey는 나의 글 「기근 풍요 도덕」을 읽고 감명받았으며, 그들의 결혼식에서

물에 빠진 아이 이야기를 낭독했다. 더 중요한 것은, 이 신혼부부가 학계에서 일자리를 찾아보는 대신 인도로 가서 공감경제연구소(R.I.C.E.)라는 단체를 만들었다는 것이다. 이 단체는 가난한 사람들(특히 아동 청소년)의 삶을 이해하고 그들의 삶의 질을 개선하는 데 헌신하는 단체이다. 딘과 다이앤은 그들 말에 따르면 "초기 생애 건강에 끔찍하고 지속적인 결과를 초래하는" 노상 배변 문제에 대해 연구하기 시작했다. 이 문제는 당시 간과되고 있었고, 그들은 이 주제를 다룬 『인도는 어디로 가는가 Where India Goes』라는 책을 썼다. 그 뒤로 R.I.C.E.는 산모 영양결핍, 대기오염, 사회적 불평등 등으로 연구 대상을 더 넓혔다.

- 미주리주 메라멕에 있는 세인트루이스 커뮤니티 칼리지에서 윤리학을 가르치는 크리스 크로이 Chris Croy는 나의 「기근 풍요 도덕」[25]과 함께 철학자 존 아서 John Arthur의 비평도 학생들에게 읽혔다. 아서는 내 논증이 옳다면 우리는 그저 자선단체에 돈을 기부하는 것으로 그쳐서는 안 되며, 신장도 기증해야 하리라고 주장했다. 신장 기증 역시 기부자에게 큰 피해를 주지 않으면서 큰 선을 이루는 것이기 때문이다. 아서는 그런 이야기는 말이 되지 않으며, 따라서 나의 논증에도 오류가 있다고 여겼다. 크리스는 의문을 품었다. 우리가 정말로 낯선 이에게 신장을 주어야 할까? 그는 이를 자기 친구와 토론한 다음, 스스로 숙고를 거듭한 끝에 병원에 전화를 걸었다. 그리고 결국 '가장 유용하게 쓸 누군가에게' 자신의 신장 하나를 주도록 했다. 나중에 그는 신장 이식을

받은 수혜자에게 감사 전화를 받았다. 그는 대부분 가난한 아이들이 다니는 학교의 교사였다.

| 5장 |
기부 문화를
어떻게 만들 것인가

우리는 이제까지 극한의 빈곤에 놓인 사람들(특히 우리에게 가깝게 와 닿지 않는 사람들)을 돕는 일을 꺼리게 만드는 몇 가지 심리학적 측면을 살펴보았다. 우리는 이런 성향과 맞서 싸우고, 그 영향을 줄이고, 가장 효과적인 곳에 도움을 주려는 의욕을 높이는 기부 문화를 창출할 수 있을까? 그렇다, 할 수 있다! 몇 가지의 성공 사례를 살펴보자.

선행을 숨기지 말고 널리 알리기

공정성을 따지는 감각이 남들이 기부를 하지 않을 때 우리도 기부할 가능성을 낮춘다면, 그 반대도 성립한다. 이미 모두가 하고 있다고 생각하면 선행을 할 가능성이 높아진다.[1] 더 구체적으로, 우리는 우리의 '준거 집단', 즉 자신이 속해 있다고 인식하는 집단에서 다른 사람들이 하는 대로 따라 하는 경향이 있다.[2] 그리고 연구 결과를 보면 누군가의 성금 액수는 다른 사람들이 내고 있다고 믿는 액수와 관련이 있다.

심리학자인 젠 샹Jen Shang과 레이첼 크로선Rachel Croson은 미국 공영 라디오 방송사의 모금 운동을 활용해 이전 발신자가 특정 금액을 기부했다고 언급하면 발신자들의 기부 금액이 어떻게 달라지는지 테스트했다. 그들은 일반적인 기부 금액의 상위 범위에 가까운 수치(정확히는 상위 10%에 해당하는 수치)를 언급할 때 이러한 정보를 제공받지 않은 대조군보다 상당히 더 많이 기부한다는 것을 발견했다. 그 효과는 놀라울 만큼 지속적이었다. 다른 회원들이 평균 이상으로 기부했다는 이야기를 들은 기부자는 다음 해에 회원 자격을 갱신할 가능성이 두 배로 높아졌다. 그 정보를 우편으로 수신한 회원들도 대략 비슷하게 행동했다.[3]

어느 스웨덴 대학교에서 수행한 연구에서도 비슷한 효과가 나타났다. 그 연구에서 일부 학생은 재학생의 73%가 우간다의 아이들을 위해 기부했다는 말을 들었다. 그 정보는 실제 기부 학생의 비율을 43%에서 79%로 높였다. 스웨덴 전체 학생의(자신들의 대학뿐 아니라) 73%가 기부했다고 그들에게 말한 결과도 기부율을 높였는데, 그 경우에는 60%로 늘어났다. 따라서 적어도 스웨덴 대학생들에게는 전국적 규범보다 지역적 규범이 더 큰 영향을 미쳤다고 할 수 있다.[4] 반면, 이와 독립된 연구에서는 대상자들에게 자원봉사 시간에 대한 정보를 주었으나, 그 결과 실제 자원봉사 시간이 늘어나지는 않았다.[5]

이 연구들은 기부 사실을 남들에게 알리면 기부를 독려할 수 있음을 시사한다. 그러나 우리는 자신이 얼마나 훌륭한지 뽐내는 사람을 좋게 보지 않으며, 좋은 일에 얼마나 기부했는지를 이야기하는 것은 뽐내는 것처럼 들리기 쉽다. 그런 관점은 적어도 기독교인들에게는, 예수가 그의 추종자들에게 가난한 사람에게 기부할 때 "위선자들이 사람들의 칭찬을 받으려고 회당과 길거리에서 하듯" 나팔을 불지 말라고 한 『마태복음』의 구절로 인해 더욱 강화된다. 대신 오른손이 하는 일을 왼손이 모르듯 은밀하게 도우라고 권고한다. 그렇게 할 때에야 지상에서라기보다 하늘에서 보상을 받을 것이라면서.[6] 사실 우리 중 많은 사람이 "사람에게 영광을 얻으려고", 내지는 관대하다는 평판을 얻으려는 욕망에서만 자선을 베풀 때 그것은 진정으로 관대한 것이 아니며, 아무도 보지 않을 때는 관대하게 행동하지 않을 것이라고 생각한다. 마찬가지로, 오늘날 화려한 팡파르 속에서 거액의 기부를 하는 사람을 보면, 우리는 그 사람의 진짜 의도는 자선활동으로 사회적 지위를 얻고 자신이 얼마나 부유하고 관대한지 이목을 끌고 싶은 게 아닌가 하고 의심한다. 하지만 그게 정말 그렇게 중요한가? 그 돈이 좋은 목적에 쓰이는 것이 '순수한' 동기로 기부되는 것보다 더 중요하지 않은가? 그리고 그들이 기부를 할 때 나팔을 부는 것과 같은 행동으로 다른 사람들의 기부를 장려한다면, 그것이 더 낫지 않은가?

예수만이 익명의 기부를 주장한 것은 아니다. 12세기의 유대인 사상가 마이모니데스Maimonides는 여러 가지 자선 방식에 순위를 매긴 유명한 '자선의 사다리'를 만들었다. 마이모니데스에게는 수혜자가 기부자에게 빚을 진다고 느끼거나 자선을 받아야 하는 필요성으로 인해 공개적으로 굴욕을 당하지 않는 것이 중요했다. 따라서 기부자가 수혜자에게 알려지거나 그 반대인 경우는 익명의 기부 그리고 누구에게 기부가 돌아가는지 모르는 기부보다 낮은 평가를 받았다. 당시의 기부는 지역적으로 이루어졌다. 기부자와 수혜자는 같은 지역사회에 살며, 아마도 일상적으로 얼굴을 마주칠 것이다. 그러나 글로벌 자선의 시대에는 수혜자가 특정 기부자에게 부담감을 느낄 염려가 그리 크지 않다. 그리고 그것은 기부의 문화를 만들어갈 필요성에 비하면 하찮다.

분명 뭔가를 통해 이름을 드날리고 싶다는 욕망은 극단적인 형태를 띨 수도 있다. 이는 「뉴욕타임스」의 공연예술 비평가인 찰스 이셔우드Charles Isherwood가 셰익스피어시어터컴퍼니가 워싱턴 D.C.에 새로 마련한 극장 건물을 방문했을 때 관찰한 바에서 드러난다. 건물 이름은 시드니 하먼 홀이었는데, 이름 붙이기는 거기서 끝나지 않는다.

> 정문을 들어서면 '알린 앤드 로버트 코고드 로비'가 나온다. 거기서 오케스트라 레벨까지 올라가려면 '모리스 앤드 그웬돌린 카프리츠 재단 서쪽 대계단' 아니면 '필립 그레이엄 펀드 동쪽 대계단'을 올라야 한다…. 공연이 시작되기 전에 가볍게 한잔할 시간이 남아 있다면 '제임스 앤드 에스티 아들러 서쪽 테라스' 아니면 좀 더 개인성이 떨어지는 이름인 '미국 항공사 동쪽 테라스' 근처에 머물 수 있다. 그리고 공연을 보기 위해 '랜든 앤드 캐롤 버틀러 시어터 무대'에 들어가기 전에 '캐시디 앤드 어소시에이츠 코트룸'에 두툼한 외투를 맡기는 것을 잊지 말라.[7]

이셔우드는 이러한 '자선적 낙서'가 공공선을 달성하기 위한 '이상적으로 이타적인 정신'과 어긋난다고 한탄했다(물론 이상적으로 이타적인 정신의 소유자들이 세계에서 가장 부유한 나라의 수도에 거대한 새 극장을 지으려 수백만 달러를 기부하려 할 것인지는 알 수 없는 일이다. 하지만 그것은 공연예술 비평가로서는 드러내놓고 할 만한 생각은 아니었으리라). 어느 경우든, 남들이 더 내놓고 있다고 생각하면 자신도 더 내놓게 된다는 걸 아는 이상, 그들이 내놓는 진짜 동기가 무엇인지는 크게 신경을 쓸 필요가 없다. 오히려 그들이 자신의 기부 금액을 더 공개적으로 밝히도록 장려해야 한다. 자신이 벌어들인 것의 상당 부분을 기부한다는 것을 알림으로써 다른 사람도 그렇게 하도록 유도할 수 있다. 그 '다른 사람들' 역시 자기 기부액을 공개하면 효과는 증폭되고, 10년이나 20년 동안 이런 추세가 지속된다면 커다란 결실을 이룰 수 있다. 단지 기부한다는 사실이 아니라 얼마나 기부하는지를 공개해야 할 필요성은 연간 가계소득 8만 달러 이상의 미국인 기부자들의 75%가 자신이 평균 이상으로 기부하고 있다고 생각하지만, 실제로는 72%가 평균보다 적게 기부하고 있다는 조사 결과가 뒷받침해준다.[8]

수입의 일정 비율을 기부한다고 서약하기

2007년, 토비 오드Toby Ord는 옥스퍼드대학교 대학원에서 철학을 공부하고 있었다. 그는 나의 「기근 풍요 도덕」을 읽고, 그가 평생에 걸쳐 다른 이에게 얼마나 자선을 베풀 수 있을지 계산해보기로 했다. 그는 먼저 자신의 벌이 가운데 꼭 필요한 생계 관련 비용을 빼고 얼마나 남길 수 있는지 계산했고, 여기에 미래를 위한 저축분도 뺀 다음, 남은 소득 모두를 기부하기로 했다. 그는 학자가 될 생각이었고, 영국에서는 학자들의 급여 수준이 공개되어 있었다. 따라서 그가 매년 벌어들일 소득을 얼추 예상하기란 어렵지 않았다. 은퇴까지의 기대 연봉을 합산해보니 150만 파운드로, 달러로는 250만 달러에 해당되었다. 토비는 자신은 그 3분의 1만 있으면 생활할 수 있으니 나머지는 모두 기부하겠다고 결정했다. 그리고 가장 비용 효과성 있게 남을 도울 수 있는 방법을 찾은 결과, 일부 저소득 국가에서 흔히 실명의 원인이 되는 트라코마 질환을 치료하는 일에 주목했다. 그 치료제는 매우 싸서, 토비가 평생 기부하기로 계획한 100만 파운드면 80만 명을 실명 위험에서 구할 수 있었다. 토비는 자신이 많은 돈을 벌지 않고도, 단순히 검소하게 살면서 이처럼 큰 자선을 베풀 수 있음에 놀랐다. 그는 다른 사람을 돕는 일이 이처럼 쉽다는 사실을 널리 알려야 한다고 결심하고 기빙왓위캔Giving What We Can을 창립했다. 나중에 '효과적 이타주의'로 알려질 활동을 후원하는 새로운 단체들이 줄줄이 세워지는데, 기빙왓위캔은 그 가운데 첫 번째 단체였다. 이 단체는 회원들에게 자기 수입의 최소 10%를 가능한 한 효과적으로 선을 행하는 데 기부하겠다고 서약할 것을 요청한다. 설립 10년 후, 이 조직은 4,000명이 넘는 회원을 보유하고 있으며, 이들은 약 1억 5,000달러를 기부했고 자신들의 직장 생활 동안 15억 달러 이상을 기부하겠다고 서약했다. 토비 자신은 이미 10만 파운드를 효과적인 자선단체에 기부했으며, 은퇴 전까지 100만 파운드를 기부한다는 계획을 실천해나가고 있다.[9]

사람들이 생애 소득의 10%를 기부한다고 서약하면, 그 서약을 잘 지킬까? 기빙왓위캔은 공동체를 형성하면 서약한 사람들이 서로의 기부 약속을 강화하고, 가능한 한 효과적으로 기부하는 방법에 대한 지식과 경험을 공유할 수 있다고 보고 있다.

이 책의 초판에서 나도 '기부율표Giving Scale'(이 개정판에는 부록에 자세히 실려 있다)에 맞추어 효과적 기부를 하도록 서약할 것을 독자들에게 요청했다. 기부율이란 조세율tax scale처럼 더 많이 버는 사람이 덜 버는 사람보다 더 많이 기부하도록 요청하는 기준이다. 친구의 도움으로 나는 온라인 기부 서약을 할 수 있는 웹사이트를 구축했으며, 놀랄 만큼 짧은 시간에 1만 7,000명 이상이 서약에 동참했다. 이 기부 서약 소식은 빌 게이츠와 멜린다 게이츠에게도 전해졌던 것 같다. 2010년에 그들의 재단 직원이 내게 연락해와서 워런 버핏과 함께 다른 억만장자들에게도 그들 재산의 절반 이상을 자선활동이나 자선적 목적에 기부하겠다는 도덕적 약속을 해달라고 요청할 계획이라고 알려주었다. 그들은 '더기빙플레지The Giving Pledge(기부서약)'라고 불리는 그들의 접근법을 지지하는 보도자료에 내 말을 인용해도 되겠느냐고 물었다. 나는 생각해봐야 했다. 더기빙플레지는 매우 포괄적이기 때문이다. '자선활동이나 자선적 목적'은 빈곤층을 돕는 것뿐 아니라 기증자의 이름을 딴 오페라하우스를 짓는 일도 포함할 수 있었다. 나는 게이츠 재단과 버핏 스스로가 극빈자들의 생활 개선에 초점을 맞추고 있는데, 왜 그것을 더기빙플레지의 핵심으로 삼지 않았는지를 물었다. 답변에 따르면 기부 서약에 참여하는 사람들은 대개 게이츠 부부와 버핏이 보여준 모범을 따르고자 하지만, 그러한 요구사항을 명문화하면 서약하려는 사람들의 수가 줄어들 것을 우려했다고 한다. 나는 그 답변을 듣고, 논평을 통해 기부 문화를 바꾸는 데 있어 공개적 서약의 중요성을 강조했다.

'더기빙플레지'는 2010년에 출범했으며, 40명의 억만장자 내지 억만장자의 가족이 서약에 동참했다. 언론 보도 내용에 따르면 더기빙플레지는 억만장자들을 대상으로 하지만 "모든 재정적 수단과 배경을 가진 기부자들을 격려하고 인정하는 다른 노력에서 영감을 얻었다"고 한다. 더기빙플레지는 단순히 억만장자들이 자신들이 정말 좋은 사람이라는 것을 보여주기 위한 목록이 아니다. 더기빙플레지 웹사이트는 이제 서약의 한 가지 목표가 "더 많이 기부하고, 더 일찍 기부하며, 더 현명하게 기부하는 방향으로 자선의 사회적 규범을 바꾸는 것"이라고 명시하고 있다. 이를 위해 더기빙플레지 조직은 회원들이 함께 모여 효과적인 기부에 대한 전문가들의 강연을 듣고, '도전과제, 성공과 실패 그리고 어떻게 하면 더 현명하게 기부할 수 있는지'를 논의할 자리를 만들고 있다.[10]

2019년까지 더기빙플레지에는 23개국에서 204명의 서약자가 참여했다. 빌-멜린다 게이츠 부부와 워런 버핏 외에 유명한 서약자로는 로라-존 아놀드Laura-John Arnold 부부, 니콜라스 베르그루엔Nicolas Berggruen, 마이클 블룸버그Michael Bloomberg, 매켄지 베조스MacKenzie Bezos, 레이-바버라 달리오Ray-Barbara Dalio 부부, 벤 델로Ben Delo, 배리 딜러Barry Diller와 다이앤 폰 퓌르스텐베르크iane von Fürstenberg 부부, 래리 엘리슨Larry Ellison, 모 이브라힘Mo Ibrahim, 칼 아히칸Carl Icahn, 더스틴 모스코비츠와 캐리 투나 부부, 일론 머스크Elon Musk, 로히니-난단 닐레카니Rohini-Nandan Nilekani 부부, 피에르-팸 오미디야르Pierre-Pam Omidyar 부부, T. 분 피켄스T. Boone Pickens, 아짐 프렘지Azim Premji, 데이비드 록펠러David Rockefeller, 셰릴 샌드버그Sheryl Sandberg, 제프 스콜Jeff Skoll, 로버트 T. 스미스Robert Frederick Smith, 테드 터너Ted Turner, 유종후이游忠惠, 마크 저커버그Mark Zuckerberg와 프리실라 챈Priscilla Chan 부부 등이 있다.

 더기빙플레지는 동료들의 공개적인 행동이 어떻게 다른 사람들의 기부를 장려하고, 효과적으로 기부하게 만드는지를 보여주는 사례다. 에어비앤비의 공동 창업자인 브라이언 체스키Brian Chesky, 조 게비아Joe Gebbia, 네이선 블레차르지크Nathan Blecharczk는 2016년에 서약에 동참하기로 했는데, 자신들이 얼마나 부유해졌는지를 깨달으면서 이 돈으로 무엇을 해야 좋을지에 대한 생각이 더 구체화되었기 때문이다. 체스키는 빌-멜린다 게이츠 부부와 마크 저커버그의 예를 보고 감명을 받았다. "이미 부유한 사람은 더 많이 벌어도 스스로에게 이익이 안 되는, 하지만 남들에게는 큰 이익을 줄 수 있는 지점에 이르게 된다"는 워런 버핏의 말에도 고무되었다. 체스키는 기부를 공개하는 데에도 망설임이 없었다. "나는 늘 그래야(기부를 공개해야) 한다고 생각해왔습니다. 그리하여 스스로의 가치와 스스로가 지향하는 바를 공개하는 것이죠."[11]

 과연 어떤 슈퍼리치가 가장 자선활동에 헌신하는지를 알고 싶다면, 세계 최고의 부자들 명단인 '포브스 400'으로 유명한 「포브스」에서 답을 찾을 수 있다. 2014년 '포브스 400 자선 서밋'에서, 빌 게이츠는 어느 중동의 유력인사가 언급한 『코란』의 말씀을 인용했는데, 자신의 자선활동에 대해 이야기하는 이유는 다른 사람들도 기부하도록 장려하기 위해서라고 했다. 이런 정신으로, 「포브스」는 이제 부자들 가운데 가장 자선에 열심인 사람들의 순위표를 공개하고 있다.[12] 관대함 순위가 존재한다는 사실이 사람들로 하여금 부자 리스트의 상위권뿐만 아니라 관대함 리스트의 상위권에도 들기 위해 경쟁하도록 만들기를 희망한다.

고액 자산가 기부자들을 연결하고 다른 이들에게도 그러도록 영감을 주기 위해 만들어진 또 다른 단체로 파운더스플레지 Founders Pledge가 있다. 이 단체는 회사의 성공적인 '퇴장(이를테면 다른 회사에 매각)' 후 얻게 될 소득의 일정분(구체적인 규모는 각자 정한다)을 기부한다는 법적 구속력이 있는 약정을 하는 스타트업 창업자 및 투자자들의 국제적 모임이다. 다른 여러 자선 공동체와 마찬가지로 그들은 함께 모여 어떠한 대의에 기부하면 좋을지, 더 나은 세상을 만드는 데 어떻게 기여할 수 있는지를 놓고 토론한다. 이 개정판을 쓸 무렵, 파운더스플레지는 30개국 1,200명 이상의 회원들이 7억 800만 달러를 기부하기로 약정한 상태이며, 그 가운데 9,100만 달러 상당의 약속이 이미 이행되었다. 서약에 참여한 기업가에는 공유 오피스 위워크 WeWork의 창립자이자 공동 CEO인 미구엘 맥켈비 Miguel McKelvey, 경력 개발 플랫폼 더뮤즈 The Muse의 창립자이자 CEO인 캐스린 민슈 Kathryn Minshew, 지속 가능한 배양육 산업의 선두주자인 멤피스미츠 Memphis Meats의 우마 발레티

Uma Valeti 등이 있다.[13]

효과적인 이타주의(이 운동 내에서는 'EA'로 불리는)의 성장은 세계 각지에 EA 그룹들이 형성되는 결과로 이어졌다. 나는 종종 화상 연결을 통해 많은 그룹과 이야기를 나누었다. 그들 그룹은 미국, 캐나다, 오스트레일리아, 뉴질랜드, 모든 주요 유럽 국가, 또한 아부다비나 홍콩, 싱가포르 같은 곳에 있으며, 사람들이 모여 이 책에 제시된 것과 같은 아이디어를 놓고 토론하며 행동하는 장을 제공하고 있다. 지역 EA 네트워크Local Effective Altruism Network, LEAN는 현재 350개 이상의 그룹을 지원하고 있는데, 이 그룹들은 이성과 증거를 활용하여 되도록 많은 선행을 하고자 노력한다.[14] EA 센터는 여러 도시에서 컨퍼런스를 운영하며, 이타적이면서도 효과적이고자 하는 전 세계 사람들을 한데 모으고 있다. 옥스퍼드와 케임브리지에서 하버드와 스탠퍼드에 이르는 대학교 학생들이 EA 그룹을 이루고 있으며, 나는 화상으로 카자흐스탄의 나자르바예프대학교의 한 그룹과도 이야기를 나눈 적이 있다. 졸업 후 수입의 최소 1%를 세계 빈곤층을 돕는 효과적인 비영리단체에 기부하도록 학생들을 장려하는 조직인 원포더월드One for The World는 펜실베이니아대학교 와튼스쿨 재학생들이 창립했으며, 지금은 이 학교 외에 하버드, MIT, 스탠퍼드, 컬럼비아, 터프츠, 멜버른 대학교를 비롯한 열다섯 개의 다른 대학교에 지부를 두고 있다.

나부터 시작하기

같은 생각을 가진 사람들의 지지는 분명 기부를 시작하기 쉽게 만들지만, 꼭 필요한 것은 아니다. 샌프란시스코 베이 지역에서 자동차 판매 대리인으로 일하는 안드레이 스미스Andrei Smith는 이 책의 초판을 읽고 그 내용에서 나조차 상상하지 못한 것을 찾아냈다. '세일즈에서 긍정적인 태도를 유지할 궁극의 전략.' 그 전략이란 그가 번 판매 수수료의 5%를 효과적 자선에 기부하기 위해 따로 떼어놓는 것이다. 그는 그렇게 함으로써 이전보다 업무 규율을 더 잘 유지할 수 있게 되었다고 말한다. 그는 자신의 책상에 "5%에 대해 물어보세요"라는 표지를 붙여 고객이 볼 수 있도록 했고, TLYCS 사이트에서 추천하는 자선단체들에 지금까지 수천 달러를 기부한 상태다(그가 가장 좋아하는 곳은 산과 누공 치료재단이다). 그는 또한 회사 회의에서 자신의 접근법을 공유함으로써 기부 문화의 활성화를 돕고 있다. 안드레이는 말한다. "이제 나는 나 자신을 위해서만이 아니라 다른 사람들을 위해서도 차를 판매합니다. 내가 얻는 1달러 1달러는 나와 어려운 사람들에게 나눠집니다. 정말 멋진 느낌이지요."[15]

보리스 야쿱치크Boris Yakubchik는 러시아에서 태어나 열한 살 때 미국으로 이주했다. 파트타임으로 일하던 대학생 시절, 그는 「기근 풍요 도덕」을 읽고 옥스팜과 유니세프에 매달 소액을 기부하기 시작했다. 25세 생일, 그는 '버스데이포채리티BirthdayForCharity'라는 웹사이트를 만들고 친구들에게 생일선물 대신 그가 고른 자선단체에 기부해달라고 부탁했다. 기브웰의 연구에 대해 알게 되었을 때, 그는 자신의 기부가 긍정적인 변화를 만들고 있다는 것을 더욱 확신하게 되었다. 그는 기빙왓위캔에 가입, 자신의 소득 10%를 기부하기로 서약하고, 한동안

러트거스대학교의 지부를 운영했다(이를 통해 그는 미래의 아내를 만났다). 정규직으로 일하기 시작한 후, 그는 볼더기빙Bolder Giving이라는 단체에도 가입했고, 한때는 볼더기빙과 기빙왓위캔의 다른 사람들이 세운 기준에 따라 수입의 50%를 기부했다. 그는 "새로운 규범이 있으면 도약이 쉬워진다"라고 말했다. 행여 보리스가 고소득을 올리는 전문 기술직이라 그랬으리라고 생각할 수 있지만, 그렇지 않다. 당시 그는 "50% 기부가 과도해 보일 수 있지만, 고등학교 수학교사로서 제가 초봉으로 받은 4만 7,000달러가 세계 인구의 상위 1%에 속하고 미국 임금 소득자의 상위 75%에 속한다는 것을 잘 알고 있습니다. 50%(세전)를 기부하더라도, 저는 아직 세계에서 가장 부유한 5%에 든답니다!" 2014년, 보리스는 TEDx* 럿거스Rutgers에서 비용 효과성 있는 자선활동에 대해 강연했다. 이제 그는 소득의 10%를 기부하는 활동으로 돌아왔지만, 머지않아 다시 50%를 기부할 수 있기를 염원한다. 그는 컴퓨터프로그래밍 쪽으로 이직했는데, 더 많은 소득을 올리면 보다 안정적으로 오랫동안 50% 기부를 할 수 있으리라는 생각에서였다. 그는 소프트웨어를 판매할 때는 거의 모든 수익을 말라리아 퇴치 재단에 기부한다. 보리스는 관심 있는 동료들과 교류하면서 사람들이 자선활동에 더 많이 관심을 갖고, 기부 방식에 더 신경을 쓰도록 유도하

---

* TED는 1984년 미국에서 시작된 지식 컨퍼런스로, Technology, Entertainment, Design의 약자를 써서 TED라 한다. '지식과 가치를 널리 공유해 더 좋은 세상을 만든다'는 취지로, 세계적 유명인사들을 포함한 다양한 강연자들이 초빙된다. TED가 대규모 행사로 북미 지역에 한정해서 연 1, 2회 개최되는 반면, TEDx는 TED의 취지와 진행 방식을 따르되 세계의 각 지역사회에서 자유롭게 개최되는 소규모 행사로 운영된다. 한국에서도 몇 차례 개최되었다. — 옮긴이

는 데 도움을 주었다고 확신한다.

내 경험상, 다른 사람들의 삶을 개선할 수 있는 기회에 대한 열정을 공유할 때 이러한 대화는 친근하고 환영받습니다. 하지만 피드백은 한참 지나야 오죠. 오늘 나눈 대화가 몇 년 뒤까지도 행동으로 이어지지 않을 수 있습니다. 그렇다고 실망하지 마세요. 제가 언젠가 우리 사무실에서 자선단체 기부에 대해 짧게 이야기했거든요. 그게 그 주 동안 몇 차례의 가벼운 대화로 이어졌죠. 1년이 지났지만, 여전히 동료들이 가끔 저에게 다가와 기부에 대해 이야기합니다. 많은 사람들이 이야기하고 싶은 주제거든요. 그리고 기부와 관련해 수다를 떨고 싶다는 누군가를 만난다는 건 아주 대단한 일이죠.[16]

캐서린 로Catherine Low는 5년 전, EA 운동에 대해 알기 전만 해도 특별히 이타적이지 않았다. 그러다가 고등학교 물리학-자연과학 교사로 일하면서, 내가 인터뷰한 팟캐스트 '합리적으로 말하기Rationally Speaking'를 접하게 되었는데, 거기서 나는 멀리 떨어진 곳에 있어도, 또한 인간과 다른 종족이라 해도 고통받는 이들을 돕는 것이 우리의 도덕적 의무라고 이야기했다. 캐서린은 나의 주장을 듣고 감명받았으며, 지적이고 배려심 많은 사람이 나의 주장에 감화된 뒤 삶의 방식을 바꾸고 세상을 위해 중대한 긍정적 성과를 내는 일에 착수했다는 사실에 더더욱 감명받았다고 말했다. 그녀는 EA 단체(세계 빈곤 퇴치를 위해 싸우는 단체와 동물에 미치는 고통을 줄이려는 단체 모두에)에 기부할 동기를 부여받았다. 그녀는 비건이 되었고, 그녀의 본가가 있는 크라이스트처치에서 지역 EA 그룹을 출범시키는 한편 EA 뉴질랜드 자선신탁Effective Altruism New Zealand Charitable Trust을 공동창립했다. 이 자선신탁은 뉴질랜드인이 더 효과적인 자선단체에 세금 공제 기부를 할 수 있도록 해준다. 그녀는 또한 뉴질랜드 전역의 EA 활동가들을 한데 모으는 연례 수련회와 학급, 대학 동아리, 전문가 협회, 종교 및 세속 단체가 EA를 탐구하는 워크숍을 개최하기 시작했다. "EA에 관해 사람들과 이야기하는 일은 아주 즐거워요." 캐서린은 말한다. "가장 좋은 건 워크숍에 참석한 사람들이 나중에 그 덕분에 효과적 자선활동에 기부하기 시작했다는 말을 들을 때죠." 그녀가 재직 중인 학교에서 진행 중인 몇몇 활동은 아주 큰 성과를 내고 있다. 가령 학생 주도로 효과적인 자선을 위해 모은 기부금이 1만 달러를 넘은 것, 학교 식당에 '고기 없는 월요일'을 정착시킨 것 그리고 학교 자체의 탄소 배출량을 상쇄하기 위해 효과적인 기후 관련 자선단체에 기부함으로써 탄소 중립을 달성한 것 등이 그렇다.[17]

효과적 기부 문화를 형성하는 데 소셜미디어 활용하기

소셜미디어는 때로 부정확하고 유해한 정보의 온상이 되기도 하지만, 기부와 관련해서는 새롭고 유익한 아이디어를 더 쉽게 퍼뜨릴 수 있다. 미국에서 소셜미디어는 기빙튜스데이Giving Tuesday(추수감사절 다음에 오는 화요일이다)를 만들어서 어려운 사람을 돕고 기부 축제를 벌이는 날로 삼는 데 기여했다. 이 아이디어는 2012년에 시작되었는데, 추수감사절 다음에 오는 금요일을 대대적인 할인 판매의 날로 잡아서 수많은 사람이 할인 혜택을 받으러 구름처럼 몰려다니는 블랙 프라이데이Black Friday의 대항 개념으로 나왔다. 온라인 쇼핑이 성장하면서, 사이버 먼데이Cyber Monday(블랙 프라이데이 다음에 오는 월요일)가 온라인 시장에서는 더 중요해졌고, 이제 그다음 날은 기빙 튜스데이가 되었다. #GivingTuesday에 따르면, 2012년 이후 이날 전 세계적으로 10억 달러 이상이 기부되었다.[18]

안타깝게도 훌륭한 아이디어와 소셜미디어에서 빠르게 퍼지는 아이디어 간의 상관관계는 완벽과 거리가 멀다. 아이스버킷 챌린지는 루게릭병, 즉 ALS 퇴치 모금을 위해 자원자에게 얼음물을 양동이로 퍼붓는 이벤트였다. 이는 유행을 타서 2014년 여름에 1억 1,500만 달러의 모금을 이뤄냈다. ALS 협회에 따르면 이 모금액은 관련 연구(7,700만 달러), 환자 및 지역사회 돌봄(2,300만 달러), 학교 교육 및 직업 교육(1,000만 달러), 모금 및 처리 과정에서의 경비(500만 달러) 등으로 쓰였다. ALS는 끔찍한 질병이지만 상대적으로 드물어서 전 세계적으로 매년 약 8만 건의 새로운 사례가 발생한다. ALS 연구를 위해 모금된 돈이 어느 정도 도움이 되었지만, 질병의 예방이나 치료에 있어 극적인 돌파구를 만들어내지는 못했다.[19] 일반적으로 ALS처럼 고소득 국가에서 발병하는 질병 연구를 위해 모금하는 일은 저소득 국가 사람들에게만 영향을 미치는 질병이나 상태에 대한 연구보다 비용 효과성이 떨어진다. 고소득 국가에서는 대부분의 연구자금이 정부에서 마련되며, 그 자금의 대부분은 자국민만을 위한 질병 연구에 쓰이기 때문이다. 또 고소득 국가 사람들은 그들 또는 그들의 가족에게 영향을 주는 질병 치료에 기부하는 경향이 뚜렷하다. 따라서 의학 연구에서 남아 있는 모든 손쉬운 성과, 다시 말해서 전 세계적으로 질병의 부담을 크게 줄이는 데 가장 기여할 수 있는 연구는, 대부분 또는 전적으로 가난한 사람들이 잘 걸리는 질병 분야에 있다고 할 수 있다. 만약 아이스버킷 챌린지로 모금된 1억 1,500만 달러가 프로젝트헬시칠드런Project Healthy Children으로 갔더라면 말라위나 라이베리아의 4,400만 명에게 10년 동안 식품을 기반으로 한 미량영양소를 보강해줄 수 있었다. 헬렌 켈러 인터내셔널에 주어졌다면 사하라 이남 거주 아동들 8,500만 명 이상에게 비타민 A 영양제를 나눠줌으로써 그들의 시력을 보호할 수 있었을 것이다. 부르기나파소, 차드, 나이지리아에서 말라리아 컨소시엄이 계절별로 실시하는 화학예방 프로그램은 대략 2,000달러로 한 생명을 구하고 있는데, 여기에 주어졌다면 5만 7,500명의 아이가 살 수 있었을 것이다.[20] 아이스버킷 챌린지가 이들 자선단체 중 하나를 위해 모금했다면 아마 더 큰 선을 행할 수 있었을 것이다.

기부자와 수혜자 연결하기

우리는 기부자가 그들의 자선으로 혜택받는 사람들과 유대감을 가질 때 보통 더 관대해지는 것을 보았다. 식별 가능한 사람들에게 도와주려는 의지가 강해지는 우리의 본성에 착안해, 한 영국 자선단체인

'포스터 페어런츠 플랜Foster Parents Plan'은 개발도상국의 가난한 어린이들과 부유한 나라의 '위탁 부모'를 연결해주는 사업을 추진하고 있다. 위탁 부모가 먹을 것과 입을 것, 교육에 필요한 성금을 보내면 그들은 '자신의' 아이에게서 편지를 받았다. 이런 방법은 4장에서 언급한 기부의 다섯 가지 심리적 장벽 전부를 피할 수 있다. 위탁 부모는 식별할 수 있는 아이를 도울 뿐 아니라, 자신의 기부가 무익하지 않으리라는 것을 안다. 덕분에 얼마나 나아졌는지를 알려주는 아이의 편지를 받기 때문이다. 그리고 그들은 그들이 도울 수 없는 다른 불우한 아이들에게 주의를 빼앗기지 않는다. '자신의' 아이에 대한 그들의 책임은 매우 명확하다. 그들이 기부를 그만둔다면, 그 아이는 먹을 것과 입을 것, 교육을 다시는 얻지 못할지도 모른다. 다른 누군가가 그 아이를 대신 돌보기로 결정하리라는 보장이 없기 때문이다. 공정성 의식 역시 충족된다. 오직 한 아이만 돌보기 때문에 대체로 그리 큰 부담은 아니며, 다른 많은 사람도 그렇게 하고 있음을 알고 있기 때문이다. 그리고 그 아이가 비록 멀리 떨어져 있지만 자신이 그 아이의 위탁 부모라는 생각은 그 아이를 가족의 일부로 여김으로써 지역주의의 장벽을 허물게 도와준다. 따라서 이는 부유한 사람들의 감정을 파고들어서 멀리 떨어진 나라의 불우한 사람을 돕도록 하는 이상적인 시스템에 상당히 근접한 것처럼 보인다. 하지만 그만큼 아쉬운 점도 있다. 개별 아동에게 돈을 주는 방식은 가난을 퇴치하는 방법으로는 특별히 효과적이지 않기 때문이다. 그것은 어려운 처지의 가족 스스로가 일어설 수 있게 돕지 않으며, 돈을 얻은 아이와 얻지 못한 아이 사이에 질투와 불화를 일으킬 수 있다. 마시기에 안전한 물, 위생시설, 의료 서비스 부족 등의 문제는 가족이 아닌 지역사회 차원에서 수행되는 프로젝트를 통해서만 해결될 수 있다.

포스터 페어런츠 플랜은 이러한 문제들의 존재를 부정하지 않았다는 점에서 칭찬받을 만하다. 이로 인해 그들은 기부자가 자선 수혜자와 연결감을 느끼고 싶어 한다는 마음에 여전히 호소하면서도 그들의 메시지를 더 정직하게 만들어야 한다는 과제에 직면했다. 그러기 위해 그들은 자신들의 이름을 플랜 인터내셔널Plan International로 바꾸고 더 지역사회 중심적인 접근법으로 전환했다. 그들은 잠재적 기부자들에게 여전히 '아동 후원'을 권유하고, 기부자들이 특정 아동과 편지와 사진을 교환하고 그 아동에 대한 소식을 받을 수 있다고 말함으로써 식별 가능한 수혜자의 매력을 최대한 유지하려 노력한다. 하지만 후원자들에게는 이런 안내문도 주어진다. "당신이 낸 돈은 당신이 후원하는 그 아이에게 곧바로 가는 것이 아닙니다. 대신 다른 기부금들과 합쳐져 그 아동이 사는 지역사회에 중요한 프로젝트들을 지원하는 데 사용됩니다."[21]

다행히도, 이제 우리는 기부자들이 도움을 주는 지역사회의 사람들과 연결감을 느낄 수 있도록 하는 기술을 가지고 있다. 예를 들어, 기브다이렉틀리는 그 웹사이트에 각자 기부한 돈이 어떻게 쓰였는지를 가감 없이 피드백받을 수 있게 해주는 피드를 설치했다. 이에 따라 기부자들은 자신이 도움을 준 사람 중 일부를 볼 수 있는데, 다만 자신의 돈이 구체적으로 누구에게 주어졌는지는 알 수 없다. 말라리아 퇴치 재단의 웹사이트는 말라리아 예방용 모기장을 어떻게 나누었는지를 사진과 영상으로 자세히 알아볼 수 있게 해놓았다. 이런 수준의 보고는 기부자들을 그들이 돕는 사람과 장소에 연결해주는 한편, 해당 단체가 그만큼 책임성과 투명성을 중시하고 있음도 보여준다. 자선단체들은 또한 웹을 사용해서 불우한 사람들의 삶이 어떠한지도 전달하고 있다. 유니세프는 기부자가 난민 캠프에 들어가볼 수 있도록 하는 가상현실 체험 기회를 제공한다. 한편 프레드할로스 재단 Fred Hollows Foundation은 시각장애가 있다는 것이 어떤 것인지 온라인 시각 시뮬레이터를 만들어 체험할 수 있게 했다.[22]

올바른 종류의 넛지 제공하기

인간 심리에 대한 이해를 바탕으로 사람들의 행동을 원하는 방향으로 이끄는 것은 정치, 공중보건을 비롯한 다양한 분야의 캠페인에서 가장 기본이 되는 원칙이다. 이런 일이 항상 고귀한 동기로 이루어지는 것은 아니지만, 그런 경우도 있다. 일부 국가에서는 이러한 접근 방식을 통해 장기 기증률을 획기적으로 높일 수 있었다. 이러한 방법을 극한의 빈곤에 놓인 사람을 위해 기부하는 문화를 만드는 데도 적용할 수 있을까?

독일에서는 국민 100만 명당 겨우 11.5명의 사망자로부터만 장기를 기증받을 수 있다. 오스트리아에서 이 수치는 25.4명이다.[23] 독일인과 오스트리아인은 문화적 배경이 크게 다르지 않은데, 어째서 사망 시 장기 기증자 비율이 두 배 넘게 차이 나는 것일까? 그 차이는 독일의 경우 기증하겠다고 등록을 해야 예비 기증자가 되지만, 오스트리아의 경우 기증하지 않겠다고 의사 표시를 하지 않는 한 예비 기증자가 된다는 사실로 설명된다. 다른 요인도 얼마간 작용하겠지만, 몇몇 연구 결과를 보면 사후 장기 기증에 명시적 동의 절차를 요구하는 나라에서는 장기 기증을 거부할 때에만 명시적 절차를 요구하는 나라에서보다 장기 기증 횟수가 적게 나타나고 있다.[24] 우리는 보통 공장에서 맞춰놓은 컴퓨터의 세팅을 손대지 않고 그대로 사용한다. 그처럼 다른 유형의 '디폴트default'도 우리 행동에 큰 변화를 가져올 수 있으며, 장기 기증의 경우처럼 수많은 생명을 구하는 결과를 가져올 수도 있다.

 자신의 이익을 위한 선택을 할 때조차도 우리는 자주 현명하지 못한 선택을 내린다. 가령 직원들이 연봉계약을 하며 퇴직연금 제도를 선택할 수 있을 때 그것을 기피하는 경우가 많은데, 선택하는 쪽이 재정적으로 이익인데도 그렇다. 하지만 고용주 측에서 이를 디폴트로 놓고 원하지 않는 경우에만 따로 선택하게 한다면, 이 제도의 참여율은 현저하게 올라간다.[25] 이것이 각각 경제학, 법학 교수인 리처드 탈러Richard Thaler와 캐스 선스타인Cass Sunstein이 공저 『넛지』에서 더 나은 선택을 하도록 유도하기 위해 디폴트를 활용할 것을 주장하며 언급한 '넛지nudge' 개념의 실제 사례이다.[26] 여기서 교훈은 우리가 할 수 있는 최선의 행동을 실천하지 못하게 막는 무관심을 극복하는 데 아주 약간의 넛지가 필요할 뿐이라는 것이다. 적절한 형태의 넛지(정부, 기업, 시민단체, 우리 자신 등등 누구의 것이든)는 우리가 알지만 실천하지 않는 올바른 행동을 실천할 수 있게 해줄 것이다.*

이 책의 초판에서, 나는 기업들이 그 직원들에게 '넛지'를 발휘하기를, 다시 말해 그들에게 주어진 디폴트를 바꿈으로써 기부 프로그램에 동참토록 하기를 제안했었다. 기업은 직원들에게 자신들의 급여 일부를 세계 빈곤 퇴치에 기부하겠다는 조항을 선택해달라고 권유하기보다, 급여의 1%를 자동으로 효과적으로 극빈층을 돕는 단체에 기부하되 본인이 이를 거부할 경우 해당 조항을 선택할 수 있도록 할 수 있다. 그런 생각이 얼마나 실효가 있을지는 장담할 수 없지만 베인앤드컴퍼니Bain & Company, 컴뱅크CommBank, 굿가이즈The Good Guys를 비롯한 일부 오스트레일리아 기업은 '기부 거부 선택조항'을 계약에 넣은 결과 '기부 참여 선택조항'을 넣은 기업에 비해 높은 기부율을 보이고 있다.²⁷ 당신이 근무하는 기업에는 그런 업무계약 조항이 없는가? 그렇다면 넣자고 제안해보면 어떨까?

유언장을 작성할 때도 적절한 종류의 넛지가 큰 차이를 만들어낼 수 있다. 가령 미국, 영국, 오스트레일리아에서는 유언장에 자선 기부의 내용이 들어가는 비율이 6.5% 미만이다.²⁸ 만약 사람들이 유언장을 작성할 때 사용하는 양식에 기본적으로 유산 기부 조항이 포함되

---

* 이런 '넛지' 개념은 찬성론만큼 반대론이 많다. 첫째, '넛지'는 선행을 개인의 완전한 자유에 맡기지 않으며 이는 부당하다는 비판이 있다. 가령 칸트Immanuel Kant나 롤스J. Rawls라면 오직 개인의 자유로운 선택에 따른 선행이 아니라면 선행이라고 할 수 없다고 볼 것이다. 싱어는 공리주의자이기 때문에, 행동의 옳고 그름을 판단할 때 그 행동이 가져오는 결과만을 고려한다. 따라서 이러한 비판에 대해 반박할 수 있다. 둘째, 정부나 기업같이 소속된 개인에게 강한 지배력을 행사할 수 있는 조직에 '넛지'를 제도화할 권한을 준다면, 개인의 실질적 자유가 제약을 받으며 정부, 기업 등이 더 사악한 통제를 제도화하는 일도 정당화될 수 있다는 비판이 있다. 싱어는 이런 비판을 우회하기 위해 '넛지'의 주체는 정부, 기업만이 아니라 '시민단체, 우리 자신' 등등일 수도 있다고 말한다. ─ 옮긴이

어 있고, 변호사들이 기본적으로 의뢰인들에게 효과적인 자선단체에 대한 기부를 유언장에 포함할 것을 제안한다면, 더 많은 사람이 자신의 생이 끝난 후에도 다른 이들의 생명을 구할 수 있을 것이다.

기업의 기부

초대형 투자은행인 골드만삭스는 기업 자본주의의 중심에 서 있다. 그럼에도 자선기금인 '골드먼삭스기브스 Goldman Sachs Gives'를 만들어 임원급 직원이 수입의 일부를 기부하도록 함으로써 기부 문화를 만들어냈다. 임원급 직원이 기부하는 소득의 비율은 공개되지 않았지만, 2007년 출범한 이 기금은 거의 15억 달러의 보조금을 지급했으며 90개국의 6,000개 비영리단체와 결연하고 있다.[29] 골드만삭스는 또한 비임원급 정규직원 대상으로 매칭기프트 matching-gift* 프로그램도 운영하고 있는데, 「포춘」 선정 500대 기업의 65%가 이러한 프로그램을 통해 연간 총 20억 달러 이상을 기부하는 것으로 추정된다. 빅기브 Big Give에 따르면 설문 참여자의 84%가 만약 소속사에서 매칭 기부를 해준다면 더 많이 기부할 용의가 있다고 답했으며, 세 명 중 한 명은 실제로 이 프로그램 덕분에 더 많이 기부했다고 말했다. 다른 많은 기업은 직원이 시간과 돈을 선행에 쓰도록 허용하거나 장려한다. 구글은 자체적인 혁신적 자선 조직인 구글닷오알지 Google.org를 설립했는데, 2017년에는 향후 5년 동안 세계 각지의 비영리단체에 10억 달러를

---

* 직원이 일정한 봉사활동을 하거나 기부를 하면 기업이 그게 비례하는 추가 기부를 함으로써 직원의 기부 의욕을 높이고 기부 효과도 높이는 프로그램. ― 옮긴이

기부하고 100만 시간의 직원 자원봉사를 기여하기로 서약했다.[30]

　기부 서약은 개인뿐 아니라 기업 사이에서도 확산되고 있다. '1% 기부 서약'은 기업이 보유하고 있는 주식, 시간, 생산품, 수익 등 1%(개별로 또는 그 합산으로)를 자선활동에 내놓도록 권한다. 세일즈포스Salesforce, 아틀라시안Atlassian, 랠리포임팩트Rally for Impact, 타이즈Tides 가 주도하는 1% 기부 서약은 100개국 8,500개 기업이 참여하여 다양한 자원으로 총 10억 달러 이상을 기부했다. 세일즈포스 한 군데만 해도 2018년 기준으로 2억 4,000만 달러 이상의 보조금, 350만 시간의 지역사회 봉사 그리고 3만 9,000개 이상의 비영리 및 교육 기관에 대한 제품 기부가 이루어졌다. 오스트레일리아의 소프트웨어 기업인 아틀라시안의 공동 창립자이자 공동 CEO[**]인 스콧 파커허Scott Farquhar 는 이 기부 서약에 대해 다음과 같이 말했다. "기업과 직원들에게 큰 혜택을 주었고, 개발도상국의 아이들 수십만 명을 도왔으며, 이 일에 열성인 우리 직원들은 매일 일할 때마다 자신이 하는 모든 일이 기부로 이어진다는 느낌을 가지며 일하죠." 1% 기부 서약을 한 기업은 공공 의제라면 무엇이든 지원할 수 있다.[31] 마케팅 플랫폼을 개발하는 기업인 미디어매스MediaMath 는 TLYCS이 추천하는 세바Seva, 리빙굿즈Living Goods, 프로젝트헬시칠드런을 포함하여 입증된 효과를 보여주는 자선단체들을 지원하는 데 초점을 맞추기로 결정했다.

　골드만삭스, 구글, 세일즈포스와 정반대의 접근을 하는 기업으로는

[**] 2024년 8월에 사임했다. — 옮긴이

비브코트 트레이딩VivCourt Trading을 들 수 있다. 창립자인 롭 켈돌리스 Rob Keldoulis는 주식 트레이더로 일을 시작했는데, 그 스스로가 표현하기를 '순수 자본주의의 최전선'에서 하는 일이었다. 그의 관점에서 이는 또한 가장 이기적인 직업인데, 다른 이들을 위해 물건을 만들어내는 사람들과 달리 트레이더는 오직 자신만을 위해 돈을 벌기 때문이다. 많은 트레이더는 그 사실에 만족해하지 않는다. 벌이가 쏠쏠하더라도 그들은 자신의 일이 단순히 돈을 버는 수단이 아니라 고유한 목적이나 가치를 갖기를 바란다. 그래서 스스로를 '소문자 b를 쓰는 불교도buddhist'라 부르는 켈돌리스는 모든 감각하는 존재(중생)의 이익을 위해 행할 때(보시할 때) 우리 스스로가 해방된다는 불교의 가르침을 따르기로 결심했다. 비브코트 트레이딩을 설립할 때, 그는 자본을 출자하고 배당이나 자본 성장을 기대하는 회사 주식을 소유하는 투자자들을 찾는 표준적인 사업 경로를 따르지 않았다. 대신, 그는 자선 신탁을 설립하여 이를 유일한 주주로 만들었다. 이로써 그는 자선활동을 하고 싶은 투자자들에게서 자본을 조달하고, 저리로 돈을 빌려줌으로써 사회적 기업을 세울 수 있었다. 회계연도 말에 이 기업의 순수익 50%는 자선단체로 가고, 나머지는 직원들에게 돌아간다. 이러한 방식으로 직원들은 두둑한 보너스를 받지만 동시에 같은 금액을 자신들이 선택한 자선단체에 기부할 수 있는 기회라는 '사회적 보너스'도 받는다. 이는 모든 직원들에게 그들 자신보다 더 큰 목적을 제공한다.

켈돌리스는 기업 부문이 성장과 변화를 견인하는 동시에 "사회적 현안에 대한 해결책을 찾는 데 도움을 주기 위해 막대한 자금을 사용해야 할 도덕적 의무"도 있다고 주장한다. 그가 구축한 사업 구조는 직원 만족도를 높이는 것 이상을 해낸다. 이는 또한 단기 이익을 좇는 주주들의 압박을 제거하고, 기업이 장기적 관점을 가질 수 있게 해준다. 켈돌리스는 이것이야말로 세계가 필요로 하는 지속 가능한 비즈니스 모델이라고 믿는다.[32]

야닉 실버Yanik Silver도 지속 가능한 비즈니스 모델로 세상을 더 낫게 만드는 데 힘을 보탤 수 있다는 비전을 가진 기업인이다.[33] 야닉의 이야기에는 기부 문화를 육성하는 여러 요소가 들어 있다. 즉 개인으로서, 집단으로서, 사업으로서의 기부 활성화가 포함되어 있다. 2005년쯤, 그는 자신의 출판사 수익의 10%를 자선단체에 기부하기 시작했다. 그가 후원하는 단체 중에는 빌리지 엔터프라이즈Village Enterprise도 있었는데, 이 책의 7장에서 보겠지만 소규모 창업을 하려는 극빈자들을 다방면으로 돕는 단체다. 2008년 야닉은 '비즈니스란 더 큰 방식으로 선을 이루려는 힘'이라는 자신의 신념을 좇기로 하고 이볼브드엔터프라이즈Evolved Enterprise를 창립했다. 이는 경영 교육을 전문으로 하는 기업으로, 비즈니스가 세상에 긍정적인 변화를 줄 지렛대가 되도록 하는 것이 목표였다. 그는 또한 자신의 비전을 공유하는 기업가들을 모으는 초대 전용 그룹인 매버릭1000Maverick1000도 시작했다. 회원 회비의 10%는 임팩트펀드Impact Fund로 가는데, 야닉은 지금까지 그들이 300만 달러 이상을 모금하여 다양한 단체에 기부했다고 밝혔다.[34] 매버릭1000은 회원들이 각자의 사업을 개선하기 위한 아이디어를 공유하는 행사와 여행 등을 개최하는데, 여기에는 더 큰 선을 위해 자신들의 일을 활용하는 방법도 포함된다. 2015년, 매버릭1000은 빌리지 엔터프라이즈를 초청해 그들이 하는 일을 회원들에게 소개하고 함께 브레인스토밍을 했고, 그 결과는 펀드어빌리지Fund-a-Village라는 기금 모금 아이디어에 이르렀다. 2만 5,000달러로 개인이나 기업은 마을 전체를 새롭게 바꾸는 빌리지 엔터프라이즈의 사업을 후원할 수 있다. 야닉은 그가 최근에 쓴 책, 『이볼브드 엔터프라이즈Evolved Enterprise』 초판에서 얻은 수입의 절반을 빌리지 엔터프라이즈에 기부하며 이 프로젝트를 출범시킨 데 대해 매우 뿌듯해한다. 그리고 아주 짧은 시간 안에 그는 2만 5,000달러를 모았으며, 그것은 동아프리카의 한 마을에 새로운 소기업 50곳을 창업하기에 충분한 자금이었다.[35]

다른 매버릭1000 회원들과 동료들은 책 캠페인에 자신들의 시간과 전문성을 자원봉사로 제공했고, 그들 중 한 사람인 아닉 싱갈Anik Singal은 2만 5,000달러를 모아서 다른 마을의 혁신을 지원했다.[36] 한때 뭄바이의 슬럼가에서 3분 거리에 있는 사치스러운 아파트에서 살았던 아닉은 인도 슬럼가에 양질의 학교를 만드는 것을 지원하는 단체를 설립하는 등 이와 다른 방식으로도 기부 문화를 확산시키려 노력했다. 2016년, 그는 우리가 빈곤 문제에 대해 뭘 할 수 있고, 뭘 해야 하는지에 대한 자신의 생각을 TEDx 강연을 통해 풀어놓았다.[37]

다음 세대 키우기

지속적인 문화적 변화를 이루려면, 부모들이 효과적인 빈곤 퇴치 기부를 실천하여 자녀들이 이를 품위 있는 사람들이 하는 정상적인 활동으로 보게 하는 것이 중요하다. 돈과 기부의 유기적인 관계에 대해 아이들에게 이야기해줄 수 있으며, 한 연구에 따르면 그런 부모는 자녀의 자선적 행동에 긍정적 영향을 미칠 수 있다.[38] 세계적 베스트셀러 『맨발의 투자자Barefoot Investor』의 저자 스콧 페이프Scott Pape는 이어서 그 책의 가족 중심 버전인 『가족을 위한 맨발의 투자자The Barefoot Investor for Families』를 부모가 자녀에게 금전 관련 교육을 시킬 때 도움이 되도록 펴냈다. 이 책에서 페이프는 아동들의 용돈 관리를 돕기 위한 '세 개의 잼 항아리' 시스템을 추천한다. 이 세 개의 항아리에는 각각 '펑펑 쓰기', '생긋하기', '나누기'라는 이름표가 붙어 있다. 매 '급여일'이 오면 아이들은 자기 용돈의 일부를 세 개의 항아리 모두에 넣어야 한다. '펑펑 쓰기' 항아리에 든 돈은 가령 영화 관람 같은 일상적인 지출용이고, '생긋하기' 항아리의 돈은 뭔가 중요한 것을 위해 저축하는 용도이며, '나누기' 항아리의 돈은 남을 돕기 위해 쓰인다.[39]

기부 문화가 없는 가정에서 자란 젊은이는 성장기에 생산적인 기부를 하는 법을 배울 기회가 별로 없다. 하지만 윤리 수업에서는 이에 대해 이야기하기 쉽기 때문에, 나는 내 수업 일부에 이를 포함시키는데, 이 책의 일부 아이디어를 논의하는 무료 온라인 강좌인 '효과적 이타주의'도 여기에 포함된다.[40] 학생들에게 효과적인 기부에 대한 직접적인 경험을 제공하기 위해, 나는 학생들이 '기빙 게임Giving Game'에 참여하도록 한다. 기빙 게임은 존 베하Jon Behar가 고안해냈다. 베하는 헤지펀드 사에 근무하면서 기부를 했지만 자신의 기부 대상에 대해서는 진지하게 생각해보지 않았다. 그의 동료 가운데는 우연히 장래에 자선단체 평가단체인 기브웰을 창립하게 될 사람들도 있었다. 그들이 어떤 자선단체가 최고의 선을 이끌어내느냐에 대한 자신들의 연구 성과를 공유하겠다고 했을 때, 베하는 간단한 대화가 자신이 수년 동안 해왔던 것보다 분명히 더 나은 기부 전략으로 이어졌다는 사실에 감명을 받았다. 나중에 그는 자신이 기부에 대해 "아하!" 소리를 내던 그 순간을 재현하고 확장할 방법이 있는지 고민해보았다. '기빙 게임 프로젝트'는 이 문제에 대한 그의 해결책이다. '기빙 게임'은 자선활동을 경험하게 해주는 워크숍이다. 참여자들은 실제 돈(주로 베하가 현재 일하고 있는 TLYCS가 제공)을 기부하면서 배운다. 이 워크숍은 보통 한 시간 정도 진행되며, 그동안 참여자들은 몇몇 미리 선정된 자선단체들을 살펴보고, 각각의 상대적 장점에 대해 토론하고, 어떤 단체에 돈을 줄지에 대해 투표로 결정한다. 이 워크숍은 참여자들이 기부에 대해 적극적이 되고, 지식을 갖추며, 의미 있는 영향을 미칠 수 있도록 장려하기 위해 설계되었다. 전 세계의 교육자들과 지지자들은 기빙 게임을 활용하여 좋은 기부를 가르치고 있으며, 현재 25개국에서 1만 3,000명 이상이 참여했다. 기빙 게임이 가장 흔히 열리는 곳은 대학교지만, 초등학교와 중고등학교에서도 진행되었으며 회의, 기업 모임, 종교기관을 포함한 다양한 다른 환경에서도 실시되었다.

자기 이익 원칙에 도전하기

기업이 기부 활동을 통상적으로 하고, 관대한 개인이 자신이 얼마나 많이 기부했는지 공개적으로 알리고, 소셜미디어에서 기부 아이디어를 공유할 때, 그들은 단지 남들이 따라 하도록 독려하는 것 이상의 일을 하는 것이다. 그들은 서구 문화, 특히 미국 문화의 핵심에 아로새겨진 기본 행동지침, 즉 '자기 이익의 원칙'에 도전한다.

미국 형성기에 미국인의 정신을 날카롭게 관찰했던 알렉시스 드 토크빌Alexis de Tocqueville은 당시에도 그 원칙을 인식했다. "미국인들은 자기 삶의 거의 모든 행위를 자기 이익의 원칙으로 설명하는 것을 즐긴다." 그가 1835년에 쓴 글이다. 그는 미국인들이 이렇게 하면서 자신들의 자선을 과소평가하고 있다고 생각했는데, 그의 관점에서 미국인도 다른 모든 사람처럼 다른 이를 돕고자 하는 자발적이고도 자연스러운 충동에 의해 움직였기 때문이다. 하지만 유럽인과는 대조적으로, 미국인은 "그런 식의 감정에 따라 움직인다는 사실을 인정하려 하지 않았다."[41]

자선활동의 인기가 날로 높아지고 있지만, 일부 집단에서는 아직도 이타주의가 백안시된다. 미국인 사이에서만이 아니다. 영국인인 휴 데이비드슨Hugh Davidson은 캐나다와 유럽에서 사업을 벌이는 플레이텍스Playtex의 사장이며, 마케팅과 경제경영 관련서 몇 권을 써서 호평을 받기도 했다. 그 역시 자선재단을 설립했음에도 그는 이렇게 말한다. "자선가라면, 자선에 돈을 쓰고 있다고 친구들에게 말하지 마라. 바보 취급을 받을 테니까."[42] 이 말이 시사하는 것처럼, 많은 이가 사람은 보통 자기 이익에 따라 움직인다고 믿는 것은 물론이고 그래야만 한다고 믿는다. '…야만 한다'처럼 꼭 도덕적 의무의 색채가 들어가지 않더라도, 적어도 자기 이익을 추구하지 않으면 어리석거나 비합리적이라고 여긴다.

반대로, 자기 이익과 반대로 움직이는 사람을 우리는 의심하는 경향이 있다. 특히 그 행동이 조심스럽게 고려된 것일 때는 더욱 그렇다(가령 지하철 철로에 뛰어들어 달려오는 열차에 치일 사람을 구하는 것처럼 뭔가 충동적인 행동과는 대조적으로). 안젤리나 졸리Angelina Jolie 나 보노Bono, 아말-조지 클루니Amal-George Clooney 부부 같은 유명인들이 빈곤층을 돕는 단체를 지원할 때, 우리는 숨겨진 이기적인 이유를 찾으려 한다. 우리는 그들이 단지 홍보를 위해 저럴 뿐이라고 하는 생각에 쉽게 동의한다. 부정할 여지 없이 이타적인 행동은 우리를 불편하게 한다. 아마도 그것이 우리가 콘서트홀이나 미술관 한 구역의 명명권을 대가로 많은 돈을 기부하는 관행을 너그럽게 웃으며 바라보는 이유일 것이다. 그것은 기부자가 정말로 이타적이지 않다는 것을 확인해주며, 따라서 인간 동기에 대한 우리의 가정을 위협하지 않는다.

몇몇 연구는 우리가 어느 정도까지 타인의 이기적 행동을 예상하는지를 조사했다. 예를 들어, 한 연구에서 학생들은 여성에게만 영향을 미치는 질병에 대한 연구 예산을 대폭 삭감하는 제안에 대해 들었다. 남자 중 몇 %, 여자 중 몇 %가 이 예산안을 거부할지 예측해보라는 질문을 받은 학생들은 성에 따른 영향을 과대평가한 대답을 했다. 마찬가지로, 그들은 거의 모든 흡연자가 담배에 대한 세금 인상과 공공장소에서의 금연 조치에 반대할 것이며, 역시 거의 모든 비흡연자가 이에 찬성할 것이라고 예상했다. 하지만 실제로 사람들의 반응은 자신의 이익과 꼭 맞아떨어지지는 않았다. 심리학자인 데일 밀러

Dale Miller가 말하듯, 이런 공공정책 문제에 대해서는 "사람들이 자기 이익을 크게 중시할 것이라는 일반적인 예상과 달리, 실제로 자기 이익이 미치는 영향은 놀라울 정도로 작다." 더욱이, 쟁점과 관련된 학생들 스스로의 태도 역시 자신의 이익과는 상반될 때가 많았다. 가령 연구에 참여한 남학생들은 여성 관련 질병 대비에 대한 예산을 없앤다는 계획에 스스로는 반대하면서 동시에 대부분의 남성은 찬성할 것이라고 예상했다. 이는 밀러에게 하나의 수수께끼를 던져주었다. "어째서 일상생활에서 거의 확인되지 않는 자기 이익의 원칙이 그렇게 널리 받아들여지는 것일까?"[43]

밀러는 경제학자 로버트 프랭크Robert Frank의 실험에서 그의 의문에 대한 해답을 찾기 시작했다. 학기 초와 말에, 프랭크는 학생들에게 100달러가 들어 있는 봉투를 주웠을 때 돌려주겠느냐고 질문했다. 그 학기에 경제 과목을 들은 학생들은 봉투를 돌려주지 않는 쪽으로 태도가 변했다. 천문학을 수강한 학생들은 그렇지 않았다.[44] 아마도 경제학과 수강생들은 누구나 자기 이익에 따라 움직인다는 인상을 받았을 것이다(경제학자들은 흡연자들이 담배세 인상을 승인하는 것은 그들이 금연하기를 원하고, 세금이 그렇게 하는 것을 더 쉽게 만들어주기를 바라기 때문이라고 주장한다). 하지만 자기 이익의 원칙에 영향을 받고자 경제학을 배워야 할 필요는 없다. 선진국에 사는 모든 사람은 매일같이 돈을 절약하는 법, 더 많이 버는 법, 남에게 더 잘 보이는 법, 지위를 쌓는 법 등의 메시지에 폭격을 맞고 있다. 이는 이것들이 모든 사람이 추구하고 정말로 중요한 것이라는 가정을 강화한다.

자기 이익의 원칙은 매우 강력해서, 그것의 한 버전은 자원봉사자들의 이타심에 의존하는 비영리단체들에서조차 통용될 정도다. 심리학자인 레베카 라트너Rebecca Ratner와 제니퍼 클라크Jennifer Clarke는 '음주운전반대학생협회'의 회원들에게 이 단체에서 자원봉사하는 데 관심이 있는 두 학생의 지원서를 읽어보도록 했다. 한 지원자는 자신의 여동생이 음주 운전자에 의해 사망했다고 말한 반면, 다른 지원자는 그저 이것이 매우 중요한 대의라고 말했다. 지원서의 다른 부분은 동일하고 이 부분만이 달랐다. 회원들은 둘 중에서 자기 누이가 죽었다는 쪽에 더 공감과 지지를 보냈다. 라트너와 클라크는 그 이유를 해당 지원자의 '이기적' 가입 동기를 이해하기 때문이라고 해석했다. 더 일반적인 이타주의적 가입 동기에는 불신이 뒤따랐다. 이 경우에서처럼 많은 다른 경우에도, 겉보기에 이타적인 동기를 가진 사람들에 대한 의심은 비생산적으로 보인다. 이 단체가 음주 운전자 때문에 개인적인 고통을 겪은 상대적으로 적은 수의 사람들에게만 지지를 받는다면, 소기의 목표를 달성할 가망은 없기 때문이다.[45]

통상적인 믿음과는 달리, 일상생활에는 수없이 많은 이타주의와 배려의 행동이 나타난다(비록 그것이, 앞에서 본 심리적 요인들 때문에 세계의 절대 빈곤층을 돕는 데까지는 뻗치고 있지 못할지언정). 그러나 사회학자인 로버트 우스노우Robert Wuthnow는 이타적으로 행동하는 사람조차도 자기 행동을 자기 이익 중심주의로 설명하는(때로는 억지까지 쓰며) 경향이 있음을 알아냈다. 그들은 비영리단체에서 봉사활동을 하면서 그 이유를 "뭔가 좀이 쑤셔서", "바깥 활동이 하고 싶어서" 등이라고 주워섬긴다. 그들은 "돕고 싶었어요"라고 말하기를 꺼렸다.

문학에는 몰리에르Molière의 타르튀프*처럼 실제로는 자기 이익을 추구하면서 이타적인 동기를 가진 척하는 인물들이 많이 등장한다. 반면 실제로는 이타적이지만 자기 이익을 추구하는 척하는 사람들의 문학적 예시는 매우 적고, 내가 아는 한 이들을 묘사하는 단일 단어도 없다. 우스노우는 그의 책 『연민의 행위Act of Compassion』에서 이러한 유형의 인상적인 사례를 제시한다. 잭 케이시Jack Casey가 어떻게 돈을 버는지는 분명치 않다. 그러나 매주 최소한 열다섯 시간은 봉사활동을 한다는 사실은 모두 들어서 알고 있다. 그는 지역 소방서 대원이자 구조대원이었고, 학생들에게 응급치료와 야외활동 안전조치에 대해 가르친다. 한번은 얼음이 군데군데 깔린 호수를 가로질러 헤엄쳐서 한 여성을 살려내기도 했다. 그러나 케이시는 그래도 자신에게는 자신의 이익이 먼저라고 말한다. 구조 활동을 하면서는 "제가 첫 번째이죠. 제 동료가 두 번째고요. 환자는 세 번째입니다"라고 말한다. 다른 사람들을 돕기 위해 구조대에 가입하고 싶다는 사람들의 말을 들을 때, 케이시는 이것이 진실이 아니라는 것을 안다고 말한다. "마음 깊숙이에는 누구나 나름의 이기적인 이유가 있어요. 그들은 사실 자기 자신을 위해 그러는 거죠." 우스노우는 케이시가 이러한 태도를 보이는 이유를 '영웅놀이하는 놈', '착한 체하는 자식', '범생이'처럼 보이기를 꺼리는 데서 찾는다. 한편으로 이런 꺼림은 '지나치게 자선적'인 것

---

* 희곡 『타르튀프Tartuffe』에 등장하는 위선적인 종교인. — 옮긴이

을 백안시하는 사회 규범에서 그리고 '배려는 일종의 유별남이며, 법칙이라기보다 예외다'라는 우리의 믿음에서 비롯된다. 하지만 우스노우가 지적하듯이, 어떤 형태로든 자원봉사에 참여하는 미국인이 매우 많기 때문에 그것을 두고 통계적으로 유별나다고는 할 수 없다. 단지 자기 이익 우선이라는 지배적인 규범에 비추어서만 유별날 뿐이다.[46]

우리 주변에는 사람이 자기 이익과는 동떨어진 이유로도 움직인다는 증거가 그 밖에도 셀 수 없이 많다. 그들은 다시는 가지 않을 레스토랑에서, 때로는 다시 방문할 것 같지 않은 도시에서도 팁을 남긴다. 그들은 자신이 혈액이 필요할 때 받을 가능성을 전혀 높이지 않음에도 낯선 사람들에게 헌혈을 한다. 그들의 한 표가 균형을 바꿀 가능성이 극히 적음에도 선거에서 투표를 한다. 이 모든 것은 자기 이익의 원칙이 이데올로기적 신념일 뿐이며, 우리가 일상에서 마주치는 인간 행동과 맞지 않음을 시사한다. 그러나 우리는 자기 이익을 추구하는 것이 '정상'이라는 생각에 사로잡혀 있다. 우리 대부분은 다른 모두가 하는 대로 맞춰서 행동하고자 하므로, 우리는 동정해서 한 행동을 애써 이기적인 행동인 듯 포장해서 말한다. 그 결과, 자기 이익의 원칙은 재확인된 듯싶고, 따라서 그 행동은 계속될 수 있다. 이 생각은 자기 강화적이면서도 사회적으로 해롭다. 왜냐하면 아무도 이타적으로 행동하지 않는다고 믿으면 우리 자신도 그렇게 할 가능성이 적어지기 때문이다. 여기서 자기 이익의 원칙은 자기충족적 예언이 된다.

모든 인간은 자기 이익 때문에 행동한다는 주장으로 유명한 17세기의 철학자 토머스 홉스 Thomas Hobbes는 어느 날 런던 거리를 걷다가

거지에게 동전 한 닢을 주었다. 이 위인의 본성을 알고 싶어 열심이던 동행자는 홉스에게 그가 방금 스스로의 이론을 깨트린 게 아니냐고 물었다. 홉스는 아니라고 대답했다. 그 가난한 사람이 좋아하는 걸 보는 게 스스로를 흡족하게 하므로 돈을 주었다는 것이다. 홉스는 이처럼 자기 이익의 개념을 넓혀 관대함이나 연민과 양립할 수 있게 함으로써 자신의 이론이 반박되는 것을 피했다. 이는 자기 이익에 넓은 의미와 좁은 의미가 있다는 것을 일깨워준다. 인간이 진정한 이타심을 가질 수 있는지에 대한 해묵은 논쟁은 실제적인 측면에서 우리가 우리 자신의 '이익'을 어떻게 이해하는가라는 질문보다 덜 중요하다. 그것을 좁게 이해하여, 우리 자신을 위해 부와 권력을 쌓는 데 집중할 것인가? 온갖 값비싼 물건을 무더기로 사들이며 경제적 성공을 자랑하는 라이프스타일로 우리의 이익이 가장 잘 달성될까? 아니면 남을 돕는 데서 오는 만족감도 이익에 포함해야 할까? 앞서 본 대로, 롭 켈돌리스는 기업의 순수익 절반이 자선단체로 가도록 비브코트 트레이딩 사를 설계했다. 단지 자신만을 위해 돈을 버는 트레이더였을 때보다 더 고귀한 목적을 이룰 수 있었고, 더 큰 성취감을 얻을 수 있었기 때문에 그렇게 했다. 나는 그를 자기 이익을 우선시하는 이기적인 사람이라고 묘사하고 싶지 않다. 그러나 당신이 그렇게 생각한다면, 나는 그런 식의 이기적인 사람이 더 많아질 필요가 있다고 말하겠다.

THE LIFE YOU CAN SAVE

3부

**타인을 돕는
최선의 방법**

6장

한 생명을 구하는 데 얼마면 될까?

극한의 빈곤에 처한 사람들을 구하는 데 좀 더 힘써야 한다는 주장에는 우리가 하려고만 하면 그렇게 할 수 있고 적절한 비용으로 그렇게 할 수 있다는 전제가 깔려 있다. 하지만 정말 할 수 있을까? 그렇다면, 어떤 단체에 기부해야 할까? 이는 모든 기부자가 스스로 물어야 할 질문이다. 하지만 미국 기부자의 38%만이 뭔가라도 조사를 해보고 기부하며, 9%만이 비영리단체끼리 비교를 해본다.[1] 아마 아무 조사 없이 기부하는 사람들은 어떤 자선단체가 더 나은지 알아내기란 너무도 어려울 것이라 여기고, 그래서 일단 눈이 가는 대로 기부하지 않을까 싶다.

다행히도, 좋은 기부 대상을 찾아내기가 전에 없이 쉬워진 상태다. 이는 부분적으로는 2006년, 미국의 투자 자문회사인 브리지워터 어소시에이츠Bridgewater Associates에서 일하던 몇몇 젊은 애널리스트들이 그들의 놀랄 만큼 높은 수익의 일부를 자선단체에 기부하기로 정한 덕분이다. 그런데 어떤 자선단체에 기부해야 할까? 그들은 모두 의견이 달랐지만, 헤지펀드의 투자 가능성을 분석하며 일과를 보내는 그들로서는 기부한 돈으로 최대한의 선행을 할 수 있는, 즉 최고의 수익률을 낼 수 있는 자선단체를 찾고자 한 것은 당연한 일이었다. 그들은 각자가 선호하는 자선단체에 메일을 보내서 거액의 기부금을 받으면 무엇을 할 것인지 질문했다. 그리고 그들 중 한 사람이 다음과 같이 표현한 것처럼 모두가 똑같은 답변을 받았다. "흔해빠진 마케팅 광고 같은 거였죠. 아시죠? 행복한 양들, 행복한 아이들 사진만 눈에 들어오고, 다르게 보면 도무지 쓸모없는 것 말입니다." 그래서 그들은 자선단체들에 직접 전화를 걸어 그들이 돈을 어떻게 사용하는지, 그 돈이 의도한 대로 쓰이고 있다는 어떤 증거가 있는지에 대해 상세한 질문을 하기 시작했다. 그런데 명확한 대답을 듣기가 무척이나 어려웠다. 한 비영리단체 대표는 그들이 독점 정보를 훔치려 한다고 비난했다. 또 한 곳에서는 그들이 찾고 있는 정보는 기밀 사항이라고 대답했는데, 이는 기부금으로 단체가 무엇을 달성하고 있는지 기부자들이 알기를 원하지 않는다는 것을 암시했다.

    이 투자 분석가들은 자선단체들이 효과성에 대한 피상적이고 잠재적으로 오해의 소지가 있는 지표들을 넘어서는 질문들에 대해 얼마나 답변할 준비가 되어 있지 않았는지를 보고 경악했다. 결국 그들은 자신들에게 꽤 놀라운 것처럼 보이는 사실을 깨달았다. 그들이 원하는 정보를 자선단체에서 얻을 수 없는 까닭은 자선단체가 그런 정보를 가지고 있지 않기 때문이었다. 대부분의 경우, 자선단체도 독립기관independent agency*도 주요 기부자들이 기부 관련 결정을 내리기 전에 참조했을 것이라고 가정했던 종류의 제대로 된 효과성 평가를 하고 있지 않다. 만약 정보가 없다면, 개인 기부자나 주요 재단 모두 자신들이 내는 돈이 어떤 효과를 가져올지 거의 모르는 상태에서 거액을 기부하고 있었다는 뜻이다. 어떻게 수천억 달러가 그 돈으로 선을 행하고 있다는 증거 하나 없이 지출될 수 있었을까?

이 애널리스트 가운데 두 사람, 홀든 카르노프스키Holden Karnofsky와 엘리 해센펠드Elie Hassenfeld가 뭔가 해보기로 했다. 그들은 자선 기부의 투명성과 효과성을 개선하는 데 전념하는 비영리단체인 기브웰을 설립했다. 처음에는 여가 시간에 이 단체를 운영할 계획이었다. 하지만 곧 이 과제에 전념할 필요가 있다는 것이 분명해졌고, 이듬해 동료들로부터 30만 달러를 모금한 후 그들은 헤지펀드 일자리를 떠나 기브웰에서 전임으로 일하기 시작했다.[2]

정말 효과적인 자선단체 찾기

자선단체가 받은 돈을 어떻게 사용하는지, 그리고 그 돈이 행정 비용이 아닌 실제로 도움이 필요한 사람들에게 얼마나 전달되는지에 대한 의구심을 표현하는 이야기를 들어보았을 것이다. 사람들이 자기가

---

* 정부조직에 일정하게 소속되지 않으며 공적인 일을 맡아보는 기관으로, 미국의 경우에는 각종 위원회, 공기업 등을 지칭한다. 한편 한국에서는 행정부에 소속되지 않은 정부기구를 뜻하며 국회, 대법원, 중앙선거관리위원회, 헌법재판소가 이에 해당된다. — 옮긴이

낸 돈이 어떻게 쓰이는지 궁금해하는 것은 좋은 일이다. 하지만 많은 사람이 지원할 단체를 선택할 때 행정과 모금에 돈을 쓰지 않는 것이 가장 중요한 고려 사항이라고 믿는 것은 안타까운 일이다.

기브웰이 세워지기 전에는 2001년 창립된 '채리티 내비게이터Charity Navigator'가 있었는데, 이 기관은 '미국 최대이자 가장 많이 활용되는 자선단체 평가기관'이라고 주장한다. 이곳은 각 자선단체가 운영비와 모금활동비에 얼마를 지출하는지를 포함한 유용한 정보를 모은다. 웹사이트에서는 '완벽한 자선단체' 목록도 제공하는데, 100점 만점을 기록한 1%의 자선단체 목록이다. 그렇다면 이 100점 만점의 자선단체란 기부금을 가장 잘 선용한 자선단체라는 뜻인가? 그러나 그렇지는 않다. 채리티 내비게이터는 다음과 같이 말한다.

이 목록에 있는 뛰어난 자선단체들은 비윤리적 활동의 가능성을 최소화하는 좋은 관리와 기타 다른 모범 사례들을 준수하면서 재정적으로 책임감 있게 그들의 사명을 수행한다. 각 단체는 재정 건전성과 책임성 & 투명성에서 완벽한 점수를 받았다.[3]

어떤 자선단체가 재정적으로 매우 양호하고, 관리를 잘하며, 투명성과 책임성을 잘 갖추고 있고, 비윤리적인 행동을 하지 않는 것, 그것은 기본이다. 하지만 전부일 수는 없다. 그리고 그것은 카르노프스키와 헤센펠드의 핵심 질문인 "우리가 낸 돈으로 이 자선단체는 얼마나 많은 선을 행하고 있는가?"에 대한 답이 되지는 않는다.

이들에게 제시된 수치가 전체 이야기를 다 말해주지 못하는 이유 중 하나는 그것이 자선단체가 직접 작성하여 세무당국에 제출하는 양식에서 가져온 수치이기 때문이다. 아무도 그 양식이 제대로인지 따지지 않으며, 운영비와 프로그램 경비 사이의 현저한 차이 같은 것은 약간 '창조적인' 회계로 분식될 수 있다. 예를 들어, 단체 본부에서 일하는 직원이 일상적인 사무 업무와 함께 원조 프로그램에 대한 행정 업무도 일부 수행할 수 있는데, 이 경우 그들의 시간은 대부분 원조 프로그램에 할당되어 급여의 상당 부분이 사무실 비용이 아닌 원조 예산의 일부로 항목화될 수 있다. 하지만 자선단체가 성금의 얼마를 운영비에 쓰느냐에 중점을 두고 있는 현 상황에서, 더 중요한 문제는 그런 숫자가 자선활동의 실제 효과를 알려주지 않는다는 데 있다. 사실 운영비 비율을 낮게 유지하려는 압박은 해당 단체를 덜 효과적이게 만들 수 있다. 가령 세계 빈곤을 줄이기 위해 일하는 단체가 각 국가별로 전문지식이 있는 직원들을 감축하면, 운영비는 절감될 것이며 성금 중에서 더 많은 비중을 구호활동에 쓰는 것처럼 보이게 된다. 그러나 전문가들을 해고함으로써 결국에는 기금 프로젝트 자체가 실패로 돌아갈 수 있다. 프로젝트의 실패는 드러나지 않을 수도 있는데, 프로젝트를 평가하고 실수에서 배우려면 고도의 전문 능력이 있는 직원이 필요하기 때문이다. 그들을 고용하면 운영비가 늘어난다.

마찬가지로, 최고경영자에게 고액 급여를 제공하면 운영비가 늘어난다. 하지만 수천만 또는 수억 달러를 모금하고 지출하는 큰 조직의 경우, 그저 괜찮은 최고경영자가 아니라 뛰어난 최고경영자를 선임하면 모금액을 늘리거나 더 효과적인 행정을 통해 수백만 달러의 자금을 절약할 수도 있다. 따라서 고액 급여로 탁월한 최고경영자(어차피 영리 부문에서 훨씬 더 많이 벌 수 있는)를 끌어들일 수 있다면, 그 경우는 돈을 잘 쓴 것이라고 볼 수 있다.

하지만 채리티 내비게이터에서 100% 평가를 받은 자선단체들 중에는 재정 건전성, 책임성, 투명성 점수가 100%에 미치지 못하는 다른 비영리단체들보다 실제로는 훨씬 적은 선을 행하는 조직들이 있다. 여기에는 매우 중요한 이유가 있다. 앞에서 든 채리티 내비게이터 자체의 언급을 되새겨보자. 그 목록의 단체들은 채리티 내비게이터가 설정한 재정 건전성, 책임성, 투명성에 있어서 '그들의 사명을 완벽하게' 수행했다. 그렇지만 적어도 아주 최근까지도 채리티 내비게이터는 그러한 사명이 무엇인지 묻지 않았다. 그 사명이 미국 국세청에서 이 단체에 자선단체 지위를 부여할 만큼의 선행이라면, 채리티 내비게이터로서는 그것으로 충분했다.

최근 채리티 내비게이터는 다행히도 효율성의 척도로서 간접비 비율을 강조하던 이전의 입장에서 벗어났다. 2013년, 이 단체는 가이드스타GuideStar, BBB 기부연맹BBB Giving Alliance과 함께 '간접비 신화 종식' 캠페인에 참여하여 '재무 비율이 비영리단체 성과의 유일한 지표라는 잘못된 인식'과 싸우기 시작했다. 이 단체는 나중에 미국의 비영리단체들에 '정말로 중요한 것', 즉 '세상을 더 나은 곳으로 만들기 위해 무엇을 하고 있는지'[4]에 주목해달라고 촉구했다. 간접비 신화를 없애려는 노력은 분명 절실히 필요하다. 기부자 행태에 대한 2010년의 한 보고서에서는 '좋든 나쁘든, 기부 전 자선단체에 대한 정보를 찾을 때 기부자들이 찾는 정보 중 1위가 간접비 비율'이라는 사실이 드러났다.[5] 만약 이러한 변화에의 노력이 성공한다면, 비영리단체들이 영향력 정보를 보고하고 기부자들이 이에 주목하도록 장려하는 데 극적인 효과를 가져올 수 있을 것이다. 이는 비영리 부문의 동기 부여를 근본적으로 개선할 것이다.

우리가 낸 돈으로 자선단체들이 실제로 무엇을 하는지 묻기 시작하면, 이 질문에 초점을 맞추는 것이 얼마나 중요한지가 곧바로 명확해진다. 일부 자선활동 영역은 다른 영역보다 달러당 수백 배 또는 심지어 수천 배 더 큰 혜택을 제공한다. 나는 진짜 자선단체와 사기업체를 비교하고 있는 게 아니다. 진짜 자선단체끼리 비교할 때 그런 차이가 난다. 토비 오드가 제시한 이 예시를 살펴보자. 부유한 나라에서는 시각장애인에게 안내견을 제공해주는 자선단체가 있다. 좋은 취지다. 그렇지 않은가? 분명 앞을 못 보는 사람이 이동할 때 도움이 되는 훈련된 개를 붙여주는 것은 좋은 일이다. 하지만 비용이 만만찮다. 미국의 경우, 그런 개 한 마리를 "번식시키고, 키우고, 훈련시키고, 매칭하는" 데 약 5만 달러가 든다.[6] 자, 시각장애인에게 안내견을 제공하는 일이 선이라면, 애초에 시각을 잃지 않도록 예방하는 일은 그보다 더 큰 선이다. 그렇지 않은가? 시각장애인에게 시력을 찾아주는 일 또한 안내견을 제공하는 일보다 낫다. 시각을 잃은 사람에게 물어보라. "안내견을 얻길 바라세요, 아니면 시각을 되찾길 바라세요?" 그런데 5만 달러 이하의 돈으로 우리는 세계적으로 가장 흔한 실명 원인인 트라코마로 인해 사람들이 시각장애인이 되는 것을 예방할 수 있고, 백내장으로 인해 시각장애인이 된 사람들의 시력을 회복시킬 수 있다. 예방 가능한 실명 원인 가운데 세계적으로 가장 흔한 트라코마 발병을 예방하는 비용은 7.14달러로 추정된다(그 수치가 2006년도 것이기는 해도). 또한 트라코마를 치료하는 수술비는 27~50달러로 추산된다. 백내장 때문에 실명하는 노인들의 경우, 백내장을 제거하고 시력을 되찾아주는 안전하고 간단한 수술이 있으며 수술을 하는 데 50달러 정도밖에 들지 않는다.[7] 간단한 계산만으로도 시각장애인 한 사람에게 안내견 하나를 붙여주는 비용을 세바나 프레드할로스 재단에 기부하면 적어도 1,000명의 시각장애인이 시력을 되찾는 수술을 받거나 비슷한 숫자의(2006년부터 비용이 일곱 배 늘었다는 보수적인 추정을 감안하더라도) 트라코마 피해에 따른 실명을 예방할 수 있음을 알 수 있다.

실명을 예방 또는 치료하는 비용과 안내견을 시각장애인에게 제공하는 비용 사이의 격차는 저렴한 개입은 저소득 국가에서만 필요하다는 사실에서 비롯된다. 트라코마는 덥고 먼지가 많은 곳에서 살면서 섭생 수준이 열악한 사람들의 문제다. 부유한 국가들에서는 드물지만 트라코마가 발생하더라도 보편적 건강보험이 있어서 치료를 받을 수 있고 실명으로 이어지지 않을 것이다. 그와 비슷하게, 고소득 국가의 국민이 백내장에 걸려 시력이 약화되면 손쉬운 제거 수술을 받는다. 심지어 보편적 의료 서비스를 제공하지 않는 유일한 부유국인 미국에서조차 65세 이상의 국민은 메디케어를 통해 무료 의료 서비스를 받고, 65세 미만이지만 정말 가난한 사람들 역시 메디케이드 혜택을 받는다. 고소득 국가에서는 국민 건강 개선에 있어서 손쉬운 성과는 이미 모두 달성되었다.

비용 효과성이 가장 높은 자선단체 찾기

홀든 카르노프스키와 엘리 해센펠드가 기브웰을 시작했을 때, 처음 한 일은 자선단체를 대상으로 다섯 개의 광범위한 인도주의적 범주에서 각각 2만 5,000달러의 보조금을 신청하도록 하는 것이었다. 신청 과정에서 단체들은 각자의 목표를 이루기 위해 계측 가능한 발전을 하고 있으며, 그에 따른 비용은 각각 얼마라는 내용의 정보를 제공해야 했다. 이는 자선단체들이 자신들이 하는 일의 효과성을 평가하도록 장려하는 동시에, 각 범주에서 가장 효과적인 자선단체에 자금을 전달하기 위한 것이었다. 창립한 지 얼마 안 되어 자원이 부족하고 연구조사 여력도 없는 단체로서, 자선단체가 자신들의 효과성을 입증하는 작업을 하도록 하는 시도는 합리적이었다. 하지만 이는 부분적으로만 성공했다. 2007년, 기브웰은 그 다섯 범주 가운데 '아프리카 생명 살리기'에 지원한 단체들의 조사 결과를 공개했다. 지원한 59개 단체 중 열여섯 개만이 적절한 정보를 제공했다.[8] 나머지 단체는 자신들의 활동을 글로 풀어서 설명하거나, 특정 프로젝트에 대한 신문 기사를 제출했지만, 그들의 활동으로 몇 명이 혜택을 받았는지, 어떤 식의 혜택이었는지, 그에 따른 비용은 얼마였는지를 자세히 밝히지 않았다.

초창기에 기브웰은 저소득 국가의 빈민 돕기 프로그램과 미국의 빈민 돕기 프로그램을 모두 비용 효과성 분석의 대상으로 삼았다. 그러나 곧 그들은 이 책에서 이미 다른 이유들로 인해 전자에 집중하기로 했다. 부유한 국가들에서는 빈곤층조차도 기본적인 필요를 충족시킬 만한 수입이 없는 상태로 정의되는 극빈 상태에 있지 않기 때문이다. 더 중요하게는, 부유한 국가의 사람들의 생명을 구하고 개선하는 데는 하루 2달러 이하로 살며, 안전한 식수, 위생시설, 어떤 형태의 식품권이나 사회복지 급여, 또는 기본적인 의료 서비스도 없이 살아가는 사람들의 생명을 구하는 것보다 훨씬 더 많은 비용이 든다. 이처럼 범위를 좁혀 초점을 맞추더라도, 좋은 데이터의 부재는 기브웰이 극빈층을 돕는 데 가장 효과적인 개입이 무엇이고 어떤 단체들이 가장 낮은 비용으로 그것을 제공하는지 알아내기 위한 연구원 팀을 고용할 수 있는 수단을 찾아야 한다는 것을 의미했다.

다행히도, 이 책의 초판을 읽은 많은 독자가 기브웰에 대해 알게 되고 재정적 지원에 나서주었다. 그 가운데는 기브웰이 직면한 난제를 해결해줄 만한 힘을 가진 특별한 부부도 있었다. 더스틴 모스코비츠는 페이스북의 공동창업자로서 부유해졌고, 그 부인인 카리 투나는 이 부부의 부를 최대한 보람 있게 사용하려는 노력을 주도하고 있다. 모스코비츠의 말처럼, "카리와 저는 이 자금의 관리인인 거죠. 지금은 우리 옆에 쌓여 있지만, 세상 사람들의 소유예요. 우리가 이런 태도를 완벽하게 적용하지는 못했지만, 그래도 매우 열심히 노력합니다."[9] 투나는 기부를 시작하고 읽은 책들 가운데 이 책이 포함되어 있었고, 덕분에 그녀와 모스코비츠가 자선활동에 접근하는 방식이 틀을 잡았다고 했다.[10] 이 부부는 기브웰의 엄격한 실태조사와 증거 기반 접근법에 끌렸다. 투나는 2011년 기브웰 이사진에 합류했고, 이 부부가 세운 재단인 굿벤처스는 얼마 뒤 기브웰의 주요 후원자가 되었다. 덕분에 자선재단 실태조사 역량은 현저히 증대되었다. 반면에 굿벤처스는 기브웰의 연구를 주요하게 활용하여 기부의 영향력을 더 높였다.

굿벤처스와 기브웰의 관계는 계속 변화하고 발전해가고 있다. 가장 주목할 만한 것은 그들이 파트너십을 맺고, 카르노프스키를 CEO로 하는 '오픈 필란트로피 프로젝트Open Philanthropy Project'를 설립한 것이다. 이 프로젝트의 취지는 '최대한 효과적으로 기부하고, 우리가 알아낸 사실을 널리 공유하여 누구나 우리와 같은 식으로 할 수 있도록'[11] 하는 데 있다. 기브웰의 전통적인 영역인 극빈층을 돕는 자선단체들에 국한하지 않고, 오픈 필란트로피는 벤처캐피털 투자자들이 잘 쓰는 전략을 응용했다. 리스크를 대비하며, 많은 실패를 상쇄하고도 남을 소수의 큰 성공을 노리는 것이다. 물론 모든 기부자가 이러한 전략을 추구할 수 있는 위치에 있지는 않으며, 그들을 위해 하센펠드가 이끄는 기브웰은 극빈자를 돕는 가장 비용 효과성이 좋은 방법을 선택할 수 있도록 활용 가능한 최선의 증거에 기반해서 계속해서 추천을 해준다.

기브웰의 성장은 놀라웠다. 이 책의 이번 10주년 기념판이 나올 무렵, 기브웰은 세계 보건과 빈곤 감소를 위해 일하는 추천 자선단체들에 대한 5억 달러 이상의 기부에 영향을 미쳤을 것이다. 기쁘게도, 이 성장은 예비 기부자에게 참고 정보를 제공하는 다른 단체들의 성장과 더불어 이루어졌다. 그런 단체로는 '영향력 감사'를 비롯한 여러 효과 평가 활동을 수행하는 임팩트매터스ImpactMatters, 매년 '기부 가이드'를 발행하는 하이임팩트필란트로피High Impact Philanthropy 등이 있다.[12] TLYCS는 특히 기브웰과 임팩트매터스의 추천에 많이 의존하고 있다.

한 사람을 구하는 데 실제로 얼마가 드는가

인명 구하기를 그 규모로만 보면, WHO가 시작한 캠페인을 능가하기는 어렵다. WHO는 1948년에 설립된 유엔 산하기관으로서 전 세계 보건 문제에서 주도적인 역할을 해왔다. 다음 장에서 천연두 퇴치를 위한 WHO의 리더십을 더 자세히 살펴보겠지만, 여기서는 2000년부터 2017년 사이에 2,110만 명의 사망을 예방한 것으로 추정되는 홍역 예방접종 국제 캠페인만 언급해도 충분하다. (안타깝게도 예방접종의 공백과 백신이 안전하지 않다는 거짓 소문의 영향으로 2016년 이후 홍역 발생률이 증가했다.)[13] 홍역 예방 프로그램의 성공에도 불구하고, 우리는 WHO가 그만한 자원을 들여 그런 정책을 펼친 일이 최선이었는지를 따져볼 수 있다. 그 캠페인의 비용은 얼마였으며, 비용당 얼마만큼의 인명을 구했는가? 이런 문제에 대한 답을 찾기 전에는, 우리의 돈을 어떻게 효과적으로 기부할지도 말하기 어렵다.

자선단체들은 종종 아주 적은 금액으로도 한 생명을 구할 수 있다고 제시하는 수치를 발표한다. 가령 WHO는 설사병이나 그 합병증으로 죽는 연간 160만에 달하는 사람을 경구 수분 보충 요법이라는 놀랍도록 간단한 처방으로 구할 수 있다고 추정한다. 깨끗한 물 한 주전자에 소금 한 큰술, 설탕 한 움큼을 녹여 마시는 방법이다.[14] 몇 센트밖에 되지 않는 이 '약'이 사람들이 알기만 하면 생명을 살리는 영약이 될 수 있다. 이와 비슷하게, 기독교아동복리회 ChildFund.org는 그 웹사이트 방문자들에게 '모기장 하나를 기부하면 한 사람을 살릴 수 있습니다'라고 말한다. 그 모기장 값은 11달러다.[15]

그런 수치를 곧이곧대로 받아들일 수 있다면, 기브웰의 일은 별로 힘들지 않을 것이다. 아프리카에서 가장 낮은 비용으로 생명을 구할 수 있는 단체를 알아내려면 단순히 가장 낮은 수치를 고르기만 하면 될 것이다. 그러나 이런 낮은 수치들이 분명 자선단체들의 기부자 유치 노력에서 중요한 부분이기는 하지만, 한 생명을 구하는 진짜 값을 정확히 나타내지는 않는다.

기브웰은 경구 수분 보충 요법으로 설사병을 치료해 생명을 구하는 비용에 대한 정보에서 주요한 격차를 발견했다. 그 요법 자체에는 몇 센트밖에 들지 않지만, 한 아이가 아플 때 그 가정, 촌락에 요법을 제공하고 해당 가족에게 요법을 교육하는 비용이 든다. 2006년의 한 연구에 따르면, 설사와 그 치료법에 대한 교육을 제공하여 생명을 구하는 비용은 질병이 가장 흔한 지역에서는 14달러에 불과하지만, 설사가 덜 흔한 지역에서는 500달러에 이를 수 있다.[16] 이 모든 요소를 고려하여, 2006년 경제학자인 윌리엄 이스털리 William Easterly는 WHO의 말라리아-설사병-호흡기감염-홍역 퇴치 프로그램이 한 명을 구하는 데 대략 300달러가 필요하다고 추산했다.[17]

좀 더 최근 수치가 나와 있는 다른 사례로, 말라리아가 창궐하는 지역에 모기장을 나눠 줘서 생명을 구하는 비용을 따져보자. 모기장을 잘 쓴다면 자는 동안 모기에 물리지 않을 것이며, 따라서 말라리아에 걸릴 위험이 줄어들 것이다. 하지만 모기장 하나가 반드시 한 생명을 구한다고는 볼 수 없다. 모기장을 받은 다수의 아이는 모기장 없이도 살아남았을 것이다. 한 생명을 구하기 위해 얼마나 많은 모기장을 나눠 줘야 하는지 알 수 없는 이상, 모기장 분배 사업으로 생명을 구하는 비용은 산출할 수 없다. 이 점을 고려해, 지금(2019년) 기브웰은 말라리아 퇴치 재단의 모기장 분배 사업의 경우 한 생명을 살리는 데 필요한 비용의 중간값이 3,000에서 5,000달러 사이라고 추산한다.[18]

최고의 자선단체들

지난 10년 동안 기브웰은 실증적 증거를 기준으로 삶의 결과를 개선하는 활동을 하는 자선단체들을 찾기 위해 많은 심층 조사를 수행했다. 다음은 이 책을 쓰는 시점에서 기브웰과 TLYCS가 최고의 단체로 추천한 자선단체들의 일부다(다만 이 두 단체 모두 매년 최신 자료를 반영하여 추천 목록을 업데이트하므로 기부하기 전에 그들의 웹사이트를 확인하라).

말라리아 예방

열대 및 아열대 지역에서 말라리아는 건강, 생명, 생활 그리고 국가 경제에 큰 피해를 주는 요인이다. 매년 2억 명 이상이 감염되며, 43만 5,000명 정도가 사망한다. 그런 사망자의 61%가 5세 이하의 아이들이며, 이에 따라 말라리아는 아프리카의 유아 사망에서 주된 원인이 되고 있다.[19] 비록 생명까지는 빼앗지 않더라도, 말라리아는 아동의 인지 발달에 피해를 줄 수 있다. 또한 임산부에게도 매우 위험하다. 다른 성인들은 끔찍한 불쾌감, 무기력함과 고열에 시달린다. 나는 학생 시절 뉴기니에서 걸려보았기 때문에 그 증세를 아주 잘 안다. 효과적인 약 처방이 없으면 후유증이 여러 해 동안 이어질 수 있다.

유독 말라리아 발생률이 높은 아프리카의 사헬 지대에서 말라리아 콘소시엄Malaria Consortium은 '계절성 말라리아 화학 예방Seasonal Malaria Chemoprevention'이라고 불리는 프로그램을 활발히 전개하고 있다. 이 프로그램에서는 말라리아가 극에 이르는 시기에 아동들에게 4개월간 매달 1회 항말라리아 약물을 투여한다. WHO는 계절성 말라리아 화학 예방으로 말라리아 발작과 중증 사례의 발생이 약 75% 감소했다고 보고했다. 그리고 그 덕분에 수백만 건의 발병이 예방되었으며 아동 사망 수천 건이 감소했다고도 했다. 말라리아 컨소시엄은 발병 위험이 높은 우기 동안 이 치료를 제공하는 총 비용이 아동 1인당 3.40달러에 불과할 것으로 추정한다.[20]

말라리아를 예방하는 또 하나의 검증된 방법은 이미 언급했다. 모기장을 나눠 주고, 해당 가정에서 그것을 잘 활용하도록 교육하는 것이다. 말라리아 퇴치 재단은 모기장을 매우 효율적으로 분배하며, 처음 나눠 준 가정을 대상으로 배포된 모기장이 얼마나 많이 사용되고 있는지, 그리고 모기장이 제대로 사용되고 있는지 확인하기 위한 감사를 수행한다. 말라리아 퇴치 재단의 모기장은 단 2달러이며, 각 모기장은 두 사람이 3년 동안 쓸 수 있다. 다른 비용에 대한 후원자들의

지원 덕분에 이 재단은 대중의 기부금을 오로지 모기장 구입에만 사용할 수 있다.[21]

비타민 A 보충

비타민 A 결핍은 아동의 예방 가능한 실명의 주된 원인이며, 심각한 감염으로 인한 질병과 사망의 위험을 증가시킨다.[22] 헬렌 켈러 인터내셔널은 비타민 A 영양제를 대량 보급함으로써 실명을 예방하고 지역사회의 보건 수준을 높이는 데 힘쓰고 있다. 영양제 보급 비용은 1달러 미만이며, 따라서 헬렌 켈러 인터내셔널의 비타민 A 영양 보충 프로그램이 기브웰의 최고 추천 리스트에 오르고(2018년) TLYCS의 추천도 받은 것은 놀랍지 않다.

영양실조 예방

WHO는 요오드나 비타민 A와 같은 필수 미량영양소의 광범위한 결핍이 저소득 국가 사람들의 건강과 성장을 위협하고 있다고 밝혔다. 아동과 임산부가 특히 취약하다.[23] 아동의 경우 그런 결핍은 사망을 초래할 수 있을 뿐만 아니라 키와 뇌 발달 저하를 포함한 다양한 쇠약성 질병과 장애로 이어질 수 있다. 간단하고 저렴한 기본적인 영양 지원은 수많은 위기 상태의 사람들에게 더 건강한 삶을 제공할 수 있다.

'건강 아동 프로젝트 Project Healthy Children'는 2018년 기브웰의 '주목할 만한 자선단체' 목록에 올랐으며, TLYCS의 추천도 받았다. 필수 미량영양소가 부족할 뻔한 사람들에게 영양 강화 식량을 보급한 공로였다. 디지털 기술 덕분에 외딴 지역에서도 효율성을 높일 수 있어, 1인당 연간 평균 비용이 26센트에 불과한 것으로 추정된다. 전 세계에서, 건강 아동 프로젝트의 영양 강화 식량 보급 프로그램은 5,500만 명 이상에게 혜택을 주었으며 2025년까지 1억 명에게 혜택을 준다는 목표를 갖고 있다.[24]

건강한 행동방식 이끌기

기브웰의 '주목할 만한 자선단체'로 선정되고 TLYCS의 추천도 받은 또 하나의 단체로 디벨롭먼트 미디어 인터내셔널Development Media International, DMI이 있다. 이 단체는 지소득 국가 사람들의 행동방식을 변화시켜 그들의 건강 상태를 개선하고자 한다. 이를 위한 주요 수단은 지역 라디오 방송국을 통한 광고다. 2018년, DMI는 부르키나파소에서 실시한 무작위 시험의 결과를 발표했는데, 이는 대중매체가 건강 행동을 변화시킬 수 있다는 것을 입증했다.[25] 이 실험에서 일곱 개 지역 라디오 방송국은 하루에 10회씩 연중 무휴로 짧은 광고 프로그램을 송출했다. 임신하면 산전관리센터를 찾아가라, 이러저러한 증세는 각각 말라리아, 폐렴, 설사병 등의 증세니 병원에 가보라는 등의 행동 독려 광고였다. 다른 일곱 개 지역에서는 그런 라디오 방송을 하지 않았다. 독립적으로 평가된 시험은 캠페인 1년 후, 말라리아, 폐렴, 설사가 있는 아동들이 의료 시설을 찾은 수가 대조 구역과 비교하여 각각 56%, 39%, 73% 증가했음을 보여주었다. 3년 동안 이 캠페인을 실시하고 난 뒤의 분석 결과, 5세 미만 아동 2,967명과 39명의 성인 여성의 생명을 구할 수 있었다. 광고비가 저렴하여 한 생명을 구하는 데 756달러밖에 들지 않았고, 이는 그곳이 어디든 매우 비용 효율적인 생명 구조 방법 중 하나이다. 더구나 이 연구는 인구 밀도와 미디어 보급률이 더 높은 다른 아프리카 국가들의 경우 비용이 이보다 낮아질 것으로 예상했다. 가령 말라위의 경우, 한 생명을 구하는 데 필요한 비용은 196달러로 추산되었다.[26]

여러 통계 수치를 언급했지만, 4장에서 보았듯이 피해자(이 경우에는 수혜자)가 식별 가능할 때 사람들이 행동할 가능성이 더 높다. 따라서 간단한 라디오 방송 메시지가 자기 딸의 목숨을 살려냈다는 어느 아버지 이야기를 공유하고자 한다.

제 이름은 티반디바 랑코안드이고, 내 딸은 마리에타라고 합니다. 3년 전, 아내가 들에서 일하는 동안 마리에타를 밖에서 재웠지요. 집에 들어왔을 때 마리에타는 고열에 시달렸어요. 우리는 그 애가 저주에 걸렸다고 생각했습니다. 여기 사람들은 밖에서 자는 중 새가 그 위로 날아가면 그렇게 된다고 믿는답니다. 저는 옛 방식을 쓰는 치료사에게 찾아갔고, 가진 돈을 다 털어서 전통 요법과 시장에서 파는 약재를 썼습니다. 하지만 변화는 없었고 엿새째에 우리 아이는 의식불명 상태에 빠지고 말았습니다. 그날 밤, 이웃 사람이 찾아왔는데 그가 마침 휴대용 라디오를 듣던 중이었어요. 그때 라디오에서 아이가 말라리아에 걸리면 어떤 증세가 나타나는지, 이런 증세를 보인다면 부모는 지체 없이 보건소로 아

이를 데려가야 한다는 방송이 나왔어요. 저는 그걸 듣자마자 아이를 데리고 보건소로 달려갔죠. 말라리아에 심하게 걸렸다더군요. 그들은 치료법을 썼고, 일주일이 되니 아이는 나았어요. 우리가 보건소에서 나와 처음 한 일은 라디오 구매였습니다. 그때부터 저는 라디오를 한시도 떼놓지 않지요. 우리 딸은 이제 네 살이 되었고요. 모두가 그 애를 '라디오의 아이'라고 부른답니다. 그때 라디오 방송을 듣지 못했다면, 그 애는 지금 살아 있지 못할 거예요.[27]

더 많은 추천 자선단체
시력 회복

전 세계적으로 3,600만 명이 실명 상태로 살고 있다. 실명까지는 아니어도 시각장애를 가진 사람이 2억 1,700만 명이다. 그러나 앞서 보았듯 그런 사람들 넷 중 셋은 예방이 가능했고, 대개 적은 비용으로 예방할 수 있었다.[28] 그런 사람의 거의 90%가 저소득 국가에 살고 있으며, 영양결핍과 열악한 수질, 위생시설 부족 등으로 시각을 해치는 질병이 만연한데 의료보험과 보건 교육마저 제대로 갖춰져 있지 않아서 적절한 때에 치료를 받지 못하는 현실이다.

1960년대에 오스트레일리아의 안과 의사 프레드 할로스Fred Hollows는 농촌과 외딴 지역의 원주민 공동체에서 높은 트라코마 발병률을 포함한 열악한 건강 상태를 목격하고 충격을 받았다. 그리고 1980년대에 WHO를 대표하여 인도, 네팔, 에리트레아를 여행하면서 그 나라들의 만연한 안질환 문제에 대해 깊이 고민했다. 그때부터 1993년에 사망할 때까지, 그는 그의 시간과 전문성을 다른 방법으로는 치료받을 수 없는 사람들에게 간단한 시력 회복 시술을 제공하는 데 바쳤다. 할로스에게, "그러지 않아도 될 사람들이 빛을 잃어버리는 걸 내버려두는 것은 부도덕한 일"이었다. 그는 자신과 동료들이 하는 일을 "그 사람들에게 스스로를 위해 애쓸 기회를 주는 일 (…) 그들이 자립할 수 있게 하는 일"이라고 여겼다. 죽기 1년 전, 암에 걸려서 남은 시간이 얼마 없다는 것을 알았을 때 할로우스와 그의 부인 가비Gabi는 프레드할로스 재단을 설립하여 그의 비전을 살리고 그의 유지를 이어가게 했다.

이 재단의 활동 가운데 중요한 한 측면은 현지 의사를 교육하는 것이다. 이때 그들은 스스로 수술을 집도할 수 있도록 훈련을 받고 다른 의사도 교육할 수 있도록 훈련된다. 그에 따라 저소득 국가들은 국민의 눈 건강 관리 역량을 크게 높일 수 있게 된다. 1980년대에 네팔에서 할로스를 만나고 그가 하는 일에 감명을 받은 산두크 루이트Sanduk Ruit 박사의 활동이야말로 이런 접근이 갖는 힘을 제대로 보여준다. 루이트 박사는 백내장 수술 기법을 개척하여 10분 만에 시력을 회복시키는 시술을 할 수 있게 되었다. 그는 직접 약 12만 명(계속 증가 중)의 시력을 회복시켰고, 다른 의사들에게도 자신의 기술을 가르침으로써 간접적으로 더 많은 사람에게 빛을 되찾아주었다. 프레드할로스 재단은 250만 명 이상의 시력을 회복시킨 것을 포함하여 400만 건 이상의 안과 수술과 치료를 지원했다고 추정한다.[29] 세계은행은 이런 백내장 수술 같은 과정이 "모든 보건 개입 활동 가운데 가장 비용 효과적인 활동 중 하나이면서 전 세계적으로 촉진할 수 있는 활동"[30]이라고 밝혔다.

가난한 나라에서 시력을 잃는다는 게 어떤 것일지 상상하기란 어렵지 않다. 그런 나라에는 장애인에 대한 지원이 거의 없다. 따라서 부자 나라에서 시력을 잃는 것보다 훨씬 불리하다. 시력 회복은 해당 개인에게 엄청난 도움이 될 뿐만 아니라, 그 사람이 다시 한번 가족과 지역사회에 기여할 수 있게 해준다. 한 연구에 따르면 인도에서는 85%의 남성과 58%의 여성이 실명 때문에 직장을 잃었다가 시력 회복 후 다시 직장을 얻었다. 아동의 경우, 실명의 예방 또는 극복은 생명을 구하는 일이다. 연구 결과를 보면 실명한 아동은 다음 해에 사망할 가능성이 다른 아동보다 훨씬 높다. 살아남는다고 해도 학교에 가거나 보통의 생산적인 삶을 살 가능성은 거의 없다.

세바는 또 다른 안과 치료 단체로 특히 여성, 아동, 원주민 등 의료 서비스를 제대로 받지 못하는 공동체의 시력을 보호하고 회복시키는 데 중점을 둔다. 이들은 지역사회 기반 시력센터를 만들어 장기 안과 진료 서비스를 제공하는 한편 일자리도 제공한다. 세바의 프로그램은 20개국 이상의 500만 명이 시력을 되찾도록 도왔으며, 이 단체가 보고한 바에 따르면 이는 대개 건당 고작 50달러에 불과한 백내장 수술의 결과였다.[31]

프레드할로스 재단과 세바 모두가 TLYCS의 추천 단체다.

젊은 여성에게 삶을 되찾아주기

산과 누공은 출산 과정에서 여성이 입을 수 있는 부상이다. 아기가 분만 도중 산도에서 걸리는 난산으로 발생하며, 이 과정에서 보통 아이는 사망한다. 고소득 국가에서는 산도에서 아기가 걸려 출산이 지연되더라도 대개 제왕절개 수술로 해결할 수 있다. 그러나 응급외과 의료 서비스를 받을 수 없는 곳의 여성은 이럴 때 며칠이나 산통을 겪을 수 있다. 아기의 머리가 질구를 거세게 압박함에 따라 질 조직에 혈액 공급이 막히고, 조직이 파괴되며, 질과 방광 또는 항문 사이에 구멍, 즉 누공이 생길 수 있다. 이 누공은 실금失禁을 유발한다. 소변이나 대변이 누공에서 계속 흘러나온다. 그래서 이런 여성은 종종 가족과 마을에서 따돌림을 받는다. 빈곤의 정도가 심하고 여성의 지위가 낮은 나라에서는 적어도 100만 명의 성인 여성과 소녀가 이런 고통을 겪고 있다. 산과 누공의 유일한 치료법은 전문적인 수술인데, 그 비용은 산과 누공을 겪고 있는 처지의 여성으로서는 감당하기 힘들다. 결과적으로 그들은 종종 수년 또는 수십 년 동안 이 부상으로 인해 장애를 겪는다.

1959년, 산부인과와 비뇨기과의 전문가였던 오스트레일리아 출신의 캐서린 햄린Catherine Hamlin과 뉴질랜드 출신의 레지널드 햄린Reginald Hamlin 부부는 에티오피아를 방문했고, 의료 서비스 부족으로 인해 그곳 여성들이 직면한 문제를 본 후 그곳에 머물기로 결정했다. 병원에서는 종종 누공이 있는 여성들을 돌려보냈는데, 이는 그들의 상태가 생명을 위협하지 않았고 청결 유지가 어려웠기 때문이었다. 그래서 햄린 부부는 '아디스아바바 산과 누공 전문병원(현재 햄린 누공 에티오피아)'을 세웠다. 현재 90대인 캐서린 햄린은 남편의 사망 후에도 이 일을 계속하고 있다. 캐서린 햄린 누공 재단은 6만 명 이상의 여성을 치료했고, 에티오피아에서 우간다에 이르는 지역으로 널리 확대되었다. 환자들은 영양, 물리치료, 상담, 재활 등 맞춤형 치료를 받는데, 여기에는 직업 훈련도 포함될 수 있다. 퇴원할 때가 되면, 여성들은 집까지 갈 버스표와 새 옷을 선물받는다. 햄린은 자신이 수천 번 본 장면을 이렇게 설명한다.

> **우리는 이 여성이 남은 인생을 온전하게 살 수 있게 해준 거죠. 만약 그녀가 치료받지 못했다면 그 삶이란 끝나지 않는 고난과 공포뿐이었을 거예요. 따라서 다시 정상이 되어, 새 옷을 입고 집에 가는 젊은 여성의 얼굴에서 피어난 웃음을 볼 때, 마치 춤추듯 걸어가는 발걸음을 볼 때, 정말 마음이 따뜻해질 수밖에 없지요.**[32]

퇴원 후 모든 환자가 집에 돌아가지는 않는다. 15세이며 문맹인 마미투 가셰는 사흘 동안의 산고 끝에 사산아를 낳았고, 누공이 생겨 실금하기 시작했다. 그녀는 아디스아바바 병원으로 옮겨져 성공적인 수술을 받았다. 그녀는 집으로 돌아가고 싶지 않아했으며, 그 병원에서 침상을 정리하는 일자리를 제안받았다. 그녀는 레지널드 햄린의 수술을 참관하기 시작했으며, 결국 그는 그녀가 작은 일부터 시작해서 점차 더 많은 일을 하도록 허락했고, 마침내 그녀는 누공 수술을 직접 집도할 수 있을 만큼 기술을 키웠다. 이제 다년간의 경험을 쌓은 그녀는(의과대학을 나오지 않았음은 물론 초등학교조차 다녀본 적이 없지만) 아디스아바바 산과 누공 전문병원에 찾아오는 여러 다른 나라의 부인과 전문의들에게 기술 훈련을 시켜주고 있다.[33]

산과 누공 치료재단은 세계 여러 빈곤국에서 산과 누공으로 고통받는 사람들의 건강 회복에 중대한 영향을 끼치는 또 다른 단체이다. 2009년 이후, 이 재단은 아프리카와 아시아 31개국에서의 누공 수술 4만 건 이상을 후원했으며, 이는 전 세계적으로 어떤 단체보다도 많은 수치다. 그들은 수술 비용 자체뿐만 아니라 마취, 간호, 의료용품을 포함한 다양한 관련 요소들의 비용도 지원한다. 산과 누공 치료재단은 가장 도움이 필요한 지역의 신뢰할 수 있는 현지 의사들을 지원하기 위해 모든 잠재적 협력 파트너를 엄격하게 살피고, 성과를 모니터링하고 현장 방문 조사도 실시한다.

2009년 산과 누공 치료재단이 모든 지역에서 산과 누공과 싸우기로 사명을 확장했을 때, 첫 파트너는 콩고민주공화국에서 판지 병원을 설립한 산부인과 외과의사 드니 무퀘게Denis Mukwege였다. 성폭력 희생자와 극빈자를 돌보는 자신의 병원을 거점으로, 무퀘게는 20년 이상 콩고민주공화국을 좌지우지해온 무장 반군의 범죄에 저항한다는 뜻을 분명히 했다. 2018년, 그는 평화를 위해 애쓴 노고와 가난과 전쟁으로 만신창이가 된 여성들을 위해 헌신한 공로로 노벨 평화상을 받았다.

햄린과 산과 누공 치료재단 모두 여성 한 명에게 완전 후원(누공 수술과 재활치료 등을 포괄한)을 하는 데 드는 비용을 650달러에서 700달러로 추산한다.[34] 단순 비교를 위해, 이 글을 쓰면서 2019년 5월 라스베이거스에서 열리는 레이디 가가Lady GaGa의 다음 콘서트 티켓 가격을 확인해보니, 762달러부터 시작해서 더 올라갔다. 그렇다면 당신에게 무엇이 더 중요한가. 두어 시간 동안 레이디 가가의 공연을 보는 일과 한 젊은 여성이 삶을 되찾게 도와주는 일 가운데?

적은 비용으로 할 수 있는 그 밖의 선한 일

상대적으로 적은 기부금으로 많은 선을 행할 수 있는 예시는 그 밖에도 많다. TLYCS가 추천한 자선단체에 기부할 생각이라면, 그쪽에서 제공하는 '임팩트 계산기Impact Calculator'를 써서 자신이 기부한 액수 대비 얼마나 효과를 얻을 수 있는지 따져보기 바란다. 현재 추정치에 따르면, 50달러의 기부금으로는 다음과 같은 일을 할 수 있다.

- 주혈흡충증 관리 이니셔티브Schistosomiasis Control Initiative 나 에비던스 액션의 '세계구충Deworm the World' 프로그램을 통해 100명 또는 그 이상의 아동이 기생충에 감염되는 것을 막고, 그 아이들이 감염 때문에 방광암, 신부전, 비장 손상, 빈혈 등을 겪으며 심하면 목숨을 잃는 일을 방지할 수 있다.[35]
- 영양 강화를 위한 글로벌 연합Global Alliance for Improved Nutrition이나 요오드 글로벌 네트워크Iodine Global Network를 통해 약 500명의 사람들에게 1년 동안 쓸 요오드 강화염을 보급함으로써 그들의 건

강을 개선하고 요오드 결핍으로 일어날 수 있는 뇌 손상 등의 장애를 방지할 수 있다.[36]

- 에비던스 액션의 '깨끗한 물 나누기Dispensers for Safe Water' 프로그램을 통해, 매년 대략 40명의 지역 주민에게 안전한 마실 물을 공급할 수 있다.[37]
- 버스에 부착할 주샤Zusha! 스티커 100개를 만들 수 있다. 이 스티커는 안전 운전자임을 나타내기 위한 용도이며 버스에 부착해본 결과 사고와 부상이 현저히 줄어드는 것으로 입증되었다.
- 네팔 오지에서 두 명의 환자가 1년간 양질의 의료 서비스를 받도록 지원할 수 있다. 파서블Possible이 제공하는 이 의료 서비스는 가정 방문과 수술을 포함하며, 환자는 진료 시에 어떤 비용도 지불하지 않는다.[38]
- 국제 인구 서비스Population Services International, PSI의 질병 예방과 치료, 모성 건강, 가족계획 등등의 보건 서비스를 제공하여 저소득 국가 주민이 대략 2년간 겪는 질환과 장애를 방지할 수 있다.[39]
- 원에이커 펀드One Acre Fund가 6인 가족 농장에 종자, 비료, 기술 교습, 판로 개척 지원 등을 제공하여 농기별로 평균 50%의 생산 및 수익 증대를 가져오도록 도울 수 있다.[40]
- 리빙굿즈의 지역사회 보건노동자의 훈련과 지원 비용을 지불하여 1년 동안 30명의 우간다 사람들에게 필수 건강정보, 상담, 진찰, 병원 추천, 치료 등의 서비스를 제공할 수 있다.[41]

* * *

다양한 프로그램의 효과성을 평가하려면 아직 할 일이 많이 남았고, 효과적인 자선단체에 기부함으로써 제공할 수 있는 여러 혜택의 비용을 정확한 수치로 제시하기는 좀처럼 쉽지 않다. 그래도 가장 최신(2019년)의 수치를 근거로, 이 장에서 다룬 활동에 대하여 TLYCS가 추천한 단체들의 개입 활동을 정리해보면 다음과 같다.

- 부르키나파소, 부룬디, 말라위, 모잠비크, 니제르에서 보건 라디오 공익광고 방송을 해서 한 생명을 구하는 비용: 196~756달러(2018년에서 2020년까지의 추정 비용. 국가마다 차이가 있다. DMI 운영).
- 말라리아 최고 유행기에 아동들에게 항말라리아제를 보급함으로써 한 생명을 구하는 비용: 2,041달러(말라리아 콘소시엄의 계절별 말라리아 화학 예방 프로그램).
- 말라리아 감염 예방용 모기장을 나눠 줌으로써 한 생명을 구하는 비용: 3,000~5,000달러(말라리아 퇴치 재단 운영).
- 트라코마에 따른 실명을 예방하거나 트라코마 수술이나 백내장 수술로 시력을 되찾아주는 비용: 14~100달러(세바와 프레드할로스 재단 운영).
- 산과 누공 수술로 한 여성의 실금 증세와 그에 따른 사회적 소외를 없애는 비용: 700달러(산과 누공 치료재단 운영)

이런 비용을 우리가 부유한 나라에서 생명을 구하는 데 쓰고 있는 비용과 비교해본다면, 이 모든 항목이 놀랄 만큼 가치가 크다는 사실을 알 수 있다. 1995년에 듀크대학교에서 실시한 연구에 따르면, 미국의 500개 이상 인명 구호 개입 활동은 한 생명을 구하는 데 중간값 기준 220만 달러를 쓰고 있었다.[42] 미국 정부 기관들은 생명의 가치를 추산한다. 인명을 구하기 위해 어떤 수단을 선택할지를 결정하기 위해서다. 예를 들면, 교량을 건설할 때 인화성이 덜한 재료를 쓰는 일, 더 안전한 도로를 건설하는 일, 대기오염을 줄이는 일 등이 타당한지를 따지려는 것이다. 2016년 미국 환경보호청은 일반적인 미국인의 생명을 1,000만 달러로 평가했고, 2015년 연방 교통부는 940만 달러로 산정했다.[43] 이러한 모든 수치에 비추어 볼 때, 앞에서 설명한 여러 개입이 수천 배 더 나은 가치를 제공한다.

| 7장 |
더 나은 구호 방법 모색하기

남을 돕는 일에 제기될 수 있는 몇 가지 흔한 반대론을 앞서 이미 간단히 살펴보았다. 하지만 많은 구호 프로그램이 빈곤을 줄이는 데 실패하고 있다고 지적하는 중요한 비판은 아직 제대로 다루지 않았다. 그런 비판자들 중 두드러지는 인물로 경제학자인 윌리엄 이스털리가 있다. 그는 2007년에 쓴 『백인의 사명 The White Man's Burden』에서, 다음과 같이 구호의 비효과성을 개탄한다.

> 서방세계는 지난 50년 동안 2조 3,000억 달러를 대외원조에 썼지만, 아직도 말라리아로 숨지는 사람의 절반에 달하는 아이들을 구할 수 있는 12센트짜리 약품을 제대로 보급하지 못하고 있다. 서방은 2조 3,000억을 쓰고도 가난한 가정에 4달러짜리 모기장을 보급하지 못한다. (…) 이토록 많은, 선의의 연민이 도움이 필요한 사람들에게 그런 결과밖에 낳

지 못함은 비극이다.[1]

서방세계가 지난 50년 동안 큰 동정심을 발휘해 막대한 대외원조를 했다는 사실에 감명했는가? 우리는 이미 대부분의 서방국가들이 국민소득에 비하면 아주 적은 원조만 한다는 사실을 보았다. 그러나 이스털리는 2006년까지의 50년을 말하고 있으므로, 구호의 효과성 문제를 본격적으로 논하기에 앞서 서방이 과연 이 시기에 얼마나 많은 원조를 했는지 문답 형식으로 따져보기로 하겠다.

문: 50년 동안 2조 3,000억 달러를 썼다면 매년 얼마를 쓴 셈인가?
답: 460억 달러다.

문: 그 460억 달러를 부유한 나라에 사는 개별 인구로 나눠보면 각자에게 부담이 얼마나 돌아간 셈인가?
답: 2006년 당시 부유한 나라에는 대략 10억 명의 인구가 살고 있었다. 하지만 그 이전, 이른바 50년 동안에는 약 7억 5,000만 명 정도였다고 할 수 있다. 그러면 매년 약 60달러씩 부담을 진 셈이다.

문: 그 460억 달러란 부유한 나라의 해당 기간 중 총소득의 몇 %인가?
답: 그 기간 중 대외원조액은 총소득 대비 0.3%였다. 달리 말해 100달러를 벌 때마다 30센트씩 기부한 셈이다.[2]

이제 부유한 나라들이 내놓은 원조액이 그렇게 많아 보이지는 않을 것이다. 안 그런가? 게다가 늘지도 않았다. 이스털리의 책이 나오고 10년 동안, 부유한 나라들의 국민총소득 대비 원조액은 그대로이다.

이를 제대로 들여다보자. 2017년, 전 세계의 순수 공식 개발원조액은 약 1,700억 달러에 이른다. 그런데 같은 해에, 소비자들이 화장품 구입에 쓴 비용은 5,320억 달러다. 앞서 이야기했다시피 우리는 2030년까지 극빈을 없애기로 했다. 그러나 정작 우리는 우리가 뽑은 정부가 극빈을 없애는 데 쓰는 돈의 세 배를 화장품 사들이는 데 쓰고 있다.[3]

100달러의 수입 중 30센트를 원조로 제공했다는 수치조차도 그 기간 동안 부유한 국가들이 세계의 최빈곤층을 돕기 위해 제공한 금액을 심각하게 과대평가한 것이다. 많은 원조가 인도주의적 고려사항보다는 정치적 또는 국방 우선순위에 기반했다. 예를 들어 냉전 기간 중 서방의 원조는 제3세계 국가들이 소련의 영향에서 벗어나도록 하는 데 크게 치우쳐 있었다. 콩고의 독재자 모부투 세코Mobutu Seko의 스위스 은행 계좌로 들어간 수억 달러가 이스털리가 말한 '원조' 수치에 포함되어 있다. 그런 원조가 빈곤을 줄이는 데 별로 도움이 되지 않았다는 것은 놀라운 일이 아니다.

냉전은 끝났지만, 원조는 여전히 세계의 빈곤을 없애는 데만 쓰이지 않는다(심지어 어떤 경우에, 그런 목적은 뒷전이다). 이 책을 쓰는 지금 가장 최근 데이터가 있는 2016년에서 2017년까지, 아프가니스탄은 13억 달러를 받으며 미국 원조 수혜국 목록에서 1위를 차지했다. 그 다음 순위인 에티오피아보다 3억 4,800만 달러 많은 액수다.[4] 아프가니스탄은 수년 동안 미국의 최대 원조 수혜국이었으며, 그 이전에는 2007년 전체 미국 원조 예산의 거의 30%를 받은 이라크에 이어 2위였다. 아프가니스탄은 분명 매우 가난한 나라다. 하지만 에티오피아도 그렇고, 에티오피아의 인구는 아프가니스탄의 세 배는 된다. 아마도 미국이 그곳을 침공했다면, 이라크나 아프가니스탄만큼 많은 원조를 받았을 것이다.

원조의 총액수가 과장된 인상을 주는 두 번째 까닭은 미국과 오스트레일리아를 포함한 몇몇 국가들은 대외원조로 그들이 만든 물품을 사도록 했으며, 따라서 자국 경제는 활성화하지만 원조의 효과는 떨어트렸다는 사실에 있다. 미국은 다른 어떤 공여국보다도 원조와 자국 상품을 가장 많이 연계하는데, 추정치로 볼 때 32%나 된다. 예를 들어, 미 의회는 미국 정부 기관이 아프리카에서 에이즈 확산을 막기 위해 콘돔을 제공할 때 반드시 미국에서 만든 콘돔을 구입해 기부하도록 못 박았다. 미제 콘돔은 아시아제에 비해 가격이 두 배나 되는데도 말이다. 아프리카에 콘돔을 기부하는 활동은 생명을 살리는 일이다. 그러나 이 목적을 위해 사용할 수 있는 금액이 정해져 있기 때문에 콘돔의 개당 비용을 올리는 일은 그만큼 기부되는 콘돔의 개수를 줄이고 이는 생명의 손실로 이어진다.[5]

연방의회는 또한 필요한 지역에서 곡물을 구입하면 훨씬 저렴하고 운송비 및 기타 간접비를 절약할 수 있으며 약 4개월의 식량 배송 지연을 피할 수 있음에도 불구하고, 미국의 지원 식량은 거의 국내에서 생산되어야 한다고 규정하고 있다. 2008년도 미국 농업법에 대한 한 연구에 따르면 식량을 해당 지역에서 조달하면 현저한 비용 절감이 이루어진다(콩류는 25%, 곡물류는 53%).[6] 더 큰 문제는 저소득 국가들이 보조금으로 식량을 대량 수입할 때 자국 농민이 생산한 곡물 가격은 곤두박질하고 이는 그들의 생산 의욕을 감소시킨다는 점이다. 또한, '화물우선권Cargo Preference' 규정은 식량 원조의 최소 50%가 미국 국적 선박으로 운송되어야 한다고 요구하는데, 이러한 선박의 운임은 국제 경쟁 요율보다 최대 40% 더 높다.[7]

의회의 초당적 조사기관인 미국 연방회계감사원GAO은 식량 원조가 '근본적으로 비효율적'이라고 결론지었다. 한편 대니얼 맥스웰Daniel Maxwell과 크리스토퍼 배럿Christopher Barrett은 그들의 주요 연구 결과인 '50년 후의 식량 원조Food Aid After Fifty Years'에서 미국의 식량 원조가 기본적으로 굶주린 사람들을 먹이기 위한 것이라는 생각은 '신화'일 뿐이라고 잘라 말했다. 이러한 단점은 빈곤 퇴치 활동을 하는 미국의 가장 큰 기관 중 하나인 미국원조물자발송협회CARE가 미국산 곡물을 가난한 나라에 배송하기를 거부한 점에서(그렇게 하면 4,500만 달러를 받는데도) 충분히 확인된다.[8]

보수 성향 싱크탱크인 미국기업연구소American Enterprise Institute는 식량 원산지 규정과 화물 우선권 규정 모두를 개정하면 원조물자 운송 비용이 매년 3억 달러씩 절감될 것으로 추산한다.[9] 그만한 절감이 이루어지면 수백만 명이 더 생명 구호 및 생활 개선 원조를 받을 수 있을 것이다. 그러나 문제점은 정치에 있다. 미국에서 농촌이 많은 주州는 매우 큰 정치적 영향력을 갖고 있고, 따라서 곡물 생산업자들은 미국의 해외원조 프로그램을 왜곡해서 그것이 저소득 국가의 굶주린 사람들을 돕는 것만큼이나 미국 농민을 돕는 것이 되도록 해온 것이다.

국가들이 이런 식으로 원조에 조건을 다는 것이 전적으로 합리적이라고 생각할 수 있지만, 만약 그렇게 주장한다면 '모든 원조가 비효과적'이라고 결론 내리는 것은 공정하지 않다. 제약 조건이 붙은 원조의 일부 목적은 원조국 자체의 경제에 도움을 주는 것이며, 그 목적은 때때로 달성되었던 것으로 보인다. 이스털리가 2조 3,000억 달러의 원조가 빈곤을 종식시키지 못했다고 언급한 50년 동안, 앞서 언급한 요인들을 고려하면 극빈층을 주로 돕기 위한 실제 원조 지출은 부유한 국가 시민 1인당 연간 60달러와는 거리가 멀었다. 실제로는 그 금액의 4분의 1도 안 되었을 것이다. 하지만 60달러가 통째로 극빈자들에게 갔다고 해보자. 그것은 여전히 당신이 적당한 가격의 레스토랑에서 둘이서 저녁 식사를 하며 큰 고민 없이 쓸 수 있는 금액보다 적고, 고급 레스토랑에서의 식사나 콘서트 관람 금액보다 훨씬 적다. 하룻밤의 외식 비용이 정말로 이스털리가 말하는 "이토록 많은, 선의의 연민"이란 말인가? 그것은 우리 인류의 연민을 너무 값싸게 취급하는 것이 아닐까? 이는 또한 우리가 그 대단한 연민으로 이미 가난한 나라에 엄청 퍼주었으나 그래봤자 말라리아로 인한 사망을 막는 기본적인 결과조차 이루지 못했다며 원조란 도대체 쓸데없는 것이라고 주장할 수 없는 이유다. 우리가 아직 이러한 기본적인 일에서 성공하지 못했다면, 아마도 그 이유는 우리가 그러한 목적을 위해 너무 적은 자금을 제공했기 때문일 것이다.

대부분의 원조 비판론자들은 정부가 주도하는 프로그램과 정부 후원의 기관을 문제 삼는다. 가령 이스털리의 『백인의 사명』은 주로 세계은행, 국제통화기금, 유엔, 미국 국제개발처USAID에 초점을 맞춘다. 이스털리는 이러한 조직들의 실패가 과대망상적 목표, 하향식 기획, 회계 감사의 부재 등에서 비롯된다고 주장한다. 그러나 그는 비정부기구의 활동은 거의 완전히 무시하고 있다. 400페이지나 되는 그의 책에서 비정부기구NGO는 겨우 네 차례 언급된다. 그리고 그 언급 중에서 NGO의 활동을 비중 있게 다룬 부분은 하나도 없다. 예를 들어 CARE, 옥스팜, 세이브 더 칠드런, 월드 비전World Vision 등은 한 번도 나오지 않는다. 따라서 이스털리가 "더 많은 모금을 하는 것에서 기부금이 가난한 사람에게 바로 전달되도록 하는 쪽으로 쟁점을 바꿀 것"을 주문하고 있지만, 그는 NGO의 더 많은 기부금 모금이 무익하다는 주장의 근거는 전혀 제시하지 않고 있다(나는 아직 세계은행에 기부를 해달라는 모금가를 만나본 적이 없다).

최근에 이스털리는 이 책이나 TLYCS에서 추천하는 일부 비영리단체의 활동에 전혀 반대하지 않는다는 입장을 밝혔다. 2015년 런던에서 열린 '하이에크 기념 강연'에서 그는 빈곤층의 권리를 강조했는데, 그 후 나온 질문에 이렇게 답변했다. "물론, 가난한 사람에게 모기장을 주는 일은 그들의 권리를 침해하지 않습니다. 그들이 모기장을 원한다고 하면, 모기장을 주면 됩니다. 그것은 괜찮습니다. 그런 일에는 아무런 문제가 없습니다."[10]

잠비아 출신으로 하버드에서 학위를 받은 경제학자인 담비사 모요Dambisa Moyo는 『죽은 원조Dead Aid』라는 책으로 파문을 일으켰다. 그녀는 아프리카 국가들에 대한 지원을 끊으면 그 나라들의 정부는 세금을 더 걷어 재원을 보충하게 되고, 이는 정부의 투명성과 국민에 대한 책임성을 높이는 결과로 이어진다고 주장했다. 그 주장이 정확한지, 투명성과 책임성의 증가의 이점이 원조가 끊김으로써 일어나는 손실을 채우고도 남는지 여부는 알기 어렵다. 하지만 분명한 것은 모요가 그녀의 책에서 명시적으로 말했듯이 NGO의 원조는 언급하지 않았다는 점이다. 노벨상을 받은 경제학자 앵거스 디턴Angus Deaton은 대부분의 세계 인구가 어떻게 극빈에서 벗어났는지에 대한 책 『위대한 탈출』에서 원조가 정부들로 하여금 시민들에 대한 책임을 회피하도록 한다는 우려를 표명한다. 하지만 그는 원조가 말라리아나 에이즈 그리고 일부 덜 알려진 적도 지대의 질병 퇴치에 중요한 역할을 했다는 점을 인정한다.[11]

해외원조가 어떤 일을 할 수 있는지 보여주는 가장 인상적인 사례는 천연두의 박멸이다. 적어도 3,000년 동안, 천연두는 인류에게 무시무시한 채찍이었다. 일단 감염되면 대체로 셋 중 하나는 고통스럽고 비참한 죽음을 맞이했다. 살아남은 사람들도 고통과 불편에 시달려야 했다. 다수가 시력을 잃었고 영구히 남는 신체 변형을 겪었다. 1967년이라는 지금과 제법 가까운 때조차 천연두는 200만 명의 목숨을 43개국에서 거둬가고 있었다.[12] 10년 뒤, 이 질병은 완전히 박멸되었다(이 바이러스를 연구하고 있던 영국의 버밍검 의대에서 안전관리 소홀로 한 명이 사망한 사건을 제외하면). 천연두 퇴치는 1958년 소련의 보건부 차관이자 바이러스학자인 빅토르 즈다노프Viktor Zhdanov가 처음 제안하고 이후 WHO가 채택한 협력적인 전 세계 예방접종 캠페인의 결과였다.

20세기가 시작되고 첫 60년 동안, 천연두는 매년 150만에서 300만의 생명을 앗아갔다. 보수적으로 이 범위의 낮은 쪽을 적용하더라도, 이 글을 쓰는 시점에서 42년 전의 퇴치는 6,300만 명의 생명을 구했고, 다른 1억 4,700만 명이 고통스럽고 쇠약하게 만드는 질병을 앓지 않게 해주었다. 윌리엄 맥어스킬William MacAskill이 저서 『냉정한 이타주의자』에서 '1970년대 이래로 전쟁, 잔학행위, 테러리즘 등으로 숨진 사람 숫자(여기에는 크메르 루주Khmer Rouge 하에서의 캄보디아 킬링필드, 루안다에서 1994년에 일어난 투치족 학살, 콩고 내전, 아프가니스탄과 이라그에서의 전쟁, 2001년 9.11 테러 등의 인명 피해가 모두 포함된다)의 다섯 배나 된다'고 지적한 숫자다. 우리는 여기에 시리아와 예멘의 전란을 더할 수 있다. 또한 2019년 크라이스트처치에서 벌어진 반 무슬림 테러*에서 빚어진 희생을 더할 수 있다. 그래도 천연두의 박멸로 구해진 생명의 수에는 4분의 1에도 못 미친다. 그것이 맥어스킬이 빅토르 즈다노프야말로 일찍이 그 어떤 인물보다 인류에 큰 선을 베풀었다고 하는 까닭이다.[13]

맥어스킬은 재미로 이런 참사로 인한 희생자의 숫자를 더해본 것이 아니다. 그는 효과적 이타주의 운동의 창시자 중 한 명으로, 2006년까

---

* 2019년 3월 15일, 뉴질랜드 크라이스트처치에 있는 이슬람 사원인 알 누르 모스크와 린우드 모스크에서 브렌튼 해리스 태런트Brenton Harrison Tarrant가 총기난사를 벌인 사건. 총 51명이 사망했으며 뉴질랜드 역사상 최대 인명 피해가 발생한 사건이 되었다. ― 옮긴이

지 50년 동안 지출된 2조 3,000억 달러가 제대로 활용되지 못했다는 이스털리의 주장을 포함하는 원조 반대론에 대응하고 있다. 오히려 그는 반대로 주장한다. 그 2조 3,000억 달러가 천연두 퇴치 외에는 아무것도 하지 않았다고 가정해보자. 그렇다면 원조는 한 사람당 약 4만 달러의 비용으로 6,000만 명 이상의 생명을 구한 것이다. 앞선 장에서 보았듯, 그것은 우리가 오늘날 후원 중인 일부 인도적 개입 방법들, 모기장을 나눠 주거나 저소득 국가에 라디오 광고를 통해 건강 관련 정보를 전하는 일 등에 비하면 저렴하지는 않다. 그래도 미국 교통부가 한 생명을 구하는 도로 안전 개선에 얼마를 써야 하는지에 대한 지침으로 사용하는 960만 달러와 비교하면, 괜찮은 수준이다. 정부가 다른 나라 시민들의 생명보다 자국민의 생명을 구하는 데 더 높은 우선순위를 두는 것이 옳다고 믿더라도, 1950년대에 천연두가 만연했던 국가의 시민의 생명을 부유한 국가 시민 생명의 200분의 1의 가치로만 평가하는 것을 변호하기는 어려울 것이다. 또한 앞 문단의 계산은 어디까지나 2조 3,000억 달러가 오직 천연두 박멸에만 사용되었다고 가정했을 때임을 잊지 말자. 실제로는 해외원조가 그 밖의 여러 긍정적인 효과를 냈다는 증거가 있다.

정치적 간섭 없는 대규모 원조가 이루어질 경우 전 세계적 규모의 빈곤이 극복될 수 있을지는 누구도 모른다. 그런 원조는 단 한 번도 시도된 적 없기 때문이다. 공적 원조에 부과되는 정치적, 관료적 제약으로 인해 효과적인 NGO에 대한 민간 기부의 중요성이 더욱 커지고 있다. 원조에 대해 확실하게 말할 수 있는 최악의 평가는, 과거의 많은 공적 원조가 잘못 계획되고 잘못 집행되어 거의 도움이 되지 않았다는 것이다. 하지만 우리가 지금 많은 현장조사와 여러 무작위 변수설정 통제실험에서 얻은 자료를 따져본다면, 우리가 진심으로 빈곤을 줄이려 마음먹고, 그에 합당한 수준으로 자원을 투입한다면 (과거의 실수를 평가하고 그 실수에서 교훈을 얻는 데 쓰일 자원까지 포함하여), 우리가 극한의 빈곤을 크게 줄일 수 있으리라는 말은 매우 그럴듯하다.

해외원조와 경제성장

일부 원조 비판론자들은 오직 자체 경제성장만이 빈곤층을 극빈에서 탈출시킬 수 있다고 주장한다. 그들의 말에 따르면 해외원조란 비록 말라리아나 홍역 등의 질병 예방에 도움이 되기는 해도, 경제성장을 촉진할 수는 없다.[14] 예를 들어 마틴 울프 Martin Wolf 는 『왜 세계화가 작동하는가 Why Globalization Works』에서 가난한 나라들이 그들의 상품을 세계시장에 팔 수 있도록 무역장벽을 줄이는 일이야말로 그 어떤 원조보다 실질적인 도움이 된다고 주장한다.[15] 그 증거로, 울프와 다른 원조 비판론자들은 지난 50년 동안 빈곤 상태에서 벗어난 나라들은 대개 원조를 별로 받지 않았으며, 많은 원조를 받은 나라들은 아직 빈곤 상태에 머물러 있다고 지적한다. 하지만 이는 성장에 원조가 미치는 영향에 대한 공정한 검증이라고 할 수 없다. 더 큰 문제를 떠안고 있는 나라가 더 많은 원조를 받을 가능성이 높기 때문이다. 또한 우리는 서로 다른 빈곤 국가들을 대상으로 일부에는 원조를 제공하고 다른 국가에는 제공하지 않는 무작위 대조 시험을 실시하여 원조가 어떤 차이를 만드는지 확인할 수도 없다. 하지만 메릴랜드대학교, 미시간주립대학교, 세계은행의 경제학자들은 1987년 이후 국제개발협회IDA가 원조 대상국에 부합하는지를 심사할 때 해당 국가의 1인당 소득이 특정 수준 이하인지만을 평가 기준으로 삼았음에 주목했다. 그 기준을 넘은 나라는 IDA의 원조 대상에서 제외되었다. 더욱이 경제학자들은 이 특정 출처의 원조 손실이 다른 출처의 증가된 기부로 보충되지 않는다는 것을 발견했다. 오히려 다른 기부자들은 IDA의 선례를 따르는 것으로 보이며, 기준선을 넘는 국가들에 대한 원조를 줄인 결과, 이들 국가의 국민총소득 대비 전체 원조 비율이 평균 59%나 감소했다. 따라서 경제학자들은 1987년에서 2010년 사이에 기준선을 넘어선 35개국의 경제성장이 어떻게 변화했는지를 알아보기로 했다. 그들의 발견은 이랬다. "원조는 경제성장에 긍정적이고, 통계적으로 유의미하며, 경제적으로 상당한 영향을 미친다." 더 정확히 말하자면, 국민총소득 대비 원조 비율이 표본 국가의 평균보다 단 1%만 증가해도 1인당 연간 실질 성장률이 약 0.35% 증가했다. 즉 원조는 경제성장을 늦추기는커녕 촉진한다.

이런 고무적인 이야기에도 불구하고, 일부 원조가 경제성장을 불러오는 데 실패했음은 사실이다.

원조가 경제성장을 늦추는 한 가지 이유는 '네덜란드병'에 있다. 네덜란드병이란 「이코노미스트」지에서 1960년대에 북해에서 천연가스가 발견된 후 네덜란드가 경제침체에 빠진 일을 두고 만들어낸 말이다. 이 귀중한 천연자원은 비약적인 경제성장을 가져올 수도 있었으나, 가스 수출로 수입이 들어오기 시작하자 네덜란드 제조업은 하향세를 탔다. 경제학자들은 그 이유를 이렇게 설명한다. 다른 나라에서 네덜란드 석유를 사서 네덜란드에 지불한 돈이 네덜란드 화폐 가치를 그 나라의 주요 무역상대국 화폐 가치보다 절상시켰다. 그리하여 네덜란드 수출품은 더 비싸지고, 네덜란드 제조업자들은 국제시장에서 경쟁력이 떨어졌다. 대규모 외국 원조의 유입도 비슷한 문제를 일으킬 수 있다.

이미 살펴본 대로 원조 액수는 부유한 원조 제공국의 소득에 비하면 새 발의 피지만, 가난한 나라는 워낙 가난하기 때문에 어떤 경우에는 원조액이 국민소득의 10%를 넘어서기도 한다. 중앙아프리카공화국, 소말리아, 말라위 같은 소수의 최빈국의 경우 원조액은 국민소득의 4분의 1 이상에 달한다. 그리고 라이베리아, 아프가니스탄의 경우에는 20%에 가깝다.[16] 그런 수준에서는 원조가 매우 중대한 네덜란드병 효과를 일으킬 수도 있다. 하지만 대체로 문제는 원조받은 금액을 어떻게 사용하느냐에 달려 있다. 원조금으로 사회적 인프라, 농업 방식, 노동자의 기술 숙련도 등을 향상시킨다면 생산성이 증대되고, 네덜란드병의 악영향을 상쇄하고도 남는 수출 증대로 이어질 수 있다. 1992년에 모잠비크 내전이 끝나고 10년 동안, 유럽 국가들은 이 아프리카 국가에 특히 많은 원조를 제공했다. 실제로 그 시기에 이 나라의 국민총소득 40%는 해외원조로 이루어졌다. 그 절반은 부채 상환을 하느라 모잠비크 국내에서 쓰이지 못했지만, 길을 닦고 병원과 학교를 짓고 노동력 기술 수준을 높이는 데도 원조금이 쓰였다.[17] 아마도 이러한 이유로 1인당 실질 경제성장도 연평균 5.5%라는 인상적인 수치를 기록했다. 1966년 독립한 후의 보츠와나 1950년대 대만, 1990년대 우간다에도 높은 수준의 원조가 주어졌는데 그 나라들도 높은 경제성장률을 보였다. 이 사례들은 네덜란드병이 필연적인 결과가 아님을 입증한다.[18]

어찌 됐든, 개발도상국의 수출 산업을 가로막는 것이라면 원조에서 비롯되는 네덜란드병보다 더 심각한 것이 있다. 미국과 유럽의 농업보조금은 세계 농산물 시장에서 비중을 늘리려는 빈곤국들의 노력을 좌절시킨다. 가령 목화를 보자. 세계에서 가장 가난한 나라에 속하는 4개국(부르키나파소, 말리, 베냉, 차드, 이들은 모두 서부 아프리카에 있다)에서는 목화가 국민 중 수백만 농민의 유일한 소득원이다. 그들 농민의 다수가 매일 2달러 미만의 소득으로 가족을 부양하고 있다. 그들은 2017년에 6억 6,389만 3,746달러의 납세자 지원 보조금을 나눠 받은 미국의 면화 재배자 1,195명보다 더 저렴하고 생태학적으로 더 지속 가능한 방식으로 면화를 생산한다.[19] 고도로 기계화된 방식으로 면화를 생산하는 이들 미국 농민은 각각 50만 달러 이상의 보조금을 받으며, 이는 그야말로 보조금일 뿐 목화를 팔아서 얻는 수익은 별개다. 어떤 해에는 보조금 총액이 보조받는 재배자들이 생산한 면화의 시장 가치를 웃돌기도 했다. 대조적으로, 「가디언」지의 엘리자베스 데이 Elizabeth Day가 인터뷰한 말리의 목화 재배 농민 무사 둠비아는 그의 좁은 땅에서 목화를 키우고 거두느라 허리가 부러져라 일한 결과 1년에

300달러보다 적은 수입을 얻는다. 그는 자식들을 먹여 살리기도 힘겹고, 아프기라도 하면 약 살 돈이 어디서 나나 싶어 고민한다. 그리 놀랍지 않게도, 그는 미국 납세자들이 미국 목화 생산업자들에게 거액의 보조금을 주기 때문에 그의 벌이가 점점 헐해진다는 사실을 까맣게 몰랐다.[20]

캘리포니아대학교 농업문제센터 소장인 대니얼 섬너 Daniel Sumner 는 미국이 보조금을 끊으면, 서부 아프리카 목화 생산업자들이 네 명의 아이에게 보건 서비스를 갖춰주기에 충분할 만큼 소득이 늘어난다고 한다.[21] 경제학자 킴 앤더슨 Kim Anderson 과 앨런 윈터스 Alan Winters 의 연구에 따르면, 모든 농업보조금을 없애고 비농산물에 대한 관세도 50% 줄이면 세계 경제는 매년 최소 960억 달러의 소득을 새로 창출할 것이며, 그중 300억 달러는 개발도상국에 돌아갈 것이라고 한다.[22] 그러면 또한 미국 납세자들도 매년 160억 달러의 부담을 덜 것이며, 유럽의 경우에는 그보다 더 여유로워질 것이다.

그러면 구빈 단체에 기부하기보다 무역 장벽을 없애는 캠페인에 시간과 돈을 투자하는 것이 낫지 않겠느냐고 물을 수 있다. 분명히 이는 다양한 요인에 달려 있다. 우리의 시간과 돈으로 그런 캠페인을 성공시킬 가능성이 큰지, 그런 캠페인이 성공한다면 가난한 사람들이 얼마나 많은 혜택을 볼지, 다른 형태의 원조에 우리의 기부가 얼마나 기여할지 등등. 무역 장벽 제거에 반대하는 강력한 정치적 이해관계는 정치적 변화를 어렵게 만든다. 미국에서 농업 보조금은 6년마다 갱신되는 농업법 Farm Bill 에 의해 승인된다. 갱신 시기가 돌아오면 보조금 반대 운동이 거세게 일고는 한다. 2008년에는 농업보조금 반대의 목소리가 연방정부 예산을 삭감하려는 보수 진영에서 터져나왔고, 이미 넉넉한 쪽에 더 보태주는 일을 달가워하지 않는 진보 진영에서도 이에 동참했다. 보수 쪽의 움직임은 조지 W. 부시George W. Bush 대통령에게 강력한 지지를 얻었으며, 그는 이 법안이 "과도하고 낭비적이다"라고 폄하한 뒤, 그럼에도 법안이 통과되자 거부권을 행사했다. 하지만 의회는 거부권을 무효화하는 데 필요한 3분의 2 다수를 확보했다. 심지어 2014년에 의회가 농업법에서 보조금 조항을 일부 빼버렸을 때도, 가격손실구제법과 농업위험구제법을 통과시키면서 두 개의 새로운 보조금이 빠르게 그 자리를 대체했다. 이러한 보조금은 부유한 면화 재배자를 포함한 더 부유한 미국 농장들에 유리하다. 도널드 트럼프Donald Trump 대통령은 보조금 삭감을 제안했으나, 역사적 기록이 보여주듯이 의회는 대통령의 제안을 무시할 가능성이 매우 높다. 이는 다음 번 농업법 갱신 시점에 보조금 철폐를 위해 애쓰는 일이 무의미하다는 뜻은 아니다. 다만 그 성공 가망이 별로 없다는 이야기이다.

무역 규정이 이보다 덜 기괴하고 덜 불공정하다면 도움이 되겠지만 그렇더라도 무역이 모든 지역을 빈곤에서 벗어나게 할 것이라는 보장은 여전히 없다. 경제성장의 혜택이 사람들, 지역들, 심지어 전체 국가에 미치지 않을 수 있다. 이는 해당 정부가 잘못된 경제정책을 펼치거나 정치, 관습, 사회 구조가 경제적 생산성에 너무 적대적이어서 투자하려는 사람이 거의 없기 때문일 수 있다(이 경우 경제 원조는 정책 개혁을 조건으로 제공될 수 있다). 또는 해당 국가가 지리적 불이익을 겪는 경우, 가령 바다에 면해 있지 않고 온통 가난한 이웃 나라로 둘러싸여 있어서 이렇다할 시장을 찾을 수 없기 때문일 수도 있다. 그 나라의 수출상품을 받아줄 활기찬 시장이 없다면 성장은 정체될 수밖에 없다. 이러한 상황에서는 현지 식량 생산을 개선하고 교육과 기본 의료 서비스를 제공하는 원조가 그 나라의 빈민을 돕는 최선의, 또는 유일한 방법일 것이다. 이상적으로는 원조가 어떤 이유에서든 경제성장의 혜택을 입지 못하고 있는 사람들을 위한 안전망이 되어야 한다. 경제성장이 한 나라가 그 국민의 삶을 더 낫게 만드는 유일한 방법은 아니다. 때로는 더 가난한 나라가 유아 사망률이나 수명 같은 인간 복지의 주요 지표에서 더 나은 성과를 보이기도 한다. 유명한 예로 쿠바는 미국보다 유아 사망률이 낮다.[23]

이스털리와 빌 게이츠가 2007년 세계경제포럼에서 패널로서 동석했을 때, 이스털리는 늘 하던 이야기를 들먹였다. 오랫동안 아프리카로 쏟아진 원조가 그곳의 경제성장을 가져오지 않았다고 주장한 것이다. 그러자 게이츠는 짤막하게 답변했다. "저는 가령 한 아이가 살아났다고 할 때 그것이 GNP 증가를 뜻하므로 좋다고 생각하지는 않습니다. 생명은 생명 자체로 값지지요."[24] 게이츠가 옳다. 우리의 초점이 경제성장에 맞춰져서는 안 된다. 우리가 성장을 통해 얻을 수 있지 않을까 여기는 것들에, 그러니까 생명 구하기, 고통 줄이기, 사람들의 기초적 욕구 충족시키기 등에 맞춰져야 한다.

나쁜 제도가 좋은 사업을 몰아낸다

어째서 어떤 나라는 부유하고 어떤 나라는 가난한지에 대한 해묵은 논쟁에서 많은 전문가가 좋은 제도와 관습의 중요성을 강조한다. 가령 법치주의, 재산권 보호, 효과적인 정부, 신뢰를 가능케 하는 사회적 관행, 훌륭하고 보편적인 학교 교육, 부정부패에 대한 엄격함 등이다. 효과적인 정부란 공적 부문이 충분히 일을 잘한다는 의미다. 사업을 시작하려 할 때 일을 처리하기 위해 공무원들에게 뇌물을 줄 필요가 없고, 노동자, 소비자, 주민으로서의 권리가 위험한 작업환경, 위험한 제품, 산업 공해 등으로부터 보호받을 것이다. 법치주의는 폭력에서 우리를 지키며, 우리의 소유권이 박탈되지 않으리라는 합당한 예측 하에 장래 계획을 짤 수 있게 한다. 그것은 또한 계약을 가능하게 한다. 계약 상대가 계약 내용을 위반할 경우 처벌받을 것을 알기 때문이다. 하지만 법에 호소할 때는 늘 비용이 들게 마련이므로, 어느 정도 신뢰가 갖춰지는 게 좋다. 신뢰는 사람들이 편하게 함께 일할 수 있게 하고, 공동체 의식을 갖게 한다.

빈곤을 줄이는 일에 좋은 제도가 핵심적인 역할을 한다는 생각은 원조의 가치를 부정하지 않는다. 오히려 수혜국 정부가 경제성장의 기반을 조성하는 역할을 하는 것을 조건으로 원조를 제공할 필요성이 제기된다. 이런 생각에서 부시 대통령은 초당적 지지를 바탕으로 '밀레니엄 챌린지 어카운트 Millennium Challenge Account'를 발족시켰다. 대통령의 말을 빌리자면 "정의롭게 통치하고, 국민에게 투자하며, 경제 자유를 촉진하는" 정부들을 위해 미국 원조의 일부를 할당하는 사업이다.²⁵ 이 사업을 관리하기 위해, 관련 입법에는 '밀레니엄 챌린지 코퍼레이션Millenium Challenge Corporation, MCC'를 설립하는 일도 포함되었다. MCC는 오바마 행정부 내내 계속되었고, 트럼프 행정부로부터 호의적인 관심을 받고 있는 유일한 미국 원조 프로그램 부문이다. MCC가 해외원조를 이용해 자본주의적 발전 모델을 퍼뜨리고 있다는 비판에도 불구하고, 대상 국가들이 원조를 받기 위한 조건을 충족시키는 과정에서 많은 성과가 있었다. 가령 라이베리아의 교육 관련 자료가 제대로 구축되고, 시에라리온에서는 부패가 감소했다. 또한 세네갈의 리버밸리에서 여성에게도 토지 거래 자격을 주는 등의 지역 단위 성공도 이루어졌다. 미국의 해외원조 프로그램을 종종 비판해온 국제개발센터Center for Global Development, CGD의 연구에 따르면, 미국의 MCC와 협약을 맺은 아프리카 국가들에서 미국의 원조 프로그램은 협약을 맺지 않은 국가들에 비해 여론 조사로 측정된 시민들의 우선순위와 '극적으로 더 높은' 일치도를 보였다.²⁶

해외원조와 그것이 경제개발에 미치는 영향을 연구하는 경제학자 폴 콜리어Paul Collier는 원조가 제도 개선을 이끌어내는 데 효과적임을 밝혔다. 그는 특히 국가체제가 취약할수록 그 효과가 크다고 말한다. 예를 들어 내전의 결과로 수립된 국가는 다시 분쟁에 빠질 가능성이 높으며, 그만큼 국민의 고통도 심각할 수 있다. 콜리어는 상당한 규모의 원조를 여러 해 동안 꾸준히 제대로 집행한다면 분쟁 이후 수립된 정부가 그런 비극을 피할 역량을 갖추게 된다고 밝혔다.²⁷ 수십 년 동안 내전에 시달려온 모잠비크는 원조가 긍정적 변화를 가져다준 한

예다. 시에라리온도 그런 예가 될 수 있다. 개혁 정부가 부패하고 무능한 정부를 교체하면 역시 기회가 생긴다. 잠비아의 레비 므와나와사Levy Mwanawasa 정권은 2002년에 극심하게 부패했던 정권을 교체하며 집권했다. 콜리어는 이러한 경우에 4년 동안 10억 달러의 기술 지원을 제공하면 해당 국가에 150억 달러의 경제적 이익이 발생할 것으로 예상했는데, 이는 국가들이 효과적인 정부를 갖게 됨으로써 전 세계가 얻는 이득은 계산하지 않은 것이다.[28]

개혁을 조건으로 하는 원조가 부패하거나 비효율적인 정부를 개선하고 분쟁을 피하는 데 도움이 될 수 있다면, 원조를 통해 그렇게 되도록 해야 한다. 안타깝게도, 상황이 너무 나빠서 그 무엇도 나쁜 정부의 불행한 시민들이 겪는 비참함을 줄일 수 없을 때도 있다. 그때는 우리가 다른 곳으로 가야 한다. 하지만 다른 때에는, 원조가 더 나은 제도로 이어지지 않더라도 가장 가난한 사람들을 직접 도와 그들에게 중요하고 지속 가능한 변화를 만들 수 있다. 그런 경우에 우리는 주저하지 말아야 한다.

효과 평가하기
소액 금융

소액 금융microfinance 이야기는 1976년, 무하마드 유누스Muhammad Yunus가 방글라데시의 치타공대학교 경제학과장이었을 때로 거슬러 올라간다. 그는 농촌 지역 빈곤에 대해 연구하면서 인근 마을인 조브라를 방문했다. 거기서 그는 가구를 만드는 데 필요한 대나무를 사려고 여성들이 지역 돈놀이꾼에게서 돈을 빌리는 모습을 봤다. 그 이자가 하도 높아서 해당 여성은 아무리 열심히 일해도 빈곤에서 벗어날 수가 없었다. 유누스는 그의 주머니에서 미화 27달러에 해당하는 돈을 꺼내서 그 마을의 42명의 여성으로 이루어진 집단에 빌려주었다. 믿을 수 없게도, 이렇게 적은 돈(1인당 약 64센트)으로도 그녀들이 돈놀이꾼에게서 벗어나 자립의 길로 들어서기에 충분했고, 마침내 그녀들은 빚을 모두 갚고 일을 통해 빈곤에서 벗어날 수 있었다.

이 성공에 고무된 유누스는 정부 은행을 설득해서 촌민들에게 아주 적은 금액을 대출해 주는 시범사업을 실시토록 했다. 이후 6년 동안 이 시범사업은 주로 여성 그룹에 수천 건의 대출을 실시했다. 그 여성들은 자신이 갚지 않으면 모임의 다른 이들이 더 이상 돈을 빌릴 수 없게 됨을 알고 있었고, 따라서 대출은 전액 회수되었다. 이는 빈곤층에 대한 대출이 높은 위험을 수반하므로 높은 이자율을 부과해야만 경제적으로 실행 가능하다는 당시의 통념을 뒤집었다.

1982년, 이 개념이 통한다는 것이 분명해졌을 때 유누스는 '그라민('마을'이라는 뜻이다)은행'을 설립해서 방글라데시 전역의 작은 마을에 소액 대출을 해주기 시작했다. 오늘날 그라민은행은 방글라데시에서 700만 명의 고객을 보유하고 있으며, 60억 달러 이상의 대출 실적을 올렸다. 회수율은 97%다. 더욱 중요한 점은 유누스가 소액 대출microcredit 모델을 창출했으며, 그것이 널리 알려짐에 따라 세계 각지의 수천 개 금융기관에서 이를 따라 하고 있다는 점이다.

소액 대출은 사람들의 빈곤 탈출을 성공적으로 돕는 것으로 나타났으며, 유누스는 2006년 노벨 평화상을 받았다. 이 수상을 결정하면서 심사위원회는 과도한 기대가 모일 것을 염려하며 이렇게 경고했다. "빈곤 극복은 소액 대출만으로는 실현될 수 없다." 그러나 이렇게 덧붙였다. 빈곤을 끝내는 일에 소액 대출은 "분명 중요한 역할을 한다."[29] 기브웰은 소액 대출에 충분히 긍정적이어서, 소액 금융기관인 '어퍼튜니티 인터내셔널Opportunity International'에 초기 보조금을 제공했다. 이후 10년 동안, 소액 대출이 빈곤 극복에 중요한 역할을 하리라는 희망은 잦아들었다. 구빈행동혁신Innovations for Poverty Action과 자밀 구빈행동연구소Jameel Poverty Action Lab의 연구자들은(두 단체 모두 빈곤 감소에 있어 무엇이 바람직하고 무엇이 그렇지 않은지에 대한 연구를 선도하고 있다) 소액 대출에 대해 여섯 개의 독립적 연구를 수행했다. 그들은 소액-단기 대출이 "일반적으로 빈곤한 차용자들의 소득 증가, 자녀 교육에 대한 투자, 또는 여성의 권한 신장에 있어 상당한 이득으로 이어지지 않는다"[30]고 결론 내렸다. 이는 소액 대출이 전혀 쓸모없다는 의미가 아니다. 가난한 사람도 대출을 받음으로써 위급 상황에 대처하고 비수기에 가족을 먹일 수 있다. 그러나 소액 대출은 차용자들의 삶을 근본적으로 변화시키지 못하고, 빈곤 퇴치에 큰 기여를 하지도 못한다.*

비수기 없애기

무함마드 유누스의 예처럼, 자선단체는 보통 그 창립자가 어떤 문

---

* 싱어는 이 책의 초판에서는 소액 금융에 대해 매우 긍정적인 서술을 했으나, 10년 동안의 성과를 지켜본 뒤 이처럼 대체로 비관적인 서술로 바꾸었다. ― 옮긴이

제점(가령 극한의 빈곤)에 대해 고민하고 그것을 해결할 방법을 떠올리면서 시작된다. 그들은 그런 해법을 한 지역에서 실험해보고, 효과가 있으면 전면 실행해 세계적 차원의 문제 해결에 사용할 수 있으리라는 희망에 부푼다. 그러기 위해 그들은 자선단체를 설립하고 그 문제에 관심이 있고 해당 전략을 믿는 기부자들로부터 지원을 받는다.

이 모델은 직관적으로 매력적으로 보일 수 있지만, 설립자들은 그들 프로젝트의 성공을 객관적으로 평가하기 어렵다. 정말 필요한 것은 특정 해법에 치중하는 게 아니라, 증거를 따르는 태도이다. 그것이야말로 TLYCS의 추천 비영리단체 가운데 하나인 에비던스 액션이 취하는 접근법이다. 이 단체는 대규모 프로그램을 실행하는 한편 '베타' 인큐베이터 프로그램도 실행하는데, 이는 유망해 보이는 개입 프로그램의 효과, 비용 효과성, 확장성 등을 추산하여 해당 프로그램의 규모 확대를 결정하는 근거 역할을 한다. 베타 인큐베이터 프로그램의 하나인 '비수기 없애기No Lean Season'는 가장 빈곤한 농업 노동자들이 파종기와 수확기 사이에 종종 겪는 대대적인 일자리 감소와 같은 문제에 대응하기 위해 설계되었다. 이 비수기 빈곤은 전 세계적으로 6억 명에게 영향을 주고 있다.[31] 비수기 없애기 프로젝트의 배경이 되는 아이디어는 작은 여행 보조금이나 대출을 제공하여 노동자들이 다른 노동 기회가 있는 근처 도시나 다른 농촌 지역으로 갈 수 있게 하는 것이었다. 이는 단순히 그럴듯해 보이는 이론이 아니다. 방글라데시 북부에서 소규모의 무작위 통제실험을 거쳤으며, 참여한 가족들이 수입과 소비에 긍정적 영향을 얻었음이 드러났다. 이 실험과 비수기 없애기 프로그램의 비용 효과성 추산치가 매우 고무적이었기에, 기브웰은 비수기 없애기 프로그램을 2017년도 최고 자선 프로그램 가운데 하나로 선정했다.

에비던스 액션은 프로그램의 규모를 키우는 일이 쉽지 않음을 알고 있다. 예를 들어 몇 개의 마을에 서비스를 제공하는 것은 지역이나 국가 수준과는 다른 기술과 자원을 필요로 한다. 그런 이유로, 에비던스 액션은 제대로 무작위화되고 통계적으로 유의미한 결과를 내더라도 소규모 실험에만 의존하지 않는다. 규모를 키우는 한편 계속해서 프로그램을 검증하며, 비수기 없애기 프로그램의 경우에는 일류 경제학자들과 협업하여 또 다른 무작위 통제실험을 실시, 이 프로그램이 규모를 확대했을 때도 여전히 긍정적 성과를 보일지 살펴보고자 했다. 이 대규모 실험 결과를 분석해보니, 비수기 없애기 프로그램의 개입은 덜 유망해 보였다.[32] 특히 연구자들은 더 적은 수의 노동자들이 대출을 받았다는 사실을 발견했는데, 이는 프로그램이 이주를 유도하거나 결과적으로 소득이나 소비에 영향을 미치지 못했다는 것을 의미했다.

하지만 이제 이 이야기의 가장 놀라운 부분이 나온다. 에비던스 액션의 지도자들, 연구자들, 현장 활동가들은 비수기 없애기 프로그램에 많은 시간과 돈을 투자하고, 큰 희망을 걸었었다. 따라서 조직이 대규모 시험의 결과를 축소하고, 아마도 연구에 결함이 있다고 주장하거나, 실험이 드러낸 결함을 극복할 방법을 찾았다고 주장할 것이라고 예상할 수 있었다. 그렇지만 에비던스 액션은 기브웰에 '비수기 없애기 프로그램은 2018년도 최고 자선 프로그램의 자격이 없다'고, 또한 '이 프로그램에 대한 기금 모금을 중단해달라'고 통보했다. 그러는 한편 처음의 국지적 수준의 실험에서 나온 긍정적 성과를 프로그램의 수정으로 재현할 수 있을지에 대해 계속 연구했다.[33] 그런데 에비던스 액션이 새로운 실험 결과를 기다리고 있는 동안 다른 문제가 불거졌다. 그 지역 파트너 단체에서 적절한 금융 절차를 항상 따르지 않았다는 증거를 포함한 문제였다. 좀 더 조사해본 뒤, 에비던스 액션은 비수기 없애기 프로그램을 완전히 끝내기로 결론 지었다.

에비던스 액션의 투명성과 성실성은 이러한 어려운 상황에서 증거 기반 조직이 어떻게 행동해야 하는지를 보여주는 모델이 되었다. 에비던스 액션의 CEO, 카니카 바알Kanika Bahl의 말처럼, 자선단체는 적절할 때 "어려운 결정을 내리고 프로그램에서 철수할 의지가 있어야 한다." 바알은 이어서 "그런 손 떼기는 프로그램이 하나의 난관에 직면했다고 해서 NGO가 몇십, 몇백, 몇천의 사람들의 삶을 확실히 향상시킬 수 있는 일을 접어야 한다는 의미는 아니"라고 말한다. 그보다 다양한 난관이 발생할 가능성이 높아졌을 때, "우리의 임무는 많은 이들의 삶을 크게 향상시킬 기회를 곧바로 외면하는 것이 아니라 비용 효과성에 충실하면서 리스크를 해소할 방법을 성실히 찾는 것이어야 한다"고 지적한다. 결국 에비던스 액션이 추진한 한때 유망했던 사업이 좌초한 일은 그 단체의 명성을 떨어트리지 않았으며, 오히려 올려주었다.[34] 더 많은 단체가 에비던스 액션의 길을 따라간다면, 그리고 더 많은 기부자가 자체적인 사업 평가를 성실하게 보고하고 그에 따라 어려운 결정도 내리는 단체에 더 많이 기부한다면, 실제로 효과가 있는 프로그램이 많은 자원을 얻게 되고, 따라서 더 많은 선이 이루어질 것이다.

밀레니엄 빌리지 프로젝트

2005년, 제프리 삭스Jeffrey Sachs가 이끄는 '유엔 밀레니엄 프로젝트UN Millennium Project'는 아프리카의 농촌에서 지역 규모로 권고사항을 실행하는 수단으로 밀레니엄 빌리지 프로젝트Millennium Villages Project를 시작했다. 이 프로젝트는 10년 동안 사하라 이남 아프리카 10개국의 마을이 농업, 영양, 교육, 보건, 인프라의 복합적인 개입을 통해 밀레니엄 개발 목표에 도달하도록 돕는 것을 목표로 했다. 이러한 복합적 개입이 마을 주민들을 빈곤의 함정에서 벗어날 수 있게 해주리라는 것이 기본 가설이었다. 이 프로젝트는 마돈나Madonna, 보노Bono, 안젤리나 졸리Angelina Jolie, 브래드 피트Brad Pitt, 조지 소로스George Soros를 포함한 많은 유명인사의 지지를 받았다.[35] 이 책의 초판에서 나는 이 프로젝트의 잠재력을 높이 평가하며 열악한 정부와 부패한 제도를 가진 국가에서조차 극한의 빈곤에서 사람들을 탈출시키는 데 큰 도움이 될 모델이라고 서술했었다. 당시는 이런 다중 영역 개발 프로젝트가 효과적일지 판단하기에는 너무 일렀지만, 초기의 성과는 훌륭했다.

이제 결과는 드러났고, 초기에 보인 가능성이 수포로 돌아갔음이 분명해졌다. 이 프로젝트는 마을 주민들이 밀레니엄 개발 목표를 이루도록 해주지 못했다.[36] 이처럼 야심적이고 취지가 좋은 사업이 실패하는 걸 보기란 실망스럽다. 그러나 그 사업이 그리 엄격한 검증을 거친 게 아니라는 사실을 알면 아마 더 실망스러울 것이다.[37] 에비던스 액션의 비수기 없애기 프로그램에서 본 것처럼, 실수를 인정하고 미래의 프로젝트에 교훈을 적용하는 것이 중요하다. 프로젝트 계획과 실행뿐만 아니라 증거 수집에 있어서도 투명성과 엄격한 접근법을 갖추기란 쉽지 않고 저렴하지도 않지만, 이는 모든 새로운 원조 접근법에서 우선순위가 되어야 한다.

기간 한정식 접근법

이와는 다른 다중 영역 프로그램으로 '기간 한정식 접근법Graduation Approach'이라는 것이 있다. 이는 더 엄격한 검증을 받았고, 지금까지는 극한의 빈곤에 놓인 사람들의 환경 개선에 좋은 성과를 보여주고 있다. 이 접근법에는 몇 가지 요소가 있다. 첫째, 자산(사업을 시작할 돈이거나 가령 닭과 같이 생산력을 지닌 자산)의 마련. 둘째, 그 자산을 활용해 소득을 얻는 법에 대한 훈련. 셋째, 3년이라는 사업 연한. 넷째, 저축 및 융자 지원에 대한 접근. 무작위 통제실험으로 이 프로그램을 아시아, 아프리카, 라틴아메리카의 6개국에서 실시하고 평가해보았다. 실험 결과, 6개국 가운데 5개국에서 꾸준한 소득 증가가 나타났으며, 끼니도 제대로 못 챙기던 극빈 가정에서의 소비 증대 역시 나타났다. 비영리단체 빌리지 엔터프라이즈는 이 기간 한정식 접근법을 케냐와 우간다에서 써보고, 대규모의 무작위 통제실험으로 성과를 측정해달라고 독립적 연구단체인 구빈행동혁신에 의뢰했다. 검증 결과 지속적인 긍정적 성과가 나타났으며, 그 가운데는 영양 수준과 주관적인 행복도의 상승도 있었다. 다 합쳐서, 기간 한정식 접근법에 대해서는 이 책을 쓰는 시점까지 아홉 차례의 잘 시행된 무작위 통제실험이 실행되었다.[38] 종합해볼 때, 이 실험 결과는 금전이나 현물 자산 제공, 직업 훈련, 저축조합지원사업Saving Groups 등을 조합하는 방법은 극한의 빈곤에 처한 사람들의 입지를 높여주는 데 효과가 있다는 강력한 증거가 된다. 세계은행의 브리핑에 따르면, 기간 한정식 접근법은 극한의 빈곤을 몰아내기 위한 전략을 짤 때 '필수 구성요소'의 하나가 될 만하다.[39]

빌리지 엔터프라이즈는 그 이름에서 알 수 있듯 마을에서 기업을 창업하는 일에 초점을 맞춘 단체다. 1987년부터, 이 단체는 동아프리카에서 4만 4,700개 기업의 창립을 돕고, 17만 5,000개 이상의 기업에 업무 훈련을 제공했다.[40] 이 조직은 거의 전적으로 현지 동아프리카 직원들을 고용한다. 자선단체 평가 단체인 임팩트매터스의 독립 감사를 받고, 그 결과 모든 영역에서 최고를 의미하는 별점을 받았으며, 지출된 1달러당 1.80달러의 평생 가계 소득 수익을 창출하는 것으로 추정되었다.[41] 빌리지 엔터프라이즈는 자체의 사업 비용을 3인 기업 기준 595달러 정도로 추산하며, 따라서 새 기업을 하나 창업함에 따라 대략 스무 명의 삶의 질을 향상시키는 것으로 본다(해당 지역의 가구당 평균 인원을 고려할 때). 이 추산이 맞다면, 한 개인의 삶을 향상시키는 데는 놀랍게도 겨우 30달러밖에 들지 않는 셈이다.[42] 추가 연구를 통해 이 프로그램 규모를 확대해도 효과가 유지될지 판별할 수 있을 것이다.

다양한 유형의 근거 활용하기

앞선 절의 내용에서 얻을 수 있는 교훈은 무엇이 효과적이고 무엇이 그렇지 않은지를 배울 수는 있으나, 그러려면 가장 객관적인 방식으로 프로그램의 성과를 분석해야 한다는 것이다. 이상적으로는 무작위 대조실험을 실시하되 실험 시행 전에 이를 미리 공지해야 한다(해당 단체가 유리한 결과만 선별적으로 제시하지 못하도록). 또한 그 결과와 방법이 완전히 공개되어 검증의 대상이 되어야 한다. 그리고 어떤 프로그램이 소규모로 실행했을 때 효과적인 것이 드러나면, 그 규모를 확장하면서 계속해서 대규모 적용 과정에서의 효과 측정이 이루어져야 한다.

원조 개입을 가장 잘 평가하는 방법에 대한 우리의 지식에 많은 연구자들이 중요한 기여를 했지만, 이 분야를 개척하는 데 획기적인 작업을 한 두 조직이 특히 두드러진다. 매사추세츠 공과대학교MIT에 에스테르 뒤플로Esther Duflo가 설립한 자밀 구빈행동 연구소는 빈곤층을 돕는 프로그램을 평가하기 위해 무작위 대조실험을 하는 선구자이다. 이 연구소는 구빈행동혁신으로 이어지는데, 뒤플로에게서 배우고 예일대학교의 경제학 교수가 된 딘 칼란Dean Karlan이 이끌고 있다. 이 두 단체 모두 인도적 개입, 말하자면 소액 대출 프로그램이나 기간 한정 접근법 등의 성과를 측정하는 일을 하고 있다. 자밀 구빈행동 연구소와 구빈행동혁신은 개입 프로그램을 조사하고, 기브웰은 자선단체를 조사하는데, 두 연구 분야가 완전히 구분되지는 않는다. 기브웰과 TLYCS의 추천 단체들은 그 추천의 강력한 근거를 이 두 연구소의 엄격한 연구 결과에서 자주 가져온다. 그러나 아직은 역량이 충분하다고 볼 수 없으며, 앞으로 더 많은 것이 이루어져야 한다.

효과가 입증된 프로그램과 그런 프로그램을 식별하고 검증하는 단체들을 지원하는 것 외에, 우리가 놓치고 있을지 모르는 기회에 대해서도 관심을 기울여야 한다. 즉 지금보다 더 효과적이 될 잠재력이 있지만 그 점이 잘 드러나지 않는 방식으로 검증되었거나, 아직 적절한 검증을 받지 못했거나, 검증이 쉽지 않은 인도적 개입의 존재 말이다. 기브웰은 그 연구팀을 두 배 이상 확충하면서 측정이 어려운 인도적 개입(정부 정책에 영향을 주는 경우까지 포함하는)의 평가를 추진하려 한다고 발표하면서 이 점을 잊지 않았음을 보여주었다.[43]

지금 TLYCS가 추천하는 비영리 디자인 기업인 디렙 D-Rev[*]은 환자 및 의료 서비스 종사자와 긴밀히 협력하여, 그들의 가장 시급한 필요를 파악한다. 그리고 혁신적인 해결책을 디자인하고, 제공한다. 이런 접근법을 활용해서 디렙은 신생아 황달 환자용과 무릎 보철물 장착 환자용 광선요법 phototherapy 장비를 디자인하고 개발했다. 두 가지 모두 저소득 국가에 사는 사람들의 필요에 맞으며, 그와 비슷한 상업용품에 비해 훨씬 비용 부담이 덜하다. 기도 내 압력이 양호하게 유지되도록 하는 스마트 장비와 신생아 영양상태 향상 도구 등이 현재 개발 중이다. 디렙은 2020년까지 그 의료기기 솔루션으로 100만 명의 환자들을 돌본다는 목표를 세우고 있다. 자신들의 작업 효과를 추적 조

---

[*] 2020년, 명칭을 디렙에서 이퀄라이즈헬스 Equalize Health로 바꾸었다. — 옮긴이

사하기 위해, 디렙은 그들이 판매하는 제품 숫자만이 아니라 그 제품의 혜택을 본 사람의 숫자도 세고 있다.[44]

저소득 국가에서 정신건강 서비스를 제공하는 것은 글로벌 보건 정책에서 간과된 영역이며, 적은 비용으로 선을 행할 수 있는 또 다른 기회가 될 수 있다.[45] 우울증 같은 정신질환은 심각한 고통의 원인이지만, 눈에 보이는 병세나 상처가 없기 때문에 종종 무시되곤 한다. 많은 부유한 국가에서 정신질환 치료는 매우 비용 효과적이며, 정신질환이 실업, 장기 결근, 직무 능력 저하 등의 원인인 경우가 많기 때문에 개인의 삶의 질과 생산성을 함께 높여줄 수 있다. 유럽 15개국에서 실시된 한 조사에 따르면 정신질환이 국민총생산GDP의 3~4%를 잡아먹는다고 한다.[46] 저소득 국가에서 정신질환이 그보다 문제가 덜 되리라고는 생각할 수 없다. 그리고 그곳에서는 어떤 식으로든 심리상담이나 심리치료를 받을 수 있는 사람이 매우 적다. 2013년부터 스트롱마인즈StrongMinds는 아프리카 여성들의 우울증을 치료함으로써 이러한 격차를 메우고자 했다. 이 단체는 집단 치료법을 쓰는데, 저렴하면서 특수 훈련을 받은 지역 여성들의 주도로 이루어지기에 지역 문화와 잘 맞는다. 초기 연구 결과로는 참여한 여성 75%가 치료 뒤 6개월 동안 우울증을 겪지 않았다. 스트롱마인즈는 이 요법 규모를 확대하여 우울증을 겪는 모든 아프리카 여성의 치료 과정에 포함시키고, 그리하여 그녀들이 건강하고 생산적이며 만족스러운 삶을 살아갈 가능성을 극대화한다는 목표를 갖고 있다.[47]

내가 인도의 푸네를 방문했을 때 본 프로젝트는 매우 특수한 상황으로 인해 무작위 대조실험을 통한 평가가 불가능했다. 당시 오스트레일리아 옥스팜은 '넝마주이 여성'들을 후원하고 있었다. 도시의 쓰레기장을 돌아다니며 넝마 쪼가리만이 아니라 뭐든 다시 쓸 수 있는 것은 주워서 그것으로 생계를 유지하는 여성들이다. 우리가 그들이 일하는 모습을 보기 위해 쓰레기장에 갔을 때, 코를 찌르는 악취 때문에 우리 중 일부는 차로 돌아가 방문 내내 창문을 닫은 채로 있어야 했다. 하지만 넝마주이 여성들은 금속, 유리, 플라스틱, 심지어 오래된 비닐봉지를 수거하면서도 어떻게든 자신들의 화려한 사리를 깨끗하고 밝게 유지하며 더러움과 놀라운 대조를 이루었다. 그녀들은 1킬로그램(또는 2파운드를 약간 넘는 무게)의 플라스틱에 겨우 1루피(3센트 정도)를 받았다. 말도 안 되는 헐값 같지만, 전에 비하면 오른 거라고 했다. 본래 '불가촉천민'으로 알려졌던 달릿 카스트[*]에 속하는 그녀들은 천민 중에서 가장 천한 취급을 받으며 멸시당했고, 그들이 주워온 물건을 거래하는 자들에게 경제적 착취와 성희롱까지 당했다.

옥스팜 팀은 푸네대학교에서 성인 교육 강사를 맡고 있는 락스미 나라얀Laxmi Narayan의 안내를 받았다. 그녀는 넝마주이 여성들에게 탈문맹 교육을 시키고 있었으나, 읽고 쓰기에 그녀들이 더 집중할 수 있으려면 실질적인 도움이 더 필요하다고 절감한 상태였다. 옥스팜의 후원을 받아, 나라얀은 그 여성들이 스스로 '넝마주이 등록협회'를 만

---

[*] 인도의 4대 카스트에 속하지 않는 천민 중의 천민으로 인간 이하의 취급을 받는다. 손끝도 대면 안 될 만큼 천하다고 해서 '불가촉천민'이라 불렸으나, 간디는 그들을 포용할 것을 주장하며 '신의 아이들(하리잔)'이라고 불렀고, 스스로는 흔히 '짓밟힌 자들'이라는 뜻의 달릿으로 부른다. ― 옮긴이

들도록 도왔다. 더 나은 넝마 값을 받고 성희롱을 차단하기 위한 조직이었다. 여기서 큰 진전이 있었다. 등록협회의 건의로 푸네 지방정부에서 넝마주이 등록 카드를 발급해주고, 카드 소지자는 아파트 단지에 출입할 수 있도록 한 것이다. 거주민들은 자신들이 내버리는 재활용 쓰레기를 수거해주기를 바랐다. 그 결과, 많은 넝마주이들이 더 깨끗하고 안전한 조건에서 일하며 가정에서 배출되는 재활용품을 곧바로 얻을 수 있었다. 그 밖의 넝마주이들은 여전히 쓰레기장을 뒤지지만, 적어도 이 새로운 보호 조치로 어느 정도의 혜택을 보았다.

등록협회는 회원의 저축 설계나 소액 신용대출 유치 같은 다른 사업도 시작했다. 회원들의 저축을 모은 기금에서 얻는 이자로 회원 자녀들에게 장학금과 교과서를 주었다. 이전에는 어린아이들이 도시의 쓰레기장을 다니며 엄마와 함께 일했었지만 내가 방문했을 때는 아이는 한 명도 보지 못했다. 이제는 대부분의 넝마주이들이 아이를 학교에 보내면 자기 자신은 누리지 못했던 기회를 줄 수 있음을 깨달았다는 귀띔을 들었다.

푸네를 떠나기 전, 나는 넝마주이들의 모임에 참석했다. 모임은 그들이 사는 비좁지만 깨끗한 구역에서 열렸다. 나는 그들의 말을 알아들을 수 없었다. 하지만 분위기는 밝고 자유로웠다. 모임 후, 나라얀은 그곳 여성들이 옥스팜이 베풀어준 지원에 매우 감사하고 있다고, 하지만 그것도 끝이 다 되었다고 들려주었다. 프로젝트는 목적을 달성했고, 넝마주이 등록협회는 이제 자립하고 있는 중이다.[48]

옥스팜은 직접적 원조 사업 외에 정책 변화를 지원하는 활동도 한다. 이런 정책 변화 시도 역시 무작위 대조실험이 불가능한 고유한 맥락을 지닌다. 옥스팜이 이뤄낸 두 가지 성공적인 정책 변화를 보면 그런 노력이 효과적인지 판단하는 데 필요한 기준을 알 수 있을 것이다.

모잠비크는 인구가 3,000만 명이고, 그중 63%는 하루 1.90달러 미만으로 살아간다. 특히 여성들은 극한의 빈곤 아래 심각한 처지에 놓여 있다. 전통 법체계에서 만약 남편이 죽으면 그 부부의 집과 땅은 시댁의 소유가 되었다. 이혼한 여성은 재산권을 주장할 수 없었고, 과부와 마찬가지로 먹고살 길이 없어서 거지가 되는 일이 많았다. 한편 가족을 버린 아버지는 자식을 부양할 법적 의무를 지지 않았다. 1990년대에 모잠비크 여성들은 이 불의를 끝장내기 위한 동맹을 결성했다. 옥스팜은 기술적 지원과 변론술 훈련을 제공했고, 이 나라의 여러 곳에 있는 조직이 한데 모여 협동할 수 있도록 도왔다. 변화의 필요성에 대한 대중의 인식을 높이기 위해 옥스팜은 텔레비전, 라디오, 신문뿐만 아니라 글을 읽지 못하고 라디오와 텔레비전을 접할 수 없는 모잠비크인들을 위한 거리 공연까지 포함하는 미디어 캠페인도 지원했다. 이 캠페인은 모잠비크 사회의 여러 부문에서, 그리고 정부의 호응을 이끌어내는 데 성공했다. 2004년, 국회는 새로운 가족법을 통과시켰다. 새 가족법에 따르면 남성은 자신의 아이를 가진 여성을 지원할 의무가 있고, 여성이 출산을 하면 그 아기를 부양할 의무가 있다. 또한 새 법에 따르면 정식 결혼 이후 1년 이상이 경과했다면 부부 재산에 대한 여성의 권리가 인정되었다. 2009년, 가정폭력 금지 법률이 제정되어 여성들의 권리가 확대되었다.[49]

더 진보적인 법률을 통과시키는 것과 남성 중심적인 문화에서 그 법을 실제로 집행하는 것은 별개의 문제다. 옥스팜은 모잠비크 여성단체들을 계속 지원하면서 그녀들이 새로 얻은 권리를 일깨워주고, 지역 경찰에게 새로운 법률을 집행할 필요성에 대해 교육하는 일을 하고 있다. 옥스팜의 이런 활동의 영향력을 계량화할 수는 없다. 하지만 이 프로젝트가 당연히 가져야 할 기본권을 빼앗긴 상태였던 수백만 여성의 삶을 개선하는 데 보탬이 되고 있음은 분명해 보인다.

또 다른 옥스팜의 정책 변화 지원 사업은 가나에서 진행되었다. 그 땅에서 석유와 천연가스가 발견되었을 때, 곧 국고로 유입될 새로운 수입이 어떻게 사용될지는 불확실한 상태였다. 가나는 민주국가이며 역동적인 시민사회를 가지고 있어서 옥스팜은 석유 수입 활용에 대해 투명성과 공적 책임성을 추구하는 단체들을 지원할 수 있었다. 옥스팜의 파트너들은 가나의 빈곤한 농민을 위해 석유 수입의 상당한 몫을 요구하는 '농업을 위한 석유Oil for Agriculture' 캠페인을 시작했다. 이 캠페인은 성공을 거두어 2014년, 가나 정부는 정부의 석유 수출 수입액 15%에 해당되는 1억 1,600만 달러를 농업예산으로 배정했으며, 그 대부분은 '빈한농업발전'에 할당하여 영세 농민을 지원토록 했다. 예를 들어, 석유 수출 수입액으로 댐을 하나 지으면 가나의 건조한 북동부 지역의 75가구가 자신들의 좁은 경작지를 일굴 수 있었다. 이후, 옥스팜은 계속해서 가나의 단체들을 지원하여 그 지원액이 어떻게 쓰이는지를 살펴보도록 했다.[50]

옥스팜이 이 캠페인에 투입한 비용은 직원 인건비를 포함해 20만 달러를 넘지 않았고, 현지 모니터링 단체에 추가로 약간의 금액이 지급되었다. 그렇다면 20만 달러를 써서 극빈 상태의 가나 농민에게 단 1년 만에 1억 1,600만 달러의 혜택을 주었다고, 앞으로 여러 해 동안 같은 규모의 혜택이 이어질 것이며 그게 옥스팜 사업의 성과라고 말할 수 있을까? 그럴 수도 있지만 가나 정부가 옥스팜의 개입 없이도 같은 결론에 이르렀을 가능성도 있다. 하지만 매우 보수적으로 추정하여, 옥스팜의 개입이 석유 수입의 상당 부분이 극빈층 가나인들을 돕는 데 쓰일 가능성을 단 1%만 높였다고 가정해보자. 그 경우에도 옥스팜의 활동은 1억 1,600만 달러의 1%인 116만 달러의 효과를 냈으며, 향후에 매년 그런 효과를 낸다고 볼 수 있다. 그것만으로도 투자 대비 효과가 막대하다. 비록 대부분의 정책 변화 독려 캠페인이 만족할 만한 결과를 못 가져오고 있다고 해도(지금껏 성공을 못 거두고 있는 미국 목화업계 보조금 폐지 캠페인처럼), 하나의 큰 성공은 많은 손실을 갈음할 수 있을 것이다.

* * *

어떻게 해야 극빈층을 가장 잘 도울 수 있을지에 대해서는 배워야 할 게 아직도 많다. 하지만 우리 지식은 계속해서 늘어왔고, 우리가 우리 실수에 대해 열린 자세를 갖는 한 앞으로도 늘어날 것이다. 이 장에서 우리는 정부 원조 정책의 변화가 큰 차이를 가져올 수 있음을 보았다. 부유한 생산자를 보조해줌으로써 저소득 국가의 영세농민들의 소득을 줄이지 말아야 한다. 국내 생산품을 구매한 후 자국 운송업체를 통해 수출하는 것을 원조와 연계하지 말아야 한다. 원조를 국가의 정치적 의제를 추진하는 데 이용하지 말아야 한다. 정부의 원조가 극빈층을 돕는 일에만 집중할 때 비로소 효과를 발휘할 수 있다. 또한 생산성을 높이는 데 사용된다면 대규모의 원조 유입에 따른 잠재적인 '네덜란드병' 효과를 상쇄하는 수출 증가로 이어질 수 있다. 원조는 또한 제도를 개선하는 데 유익할 수 있으며, 원조에 조건을 다는 것은 효과를 내기 위한 합당한 방법이다. 더불어 원조는 국내 분쟁 이후 한 국가가 치유되는 과정을 돕는 데 중요한 역할을 할 수 있다.

정부의 원조와 개인의 원조에는 차이가 있다. 개인으로서, 우리는 어디에 기부할 지 고를 수 있으며, 그럼으로써 효과적인 단체들의 활동을 개선하는 데 크게 기여할 수 있다.

그러나 과연 얼마나 기부해야 할지 확신이 서지 않을 수 있다. 특히 가족을 부양할 책임이 있을 때, 또한 대체로 기부하지 않거나 거의 기부하지 않는 사람들에게 둘러싸여 있을 때 그렇다. 따라서 이제 심리와 원조에 관한 사실들에 확고한 기반을 두고, 우리가 처음에 제기했던 윤리적 질문으로 되돌아갈 시간이다.

THE LIFE YOU CAN SAVE

4부

기부의
새로운 기준

| 8장 |

내 아이와 남의 아이

샬럿 길먼Charlotte Perkins Gilman이 1895년 처음 발표한 단편소설 『엄마 실격』에는 무서운 결정에 직면한 여성이 나온다. 에스더 그린우드는 집 위쪽 계곡을 걸어가다가 댐이 무너지고 있는 것을 발견한다. 그녀는 즉시 아래 계곡의 마을에 사는 사람들에게 경고하기 위해 달린다. 가는 길에 그녀는 아이가 자고 있는 자신의 집을 지나치지만, 자신의 아이를 구하면 마을 사람들에게 제때 알리지 못할 것이기에 멈추지 않는다. 그녀는 마을 사람들을 대피시킨 뒤 자신의 아이를 구하러 돌아갔지만, 그 과정에서 물에 빠져 숨지고 만다. 그녀의 아이는 다행히도 살아남았다. 열세 명의 아이를 두었고 당대의 도덕성을 대표하는 인물이었던 브릭스 여사는 에스더의 결정을 못마땅해한다. 그녀가 자기 아이의 생명을 다른 이의 생명보다 우선시하지 않았기 때문에, 그녀는 '이상한 어머니Unnatural Mother'가 되었다. 브릭스 여사의 딸인 메리

아멜리아는 길먼이 자신의 진보적인 견해를 표출하기 위한 등장시킨 인물인데, 에스더가 1,500명의 생명을 구했고 분명 위험에 처한 다른 모든 아이들을 생각했을 것이라고 지적한다. 브릭스 여사는 메리 아멜리아가 그런 생각을 가진 것 자체가 수치스럽다고 대답한다. "어머니의 의무는 자기 아이를 돌보는 거야!"

　이 이야기는 불편한 질문을 떠올리게 한다. 극단적인 상황에서 부모의 의무는 무엇인가? 다른 이들에 대한 의무가 가족에 대한 의무와 동등하거나 더 클 때가 있는가? 우리는 우리 자녀를 사랑해야 한다. 두말할 필요가 없다. 그렇게 하지 않는다면, 부도덕할 뿐 아니라 이상하다. 우리는 또 아이들의 욕구에 부응해야 한다. 자녀를 먹이고, 입히고, 재우고, 교육해야 한다. 그렇지만 수백 명의 다른 이를 구하려면 우리 자식의 목숨을 위험에 빠트려야 할 때는 어떻게 하겠는가? 다행히도, 실제로 그런 질문에 맞닥뜨리는 경우는 매우 드물다. 대부분 우리가 겪는 딜레마는 값비싼 최신 컴퓨터 게임을 사 달라는 아이의 소원을 뿌리치고, 명품 옷을 아이에게 사 줄 생각을 접고, 아이를 우수하지만 학비가 비싼 사립학교 대신 지역 공립학교(충분히 괜찮지만, 우수하다고는 할 수 없는)에 보내는 등의 일이 잘못인가, 또는 이상한가 정도이다. 어느 경우든 돈이 덜 드는 선택을 하면 그만큼 기부를 해서 누군가의 생명을 구하는 일에 보탬이 될 수 있다. 하지만 다른 이들의 필요나 고통이 아무리 크더라도, 자녀에 대한 의무가 낯선 사람에 대한 의무보다 항상 우선하는 것일까?

　젤 크라빈스키Zell Kravinsky는 바로 이 딜레마에 빠져 고생을 했다. 크라빈스키는 바쁘게 사는 사람이었다. 필라델피아공립학교에서 사회적으로 불우한 아동들을 가르쳤고, 박사 논문 두 편을 썼으며, 펜실베이니아대학교에서 밀턴Milton* 강의를 했다. 그러는 사이에, 그는 40대 중반의 나이로 부동산 투자를 할 만한 시간을 내었고, 쇼핑몰 투자 이익과 다른 자산을 합쳐서 4,500만 달러의 재산을 형성했다. 가족을 부양해야 할 필요성을 인식한 크라빈스키는 일부 재산을 아내와 자식을 위한 신탁기금에 넣었다. 외조카들을 위한 배려도 했다. 그런 다음 필라델피아 근처 젠킨타운의 검소한 가족 주택과 약 8만 달러의 주식과 현금만을 남긴 채, 나머지 거의 전부를 주로 공중보건을 다루는 자선단체들에 기부했다. 그는 자기 자신을 위해서는 거의 돈을 안 쓴다. 한때는 양복이 한 벌뿐이었는데, 중고품 할인점에서 20달러를 주고 산 것이었다. 그가 내 수업에 들어와서 직접 밝힌 표현대로였다. "내 돈을 남김없이, 또 내 모든 시간과 에너지를 바쳐야 한다는 건 내게 너무나 당연했어요." 돈, 시간, 에너지를 몽땅 바치는 것으로도 크라빈스키에게는 모자랐다. 매년 이식 수술을 기다리다가 신장 부전으로 숨지는 사람이 수천 명이라는 사실을 알고 그는 주로 저소득층 아프리카계 미국인들을 위해 봉사하는 필라델피아 도심의 병원에 연락해서 낯선 사람에게 자신의 신장 하나를 기증했다.[1]

크라빈스키는 그의 아내 에밀리Emily가 신장 기증에 반대했음을 시인했다. 언젠가는 그들의 자식에게 필요해질지도 모른다는 이유에서

---

* 존 밀턴. 17세기 영국의 시인으로 『실락원』, 『복락원』 등을 썼다. 셰익스피어 다음으로 영문학에서 중시되는 작가이다. — 옮긴이

였다. "아무리 우리 가족이 겪는 위험이 미미하게 느껴지더라도, 우리는 당신의 가족이고, 남보다 중요해요." 그녀의 이 말은 타당한 반응처럼 보인다. 우리 대부분이 가족에 대한 의무를, 특히 자식에 대한 의무를 가장 우선시한다. 가족을 우선하는 것은 자연스럽게 느껴진다. 그리고 대부분은 그것이 옳게 보인다. 그러나 크라빈스키는 다른 시각에서 보았다. 그의 관점은 이러하다. "가족을 신성시하는 것은 모든 욕망과 이기심을 합리화하는 것이다. 아무도 '내가 담배 회사에서 일하는 건 돈이 좋아서야'라고 말하지 않는다. 그들은 '잘 알겠지만, 나는 그러기 싫어. 하지만 애들을 돌봐야 한다고'라고 말한다. 모든 것이 그런 식으로 변명된다."

나의 학생들은 크라빈스키의 이타심, 특시 신장 기증을 받아들이기 어려워했다. 그는 학생들에게 신장 기증으로 죽을 확률은 4,000분의 1이며, 따라서 신장을 그대로 갖고 있다는 건 남의 생명보다 자신의 생명을 4,000배 더 중시한다는 뜻이라고 말했다. 그는 이를 '부도덕한' 비율이라고 설명한다.

일부 학생은 크라빈스키의 발표에 방어적으로 반응하며, 그가 제시한 수치의 신빙성을 문제 삼았다. 그들이 보기에 신장을 기증할 당시에 문제가 생기거나 나중에 후유증이 생길 가능성은 4,000분의 1보다 컸다. 그러면 어떤 위험이 있다는 걸까? 신장 기증자에 대한 한 연구에 따르면 이식 수술 때 죽을 위험은 3,225분의 1이지만, 이러한 사망은 대부분 고혈압이 있는 기증자에게 해당되었고, 고혈압이 없는 기증자의 사망률은 7,500분의 1 미만으로 크라빈스키의 추정치보다도 더 낮았다. 이 연구는 신장 기증자의 장기 사망률이 대조군보다 더 높지 않다는 것도 발견했다. 또 다른 연구는 11만 8,426명의 신장 기증자를 대상으로 한 52개의 선행연구 데이터를 통합해서 신장 기증이 건강에 미치는 장기적 영향을 조사했다. 그들은 기증 후 임신한 여성들이 임신중독증의 위험이 더 높고, 모든 기증자들이 말기 신장질환의 위험이 더 높다는 것을 발견했다. 하지만 이런 위험의 절대수치는 여전히 낮았으며, 전반적인 사망률이 증가하거나 사회심리적 부작용이 생긴다는 근거는 찾지 못했다.[2] 그에 따르면 내셔널 풋볼 리그NFL에서 뛰는 것이 단기적으로든 장기적으로든 신장 기증보다 의학적 위험이 훨씬 더 컸다.[3] 한편 살아 있는 기증자에게 신장을 받은 사람 중 5%가 수술 후 1년 내에 사망한다는 점에서 수혜자의 성공을 보장할 수 없다는 것을 인정해야 한다. 이는 4,0000분의 1이라는 리스크-효용 비율에 차이를 가져오지만, 미미한 수준일 뿐이다.[4]

그러나 다른 학생들은 스스로에게 이렇게 묻기 시작했다. '어쩌면 내가 나 자신의 삶을 어떤 부분에서는 낯선 사람의 삶보다 4,000배 이상 중시하고 있을지 몰라.' 그 점을 대수롭지 않게 여긴 학생들도 있었지만, 소수의 학생은 신장 기증에 대해 진지하게 생각하기 시작했다. 효과적 이타주의에 대한 나의 온라인 수업을 들은 한 학생이 신장을 기증했으며, 나의 글을 읽고 기증을 결심한 다른 네 사람을 나는 알고 있다.

보건 서비스가 가장 절실한 사람들에게 현대 의학의 혜택을 제공하는 '파트너스 인 헬스Partners in Health, PIH'의 공동 설립자인 폴 파머Paul

Farmer 역시 가족에 대한 사랑과 타인에 대한 배려 사이에서 갈등을 겪었다. 파머는 대학 졸업 후 아이티에서 1년을 지냈는데, 부분적으로는 자신의 돈이 그곳에 큰 도움이 될 것을 알았기 때문이었다. 아이티 병원에서 자원봉사자로 일하는 동안 그는 1년간 아이티에서 일하고 이제 미국으로 돌아가려는 젊은 미국인 의사와 친해졌다. 파머는 그에게 떠나기가 힘들지는 않은지 물었다. 그 의사는 이렇게 대답했다. "농담해요? 하루라도 빨리 떠나고 싶은데요. 여기는 전기도 안 들어오죠. 아주 야만스러운 곳이라고요." 파머는 다시 물었다. "하지만 이 모든 것을 잊지 못할까 봐 두렵지 않으세요? 이렇게 많은 사람이 병에 걸려 괴로워하는데." 그 의사는 자신은 미국인이고 집에 가고 싶을 뿐이라고 했다. 파머는 그 대답을 두고 종일 고민했다고 한다. "'나는 미국인이잖아'라고? 그게 무슨 뜻이지?" 그는 왜 누군가가 미국인이라는 사실이 아이티에서 의료 서비스를 받지 못하고 죽어가는 사람들을 잊어버릴 수 있는 이유가 되는지 이해하지 못했다. 그리고 그는 그때 자신이 의사가 될 것임을 알았다.[5]

파머는 1984년에 하버드대학교 의과 과정에 들어갔다. 하지만 정기적으로 아이티에 돌아왔으며, 중앙 고원지대에 있는 소도시이자 아이티에서도 가난한 곳인 캉주의 보건의료 문제를 연구했다. 그러는 동안 보스턴의 최대 자선사업가인 톰 화이트Tom White를 만났다. 파머는 화이트에게 아이티에 직접 와서 현지 사정을 보라고 했고, 화이트는 얼마 지나지 않아 파머를 도와 파트너스 인 헬스를 세우고, 초창기에 최대 재정지원자가 되었다. 1993년에 맥아더 재단MacArthur Foundation

은 파머에게 '천재 장학금'으로 22만 달러를 수여했는데, 이는 그가 원하는 대로 사용할 수 있었다. 그는 그것을 모조리 파트너스 인 헬스에 기부했다. 의과 과정을 끝마친 그는 하버드대학교에서 강의(의료인류학 부문)를 맡게 되었고, 보스턴의 브리검 여성병원(전염병과)의 의사로도 일하게 되었다. 그는 자신의 봉급과 강의료 모두를 파트너스 인 헬스에 바쳤으며, 생계비 말고는 모든 수입이 재단 기금으로 들어갔다. 그는 독신으로 살던 동안에는 보스턴의 파트너스 인 헬스 본부 지하실에서 숙식했다. 캉주의 집은 너무 단출했고 온수도 나오지 않았다.

때때로 아이티에서 파머는 도로에서 멀리 떨어진 곳에 사는 환자들을 보기 위해 몇 시간씩 걸었다. 그는 이 환자들을 방문하는 데 너무 많은 시간과 노력이 든다고 말한다면 그들의 생명이 다른 이들의 생명보다 덜 중요하다고 말하는 것과 같다고 보았기 때문에 이 왕진을 고집했다. 영양실조에 허덕이는 아이들이 사는 아이티 농촌의 움막을 떠나 마이애미로 날아가면, 불과 700마일 떨어진 그곳에서는 잘 차려입은 사람들이 다이어트를 화제로 이야기꽃을 피우고 있었다. 파머는 잘사는 나라와 못사는 나라 사이에 이토록 큰 격차가 있다는 데 분노를 느꼈다. 그를 가장 괴롭힌 것은 수년 전 한 미국인 의사가 아이티를 떠나면서 보인 태도에서 느낀 점과 똑같았다. "사람들이 어떻게 이들을 신경 쓰지 않죠? 어떻게 생각에서 지울 수 있죠? 어떻게 잊을 수 있죠?"

파머는 캉주의 학교 교장선생님 딸인 디디 베르트랑 Didi Betrand 과 결혼했고, 38세가 되었을 때 딸 캐서린Catherine을 보았다. 언젠가, 그의 병원에서 아이를 낳다가 합병증에 걸린 산모의 아기를 구하지 못했을 때 파머는 울음을 터뜨렸다. 그는 실례한다고 하고 밖으로 뛰쳐나갔다. 무슨 일이 일어나고 있는지 자문했을 때, 그는 죽은 아기가 캐서린이라고 상상했기 때문에 울고 있다는 것을 깨달았다. '그러면 나는 이 아이들보다 내 아이를 더 사랑한다는 것인가?' 파머는 스스로에게 물었다. 그 질문이 그를 괴롭혔다. 그는 자신이 돌보는 아이들에게 완전히 공감하고 있다고 생각했는데, 자기 아이를 더 사랑한다면 '공감에 실패'하여 다른 아이들을 제대로 사랑하지 못하게 된다고 여겼던 것이다. 파머의 전기 작가인 트레이시 키더Tracy Kidder는 그 생각이 거슬렸고, 그에게 만일 그런 말을 하는 사람이 있다면 뭐라고 대답하겠느냐고 물었다. "당신은 자신이 뭔가 특별한 사람이기 때문에 자신의 아이와 남의 아이를 차별 없이 사랑할 수 있다고 생각하는 게 아닌가요?" 파머는 대답했다. "보세요, 모든 위대한 전통 종교는 말하고 있어요. '네 이웃을 네 몸처럼 사랑하라.' 제 대답은 이거예요. '죄송합니다. 저는 그렇게 못합니다. 하지만 노력하겠습니다.'" 그런 노력의 일환으로, 출장을 많이 다니고 집을 떠나 있을 때가 많은 파머는 캐서린의 사진과 함께 그의 환자 중 하나로서 비슷한 또래이며 영양실조로 고통받고 있는 아이티 아이의 사진을 갖고 다닌다.

키더는 파리로 거처를 옮겨 지내고 있던 아내와 아이를 방문한 파머와 동행한 적이 있다. 디디는 프랑스 노예 소유주들의 문서고를 뒤지며 그녀의 조상들이 겪은 고난을 공부하고 있었다. 키더는 파머가 도착한 직후의 가슴 아픈 순간을 회상한다. 파머가 캐서린과 놀아주고 있는데, 그가 파트너스 인 헬스의 결핵 퇴치 프로그램 일로 모스크바로 가던 중임을 알고 있던 디디가 언제 출발하느냐고 물었다. "내일 아침." 그의 대답에 디디는 그만 이성을 잃었다. 폐부를 찌르는 절규 앞에서 파머는 자신의 입을 두 손으로 틀어막았다. 키더는 이렇게 썼다. "그가 당황해서 손도 발도 못 내미는 모습은 처음 봤다." 파머가 가족을 좋아하면서도 그들과 많은 시간을 보내지 않았다면, 그것은 그가 '내가 열심히 하지 않으면 안 죽어도 되는 누군가가 죽는다'는 생각에 사로잡혀 있었기 때문이었다. 그는 치료될 수도 있는 사람이 병에 걸려 죽는다는 사실을 견디지 못했다. 그에게 그것은 죄였다. "가난한 사람을 위해 아무리 시간을 써도 지나치지 않습니다. 우리는 우리의 부족함을 메우려 최선을 다할 뿐이죠."

파머처럼 크라빈스키도 자신이 다른 부모들만큼 자녀들을 사랑한다고 주장하며, 나는 그가 그렇다고 확신한다. 그는 자녀들을 위해 신탁기금을 설정함으로써, 자신의 극단적인 이타적 헌신이 자녀들에게 영향을 미치지 않도록 보호했다. 하지만 그의 관점에서 부성애는 자녀들의 생명에 낯선 아이들의 생명보다 수천 배 더 큰 가치를 두는 것을 정당화하지 않는다. 「뉴요커」에 그에 관한 기사를 쓰던 이언 파커 Ian Parker가 그에게 자녀에 대한 사랑과 알지 못하는 아이들에 대한 사랑의 비율을 계산해달라고 하자, 크라빈스키는 이렇게 대답했다. "어디다 기준을 둬야 할지 모르겠군요. 하지만 내 아이를 살리기 위해 다른 많은 아이들이 죽도록 내버려두지는 않을 겁니다." 그리고 이렇게 덧붙였다. "내 아이 하나가 편안해진다면 남의 두 아이가 죽어도 좋다고는 생각하지 않습니다. 그리고 내 아이가 살기 위해서는 남의 두 아이가 죽어야 한다면, 잘 모르겠군요."[6]

파커는 소설 속의 인물인 브릭스 여사에게 크라빈스키의 태도를 어떻게 생각하느냐고 물어볼 수 없었지만, 일종의 차선책으로 MIT의 철학과 교수인 주디스 톰슨 Judith Jarvis Thomson 에게서 그다음으로 좋은 답변을 찾은 것 같다. "'나는 다른 사람의 생명보다 내 아이의 생명을 더 중시하지 않는다'고 말하는 부모가 있다면 부모로서 분명히 자격 미달입니다. 그런 사람은 부모라면 당연히 가져야 할 정서가 부족한 거죠. 그래서 더 효용이 최대화되는지는 논외고요."[7] 사실 크라빈스키가 남의 생명보다 자기 아이의 생명을 더 중시하지 않는다고 말하지는 않았지만, 대부분의 사람들보다 그것에 더 가깝게 다가갔다. 그러면 그는 자격 미달의 부모인가? 자녀는 사랑해주는 부모를 절실히 필요로 한다. 그들은 부모가 자신들을 보호하고 곁에 있어줄 것이라고 느낄 필요가 있다. 아버지가 남의 아이를 살리려 자신은 죽게 내버려둔다면 충격을 받으리라. 하지만 문학에는 부모가 자신의 자녀와 더 넓은 도덕적 의무 사이에서 선택해야 하는 상황이 가득하며, 이러한 상황을 고려할 때 우리는 항상 부모가 자녀를 우선시해야 한다고 가정하지는 않는다. 만약 그렇다면, 어떻게 아브라함이 그토록 존경을 받을 수 있을까? 유대교, 기독교, 이슬람교에서 큰 존경을 받는 그는 신의 명령에 따라 외아들 이삭을 주저하지 않고 바쳤다.[8] 고대 그리스인들 역시, 아버지는 더 큰 선을 위해 자식을 희생시켜야 마땅하다 여겼다. 에우리피데스Euripides의 희곡 『아울리스의 이피게네이아Iphigeneia he en Aulidi』에서, 그리스 함대는 트로이로 쳐들어갈 준비가 되었으나 아르테미스 여신이 순풍을 내주지 않았다. 그리고 그리스군의 맹주인 아가멤논이 딸 이피게네이아를 바쳐야만 한다고 했다. 아가멤논은 맹세하건대 자신은 자식을 사랑한다고 한다. "오직 미친 자만이 그렇지 않으리라." 그러나 그는 딸에게 이렇게 말한다. "나의 바람과 상관없이, 그리스가 나더러 너를 버리라고 하는구나."[9] 우리가 『창세기』의 아브라함보다 아가멤논에게 덜 동정적이라면, 오늘날의 유대교, 기독교, 이슬람교는 아직도 아브라함의 하나님을 섬기지만 고대 그리스의 신들을 믿는 사람은 하나도 없기 때문일 것이다.

어머니가 자기 자식의 생명을 구하려고 무슨 일까지 할 수 있는지는 더 최근을 배경으로 하는 조지프 캐넌Joseph Kanon의 소설 『착한 독일인The Good German』에서 깊이 탐구되었다. 제2차 세계대전 후, 유대계 독일 여성인 레나테 나우만은 나치 협력 혐의로 법정에 선다. 그녀는 '그라이퍼Greifer'였다. 그라이퍼는 비유대인으로 행세하는 유대인을 적발하는 사람이다. 그녀가 그 일을 거부하거나 할당량을 채우지 못하면 그녀 자신은 물론 그녀의 노모까지 위험해질 수 있었다. 그래도 우리는 그것이 그런 행동의 변명이 될 수 없다고 여긴다. 그러나 미처 몰랐던 사실이 드러나면서 문제가 복잡해진다. 나우만에게는 아들이 하나 있었고, 나치가 그 아이를 잡아두고 있었다. 그녀가 배신하면 그 아이는 살아남지 못할 것이었다. 그렇다면 그녀의 부역 행위는 정당화될 수 있을까? 그녀가 남들의 생명보다 자기 아들의 생명을 중시하지 않았다면, 자격 미달의 부모였을까?

  우리는 하지 않은 일보다 한 일을 두고 비난받아야 한다고 여기는 경향이 있다. 그것이 우리가 수백 명의 다른 이들에게 경고하지 못하는 대가로 자신의 아이를 구하기로 선택한 에스더 그린우드의 상황에 있는 여성보다 자신의 아이를 구하기 위해 나치에게 협력한 나우만을 더 쉽게 비난하는 이유일 것이다. 그래도, 만약 우리가 레나테 나우만을 단죄한다면, 우리는 우리 아이를 살리기 위해 할 수 있는 일의 한계를 정하는 셈이다. 그렇다면 우리는 자신의 아이는 구하지만 다른 사람의 아이들은 죽도록 내버려두는 선택으로도 이러한 한계가 위반되는 것은 아닌지 물어봐야 한다.

  내가 보기에, 에스더 그린우드도, 젤 크라빈스키도, 폴 파머도 자격 미달의 부모는 아니다. 그들은 자기 자식을 사랑하고 보호하려 했다. 그들을 특별하게 만드는 것은 대부분의 사람들과는 달리 다른 이들의 고통에도 주의를 기울였다는 점이다. 아브라함이나 아가멤논처럼, 그들은 남들이 자기 감정으로만 결정하고 타인의 사정을 살펴 동정하거나 더 넓은 관점을 취하지 않은 채 선택할 때 남다른 고민을 했다. 결국 크라빈스키는 아내의 걱정과 자녀들과 멀어지고 싶지 않다는 이유로 부동산업에 다시 뛰어들어 더 많은 돈을 벌고 가족에게 더 큰 집을 사 주었다. 결정적인 순간에 그는 가족과 하나 되기를 원하는 '보통 아버지'로 행동한 것이다. 우리는 크라빈스키조차도 자기 이익의 규범의 힘을 이겨내지 못했다고 말할 수 있을 것이다. 비록 그가 한 발 물러선 것은 그 규범을 수용해서가 아니라, 그 규범이 가족에게 미치는 힘과 그들에 대한 특별한 사랑이 결합된 결과이지만 말이다.

파머는 자신에게는 극히 힘든 도덕적 기준을 부과했으나, 남들에게는 현실적인 기대를 했다. 나는 그가 학생들에게 하는 이야기를 들었다. 많은 학생이 그를 열렬히 따랐고 영웅으로 숭배했다. 그러나 그는 그들에게 자신처럼 살라고 말하지 않았다. 그 자신은 휴가를 가지 않지만, 파트너스 인 헬스의 다른 이들에게는 휴가를 가라고 권한다. 그는 사치품에 돈을 쓰지 않지만, 남들이 그런다고 뭐라 하지는 않는다. 가난한 사람에게 기부도 한다면 말이다. 아마도 그는 파트너스 인 헬스의 공동 설립자인 짐 킴Jim Kim이 트레이시 키더에게 한 말처럼 생각하기 때문일 것이다. "그를 보고 사람들이 감동하는 일은 중요하죠. 하지만 그 누구에게도 그처럼 해야 한다고, 그처럼 할 수 있다고 얘기해서는 안 됩니다. 폴 같은 사람이 많이 나타나야만 가난한 사람들이 좋은 의료 서비스를 받을 수 있다면, 완전히 망하고 말 테니까요."[10] 그는 기준을 낮추어, 더 많은 사람이 기준을 통과하도록 하기를 권한다.

핫도그 제조업자 오스카 마이어Oscar Mayer*의 증손자인 척 콜린스 Chuck Collins는 태어날 때 이미 미국인 가운데 1%에 속하는 부자였다. 그는 열여섯 살 때 마이어 가의 재산을 상속받게 될 것이라는 말을 들었다. 디트로이트의 부유한 교외에서 자라면서, 그는 같은 도시에 사는 다른 이들이 매우 다른 삶을 살고 있다는 것을 알았고 불공정함을

---

* 피터 싱어는 이렇게 표현했지만, 오스카 마이어는 단순한 핫도그 제조업자는 아니다. 그는 1883년에 하인즈 사의 자회사로 오스카 마이어 사를 창립하고 오늘날 미국 굴지의 육류업체가 되도록 키웠냈다. ─ 옮긴이

느꼈다. 그는 자녀를 갖기도 전에 재산의 대부분을 기부해버렸다. 사람들은 그에게 이렇게 말했다. "좋아, 당신 자신은 한 점 부끄러움 없는 삶을 살라고. 하지만 당신 아이에게 그래서는 안 돼." 콜린스는 부모란 언제나 자식을 위해 결정을 내리며, 자식에게 재산을 물려주지 않겠다는 것도 그러한 결정 중 하나라고 대답했다. "우리 아이들은 안정적인 미래, 충분한 교육 기회, 재정 관리 능력 그리고 백인이라는 특성을 가지고 성장합니다. 하지만 상속은 받지 않을 것입니다." 그는 물려받은 재산은 자녀에게 좋을 게 없다고 굳게 믿고 있다. 그리하여 그는 '책임 있는 부Responsible Wealth'를 공동 설립했다. 이는 소득이나 재산으로 미국 최상위 5%에 드는 사람들에게 조세 공평성을 설득하는 단체로, 그러한 슈퍼리치들이 더 많은 소득세를 내도록 하려는 목적을 띤다. 이제 정책연구소IPS의 선임연구원을 맡고 있는 그는 이 연구소의 '불평등과 공동선 문제 프로그램'을 이끄는 한편 빌 게이츠와 공저로 『부와 우리 공동체Wealth and Our Commonwealth』를 썼는데, 모두 상속세 강화에 역점을 두고 있다. 콜린스는 "물론 우리는 우리 피붙이에게 충실해야 합니다"라며 그런 주장에 반대하지 않는다. 그러나 이렇게 덧붙인다. "하지만 일단 그들이 별 탈 없다면, 충실히 대할 대상을 넓혀야죠. '넓게 본 가족'이란 급진적인 생각이지만, 우리가 같은 배를 타고 있다는 것을 보지 못한다면 이 사회는 매우 곤란해질 거예요."[11]

    그것은 합당한 관점으로 보인다. 그리고 인간 본성에 비추어 너무 과격하지도 않은 듯하다. 하지만 물론 '별 탈 없다'는 말은 꽤 모호하다. 내가 가르치는 학생들은 종종 그들의 부모가 그들을 프린스턴 같은 대학교(장학금을 받지 않는다면, 2019~2020년 1년간 예상되는 비용은 7만 3,450달러[12]이다)에 다니도록 하는 일이 잘못이냐고 묻는다. 나는 그만한 돈을 들여 자녀를 명문대에 보내는 일은, 그것이 자기 자녀만이 아니라 다른 이들을 위한 투자일 때에만 정당화된다고 대답한다. 고급 교육은 그 학생에게 남보다 세계를 잘 이해하고, 세계를 위해 많은 일을 할 수 있는 기술과 자질을 부여한다. 그런 자질을 갖춘 사람이 많다면 세계에는 유익한 일이다. 비록 프린스턴대학교 졸업장이 고소득 직업을 향한 티켓에 불과할지라도, 그들이 그 고소득의 일부를 가난한 사람을 위한 단체에 기부한다는 신념이 확고하고, 다른 고소득자 동료들에게도 그런 생각을 퍼뜨린다면 유익하다. 물론 위험도 있다. 거꾸로 그 고소득자 동료들이 최소한 BMW급 차를 몰아야 한다느니, 부자 동네의 고급 아파트 정도는 살아줘야 한다느니 하고 그를 부추길 수도 있으니 말이다.

자기 딸만큼 다른 아이를 사랑할 수 없는 문제를 놓고 키더와 토론하며, 파머는 이렇게 말했다. "문제는 자기 아이를 더 사랑하는 것에 대해 모든 사람이 이해하고, 격려하고, 심지어 칭찬한다는 거예요. 하지만 정작 어려운 것은 다른 아이들도 사랑하는 것이죠."[13] 물론 그는 옳다. 낯선 이들의 자녀를 사랑하는 것은 자신의 자녀를 사랑하는 것보다 훨씬 더 어렵다. 하지만 그만한 이유가 있다. 사회적 차원에서, 우리는 부모들에게 그들의 자녀를 사랑하고 돌보라고 격려해야 한다. 그것이 행복하고 심리적으로 건강한 아이들을 키우는 방법이기 때문이다. 더 나은 방법은 없다. 일부 유토피아적 공동체는 가족의 유대관계를 전체 공동체에 대한 헌신으로 대체하려 했다. 그러나 이스라엘 키부츠와 같은 가장 계몽된 시도초차 억누르기에는 부모와 자식 사이의 유대관계가 너무 강함을 확인했을 뿐이다. 부모들은 몰래 자녀들의 숙소에 들어가 각자의 자녀를 달랬으며, 또 어떤 연구에 따르면 공동 육아로 길러진 아이는 감정의 깊이가 얕다고 한다. 점차 키부츠는 핵가족으로 돌아갔고, 부모와 자식을 떼어놓고 자식들을 집단적으로 기르려는 시도는 실패였음을 인정했다.[14] 그런 까닭에 파머와 크라빈스키는 심각한 고뇌를 겪었을 것이다. 이상적인 부모가 되는 것과 모든 인간 생명은 동등하다는 생각에 따라 행동하는 것 사이에는 절실하고 타협할 수 없는 갈등이 있다. 두 가지는 언제나 긴장 관계다. 부모가 낯선 이의 자녀들보다 자신의 자녀를 더 사랑할 것이며, 또 그래야 하고, 그러한 이유로 낯선 이들의 필요를 충족시키기 전에 자기 자녀들의 기본적인 필요를 충족시킬 것이라는 점을 인정하지 않는 한, 어떤 의무의 원칙도 널리 받아들여지지 않을 것이다. 그러나 이는 부모가 남의 기본적인 필요를 외면하면서 자기 아이에게 사치품을 사주는 일이 정당화된다는 뜻은 아니다.

| 9장 |

너무 지나친 요구인가?

이 책의 첫머리에서 나는 다음과 같이 주장했다. 좋은 사람이 되려면 기부해야 한다, 다만 더 기부하면 우리의 기부가 막을 수 있는 나쁜 일만큼이나 중요한 뭔가를 희생하게 되는 지점에서는 기부를 멈춰도 된다. 이제 우리의 기부가 할 수 있는 선행에 대해 충분히 알았으니 다시 이 문제로 돌아가서, 이 도덕적 논증이 너무 극단적인 의미를 품고 있기 때문에 뭔가 잘못되었을 것이라는 인식을 더 깊이 들여다볼 때이다. 우리는 대개 우리에게 필요하지 않은 것에 돈을 쓴다. 윤리적이기 위해 정말로 그것들을 포기해야만 하는가? 그런 부담스러운 결론에 이르지 않는 여러 가지 윤리론을 잘 살펴보면, 결정을 내리기 편해질 것이다.

공정한 몫

앞서 공정성에 대한 의식이 우리가 남들보다 많이 기부하는 일에 큰 반감을 일으킨다는 사실을 살펴봤다. 하지만 다른 사람들이 각자의 몫을 다하고 있다면 내가 해야 할 일보다 더 많은 일을 할 필요가 없을 것이다. 그렇다면 '불공평함'을 이유로 우리가 해야 할 '공정한 몫' 이상을 하지 않는 것이 윤리적으로 정당화될 수 있을까? 철학자인 리암 머피Liam Murphy와 콰메 애피아Kwame Anthony Appiah는 둘 다 이 문제에 긍정적으로 답한다.[1] 그들은 부유한 나라 사람들에게 대규모의 극빈을 없애고자 충분한 원조를 제공할 의무가 있다고 본다. 그러나 그들이 보기에 그 의무는 집단으로서의 의무다. 집단 구성원 개개인은 각자의 몫만큼 의무가 있고, 그 이상을 낼 의무는 없다. 애피아가 그의 『세계시민주의』에서 표현한 대로, "세상의 수많은 사람이 제 몫을 내놓지 않는다 해도, 사실 그 점은 분명한데, 그 틈을 메우기 위해 내 생활을 망칠 정도로 더 많은 몫을 부담하라고 할 수는 없다."[2]

이 견해가 과연 무엇을 의미하는지 살피기 위해, 일단 머피와 애피아의 견해가 맞다고 가정해보자. 우리의 공정한 몫은 얼마가 될까? 세계에서 가장 가난한 사람들이 사람답게 살도록 해주는 데 필요한 원조의 액수를 구하고, 그것을 뭔가를 기부할 위치에 있는 부유한 사람의 숫자로 나누면, 우리가 가난한 사람에 대한 의무를 다하기 위해 공정하게 치러야 할 몫이 나온다.

매우 어설프게나마 이 숫자를 계산하는 방법 가운데 하나는 세계은행이 하루 1.90달러라고 제시한 극빈 기준 아래에 있는 전 세계 빈민들의 소득을 따진 뒤, 모든 빈민을 그 기준 위로 올라가게 하려면, 다시 말해 그들이 기초적 욕구를 충족하기에 충분한 소득을 얻게 하려면 얼마가 드는지 따져보는 것이다. 로렌스 챈디Laurence Chandy, 로렌츠 노에Lorenz Noe, 크리스틴 장Christine Zhang이 이 계산을 수행하고, 아래 그래프에 나오는 수치를 얻었다. 그에 따르면 모두를 빈곤선 위로 끌어올리는 데 필요한 금액은 해외원조가 많이 이루어질수록 줄어든다. 1980년, 모두를 빈곤에서 벗어나게 하는 데는 3,000억 달러가 들었으며 이는 당시 모든 국가의 해외원조액을 합친 것의 세 배에 가까웠다. 오늘날, 그 액수는 800억 달러이며, 원조 총액인 1,700억 달러에 비하면 절반이 안 된다(이 숫자들은 모두 2015년도 달러 가치로 환산한 것이

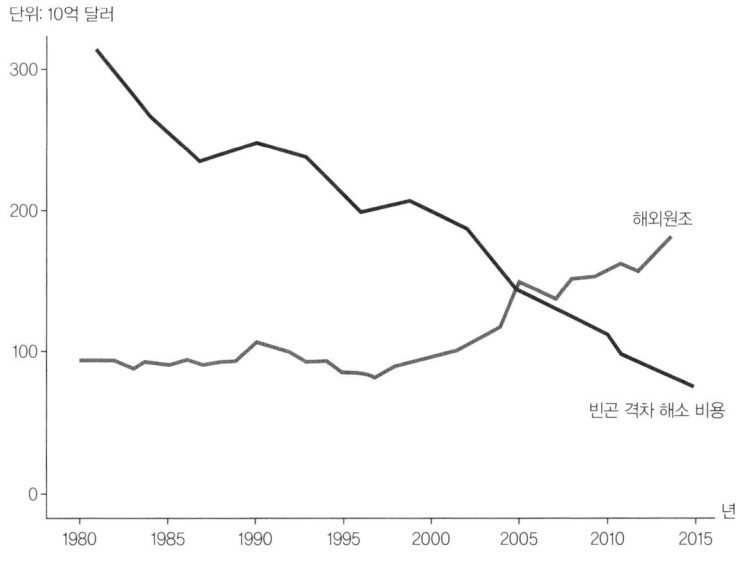

1980-2015년 빈곤 격차 해소 비용이 해외원조 비용보다 낮아지다[3]

다). 대조적으로, 2017년에 미국인은 술을 마시는 데 725억 달러를 쏟아부었다.[4] 그 반액만 가난한 사람들에게 줘도 미국인 전체가 부담할 몫이 해결되며, 그러고도 술을 즐기는 사람이 한두 차례 마실 돈이 남는다.

오늘날 모든 사람의 소득을 극빈선 위로 끌어올리는 데 비용이 덜 드는 이유는 두 가지이다. 하나는 극한의 빈곤에 처한 사람의 숫자가 극적으로 줄어들었기 때문이다. 1980년에는 20억 명이었으나, 2015년에는 7억 3,600만 명이 되었다.[5] 다른 하나는 아직 빈곤선 아래에 놓인 사람들의 평균 소득이 늘었기 때문이다. 1980년 1.09달러에서 2012년에는 1.34달러가 되었다(이 역시 고정 달러 가치로 환산한 것이다).[6] 따라서 극빈층의 평균적인 사람을 그 선 위로 끌어올리는 데 필요한 금액이 이전보다 줄어들었다. 빈곤 퇴치에 필요한 800억 달러를 부유한 나라들이 얻고 있는 수입과 비교하기 위해, OECD 회원국들의 GDP와 비교해보자. OECD 회원국은 저소득 국가들에 비해 편안한 수준의 몇몇 국가들뿐만 아니라 세계의 부유한 국가들을 포함한다. 여기에는 중국이나 인도, 또는 상당수의 극빈층이 있는 어떤 국가도 포함되지 않는다. 2017년, OECD 회원국들의 GDP 총합은 49조 7,800억 달러였다.[7] 따라서 이 나라들의 소득에서 극한의 빈곤을 없애기 위해 필요한 기부액은 그 0.16%, 즉 100달러당 16센트이다.

이 계산은 일종의 사고실험이며, 극한의 빈곤을 끝내기 위한 현실적인 모금 계획은 아니다. 일단 우리는 연간소득에 대해 이야기하고 있으며, 따라서 이 수치의 돈이 매년, 무한히 빈민들에게 넘어가야만 극한의 빈곤이 없어질 것이다. 그래도 앞에서 보았다시피 이는 쉽게 이루어질 수 있을 듯하다. 총액이 부유한 나라에서 제공하는 공식 해외원조액의 절반도 안 되기 때문이다. 더 중요한 문제는 이 숫자가 그러한 돈의 이전 과정에서 지켜져야 할 조건들, 가령 빈곤선 아래의 사람들만 돈을 받아야 한다거나, 그보다 나은 사람들이 부정을 통해 빼먹지 않아야 하는 점, 이 돈으로 구매력이 늘어난 가난한 나라의 수백만 명이 식량과 그 밖의 필수 재화의 가격을 상승시킬 가능성이나 저소득 국가에서의 인구성장이 촉발되어 극한의 빈곤을 없앨 총비용을 높일 가능성을 배제할 것 등을 고려하고 있지 않다는 점이다.

지속 가능한 방식으로 빈곤을 줄이는 데 필요한 비용을 따져보려 한다면, '유엔 지속가능발전 목표 Sustainable Development Goals, SDGs'를 참조할 수 있다. 이는 2015년에 세계의 지도자들과 유엔의 193개 회원국 전부가 채택했으며, 2030년까지 달성하도록 설정되어 있다. 이는 2000년에 뉴욕에서 열린 새천년 개발 정상회의에 참석한 지도자들이 합의했던, 2000년에서 2015년까지 추진된 '새천년 개발 목표 Millennium Development Goals, MDGs'에서 이룬 성과를 계속 발전시키려 하는 것이다. 비록 MDGs의 여덟 개 목표 중 일부는 달성되지 못했지만, 분명한 성공 또한 있었다. 아마 가장 중요한 목표는 1990년도와 비교하여 세계의 극빈 인구 비율을 절반으로 줄인다는 것이었을 텐데, 이는 2010년, 시한을 5년 남겨두고 달성되었다.[8] MDGs의 시한이 가까워지면서, 전 세계의 뜻이 모여져 유엔이 열일곱 개의 SDGs를 2030년 시한으로 추진하기로 했다.[9] 그 첫 번째 목표는 빈곤의 종식이다. 그 밖에는 기아의 종식, 성평등, 적정한 청정 에너지, 기후행동 등을 포함한다.*
2015년, 이 목표들이 아직 다듬어지고 있을 무렵,「이코노미스트」에 실린 칼럼은 이를 두고 "비현실적으로 많은 비용이 든다"면서 15년 동안 매년 2~3조 달러를 투입해야 하며, 이는 세계 전체 GDP의 약 4%에 해당된다고 주장했다. 그러므로 그 칼럼의 입장에서는 각국 정부가 이에 맞게 뭔가 지출을 하리라고 믿는다면 '완전한 환상'이라고, 그들은 심지어 이미 공언한 대로 GDP의 0.7% 수준까지 해외원조를 늘리지도 못할 것이라고 여겼다. 그리고 칼럼은 이렇게 경고했다. "열일곱 개의 원대한 목표는 매우 중요한 한 가지 목표에 충실하지 못하게 한다. 그것은 지속적인 노력으로, 타당한 수준의 비용을 들여서 수행할 목표, 극한의 빈곤을 없애는 목표다."[10]

유엔은 그런 비판을 무시했으며, 다소 더 구체적이지만 여전히 매우 야심 찬 169개의 세부 목표와 함께 열일곱 개의 SDGs를 채택했다. 예를 들면, 제1목표는 '빈곤의 종식'이고, 그에 따른 첫 번째 세부 목표는 '모든 곳의 모든 사람에게서 극한의 빈곤을 없앤다'인데, 두 번째 세부 목표는 '국가 정의에 따른 모든 차원에서' 적어도 빈곤 인구의 절반을 줄인다는 것이다. 비록 여러 목표가 상호연관되어 있기는 하지만(가령 기후변화를 억제하지 못한다면 극한의 빈곤을 없앨 수 없을 것이다), 이처럼 많은 목표와 세부 목표는 제1의 목표, 그 첫 번째 세부 목

---

* 이 밖에 건강과 웰빙, 양질의 교육, 깨끗한 물과 위생, 양질의 일자리와 경제성장, 산업 혁신과 사회기반 시설, 불평등 감소, 지속가능한 도시와 공동체, 책임감 있는 소비와 생산, 해양 생태계, 육상 생태계, 평화-정의와 제도, SDGs를 위한 파트너십으로 모두 열일곱 개 목표가 있다. ─ 옮긴이

표를 이해하는 선에서 달성 가능한 '극한의 빈곤 종식'에 집중하지 못하게 만든다는 주장에 어느 정도 공감이 간다.

이 목표는 타당한 비용으로 달성 가능할까? 앞서 「이코노미스트」에 따르면, 매년 650억 달러라는 비용은 "모든 사람을 최하 빈곤선 이상으로 끌어올릴 수 있는 기본적인 원조 프로그램"을 가동하는 데 충분할 것이다. 나도 이러한 내용이 '극빈 종식'와 같은 의미라고 본다. 정말 현실적으로 보자면, 우리는 '거의 모든 사람을' 극한의 빈곤에서 탈출시키는 방법을 이야기해야 한다. 포괄적 사회안전망을 갖춘 부유한 나라에서조차 일부 사람들은 그들에게 열려 있는 자산을 이용하기 어려운 문제를 가지고 있어서 먹을 것과 지낼 곳 없이 살아간다는 것을 우리는 알고 있기 때문이다. 그럼에도 불구하고, 더 이상 수억 명의 사람들이 하루 1.90달러 한도 아래에 있지 않다면, 그것은 인간의 비참함을 극적으로 줄일 수 있는 주요한 성과가 될 것이다.

나는 과연 그것을 연간 650억 달러로 성취할 수 있을지에 대해 회의적이다. 그 숫자는 우리가 앞서 본, 챈디, 노에, 장이 계산한 800억 달러(모두를 극한의 빈곤에서 구하는 현실적인 비용은 아니라고 못 박은)보다도 적다. 하지만 「이코노미스트」가 모든 이를 극빈에서 구하는 데 드는 비용을 지나치게 낙관했다고 해도, 이 유수의 경제지 편집자들이 우리가 이른 최선의 수치의 절반 이하에 이르는 데 아무런 근거도 없었을 것으로 보이지는 않는다. 그렇게 가정한다면, 매년 1억 3,000억 달러를 쓴다면 거의 모든 사람을 극한의 빈곤에서 구하는 데 충분하리라 보아도 문제가 없을 것이다.

흥미롭게도, 이처럼 추정치를 두 배로 늘려도 세계의 부유한 나라들이 매년 해외원조에 쓰는 총액인 1억 7,000억 달러보다 아직도 적다. 따라서 지금 해외원조에 배정된 자금이 가장 효과적인 방식으로 쓰인다면, 이것만으로 극한의 빈곤을 끝내기에 충분하다. 그러나 챈디, 노에, 장이 지적하듯 해외원조의 겨우 2%만이 소득 지원에 쓰인다. 원조액의 대부분은 도로나 건물 같은 인프라 건설, 또는 제도 강화에 쓰인다. 아마도 이는 언젠가는 더 이상의 지원이 필요하지 않도록 빈곤을 영구 추방하기 위해 마련된 전략일 수도 있다. 그러나 기브다이렉틀리와 같은 NGO들이 개척한 지역 프로그램들이 계속해서 긍정적인 결과를 보여준다면, 더 많은 원조가 소득 지원 프로그램으로 가는 것을 실험해볼 가치가 있을 것이다.

이제 우리는 필요한 총액을 맞추고 의도한 성과를 내기 위해 부유한 개개인이 얼마를 기부해야 하는지 계산할 수 있다. 세계은행의 브랑코 밀라노비치Branko Milanovic에 따르면, '부유층'을 포르투갈의 평균 국민소득보다 소득이 많은 사람으로 정의할 때, 2005년 당시 세계에는 8억 5,500만 명의 부유한 사람들이 있었다.[11] 나는 그 수치를 업데이트하지 못했지만, 그 이후 여러 나라, 특히 중국과 인도에서의 비약적인 부의 성장을 볼 때, 지금 세계에는 10억 명 이상의 부유한 사람이 있다고 봐도 틀리지 않을 것이다. 이러한 대강의 숫자는 셈법을 간단하게 만들어준다. 1억 3,000억 달러를 얻으려면 세계의 부유한 사람 각각이 130달러씩만 내면 된다.

이 10억의 부자들 가운데 일부는 포르투갈의 평균 국민소득을 간신히 넘기는 수준일 것이고, 나머지는 억만장자들일 것이다. 그러면 이들 모두가 같은 액수를 내는 일은 불공정해 보인다. 누진세제 같은 슬라이딩 스케일sliding scale 제도를 사용하여, 정말 대단한 부자들은 거액을 기부할 뿐만 아니라 부자 나라에서 일반적인 소득보다 약간 상위에 있는 사람과 달리 소득의 큰 부분을 기부해야 할 것이다. 마지막 장에서, 나는 슬라이딩 스케일 제도를 적용한 공평성을 제시하려 한다. 하지만 지금은 세부사항을 무시하고, 모든 사람이 자신의 공정한 몫을 하고 있다면, 대규모 극빈을 없애거나 적어도 극적으로 줄이기 위해 우리 각자가 내야 할 총액이 실제로 매우 적을 것이라는 사실에 중점을 두기로 하자.

하지만 많은 사람이 각자의 공정한 몫을 내놓지 않고 있고, 따라서 우리는 여전히 이렇게 묻는다. 우리의 공정한 몫이라는 게 정말 우리 모두가 내야만 하는 것인가? 이 질문에 대해 생각하는 데 도움이 되는 물에 빠진 아이 이야기의 변형이 있다. 연못가를 지나는데 열 명의 아이가 연못에 빠져 살려달라고 하고 있다. 주위를 둘러보니 부모나 돌보는 사람은 안 보인다. 그러나 자신 외에도 아홉 명의 어른이 지금 막 연못가에 도착해서 물에 빠진 아이들을 본 상태다. 그들도 나와 똑같이 아이를 구하기에 어려움이 없는 위치에 있다. 이제 나는 물로 뛰어들어 한 아이를 붙잡고 물에서 무사히 끌어낸다. 그리고 다른 어른들도 똑같은 일을 했을 것이고, 이제는 모든 아이가 무사하리라 예상하며 고개를 들었다. 그러나 실망스럽게도, 네 명의 어른이 각자 한 명씩 아이를 구해냈으나 나머지 다섯은 그냥 왔다 갔다 하고만 있다. 연못에는 아직도 다섯 명의 아이가 허우적거리고 있다. 분명히 빠져 죽기 직전이다. '공정한 몫' 이론을 따르자면, 이제 나는 나의 공정한 몫을 다 했다. 모두가 나처럼 행동했다면 모든 아이가 살았으리라. 아무도 다른 누구보다 아이를 구하기에 유리한 위치에 있지 않았기에, 나의 공정한 몫은 한 아이만을 구하는 것에 머문다. 더 이상 구해야 할 책임은 없다. 그러나 그것으로 스스로 납득이 되는가? 다른 네 명도 한 명씩 아이를 구하고 팔짱을 껴버리고, 다섯 명의 아이가 빠져 죽는 것을 바라만 보는 것에?

　이 문제는 사실 다음과 같은 문제로 이어진다. 다른 사람이 공정한 몫을 다하지 않고 있다는 사실이 내가 손쉽게 아이를 구할 수 있는데도 구하지 않는 선택을 정당화하는가? 나는 이 문제의 해답이 명백하다고 본다. "아니다!" 다른 사람들은 자기가 할 몫을 외면함으로써 스스로를 아무것도 아닌 존재로 만들었다. 그들의 존재는 그냥 주변에 널린 바윗덩이나 마찬가지다. 공정한 몫 이론에 따르면, 사실 그들은 진짜 바위만도 못하다. 주변에 바위뿐이라면 우리는 한 아이를 구하고 지체 없이 다른 아이를 구하러 다시 뛰어들었을 테니 말이다. 물에 빠졌는데, 마침 주변에 자신들을 구할 수도 있는데 팔짱만 끼고 있는 사람들이 있다. 그것은 물에 빠진 아이들의 잘못이 아니다. 이런 사람들의 행동이나 무위는 우리가 쉽게 구할 수도 있는 아이의 죽음을 방관하는 일에 면죄부를 주지 않는다.[12]

　리암 머피는 우리가 이런 상황에서 한 아이를 구하고 나서 두 번째를 구하기는 거부했다면, 아무 잘못이 없다고 생각한다. 그는 이러한 관점의 명백한 비현실성을 설명하면서, 쉽게 구할 수 있었던 두 번째 아이를 구하기를 거부한 것이 '끔찍한 성격'을 보여준다고 인정한다. 그러나 그에게 도덕적인 잘못은 없다고 한다. 그에 따르면 우리는 물에 빠져 죽는 사람을 수수방관한 그런 냉정한 사람을 꺼릴 수도 있다.[13] 하지만 문제는 그의 성격이 어떠냐가 아니며, 쉽게 구할 수 있는 아이의 죽음을 방관해도 옳은가이다. 그의 선택은 황당하다. 그는 마치 "공정하지 않아!"라고 발을 구르며 더 이상 아무 말도 듣지 않으려는 아이들과 같다. 우리가 보았듯이 공정성에 대한 감각은 개인과 그가 사는 사회에 유익하다. 그리고 아마도 이 감각은 타고난 것이다. 하지만 우리는 자라면서 때때로 불공정함을 받아들여야 한다는 것을 배운다. 도로를 막는 장애물을 지나기 위해 기다리는 차량 줄에서, 누군가 줄 밖에서 속도를 내며 우리 앞에 끼어든다고 해보자. 지각 있는 운전자라면 이런 행동이 불공정함을 안다. 하지만 교통사고의 위험을 감수하며 끼어들지 못하게 막아서지는 않는다. 공정성을 온전하게 하는 비용이 너무 많이 든다면, 불공정을 감수하는 일이 사리에 맞아 보인다. '원칙적으로' 공정한 몫 이상을 하기를 거부하는 사람은 공정성에 지나치게 집착하는 셈이다. 그것은 마치 거짓말에 대해 절대적인 거부의 입장을 세우며, 한마디의 거짓말로 무고한 사람의 살해를 막을 수 있는 경우에조차 거짓말을 하지 않는 것과 같다. 두 경우(공정성과 거짓말) 모두 언제나 원칙을 지킬 필요가 있지만, 원칙을 고집하는 것이 잘못일 때도 이따금 있다.

    이는 공정성이 무의미하다는 뜻은 아니다. 공정한 몫보다 많은 아이를 구해내는 예는 콰메 애피아의 표현을 빌리자면, 남들이 하지 않은 일을 대신 하느라고 '생활을 망치는' 차원이 아니다. 아마도 남들이 자기 몫을 외면할 때 인명을 구하는 일은 우리가 공정성에 집착하지 말 것을 요구하리라. 하지만 그런 경우에도, 우리는 더 구하려 하면 구하려는 가치에 필적할 만한 무언가를 희생하지 않으면 안 되는 지점에서 정당하게 그만둘 수 있다. 그럴 때에 우리가 공정성에 얼마나 무게를 두어야 할지는 어려운 문제다. 그러나 설령 애피아의 주장을 받아들여서 남들이 외면한 결과 생긴 틈을 메우기 위해 내 생활을 망칠 정도로 더 많은 몫을 부담할 필요가 없다고 쳐도, 여전히 대부분의 우리는 현재보다 훨씬 더 많은 것을 해야 할 수 있다.

적당한 부담

우리의 의무를 공정한 몫으로 제한하는 주장을 이로써 일축할 수 있다면, 다음 과제는 철학적 논쟁에서 제기된 여러 가지 더 까다로운 기준을 검토하는 것이다. 글로벌 정의에 대해 폭넓게 저술한 철학자 리처드 밀러Richard Miller에 따르면, 더 기부하면 우리 스스로의 삶이 악화될 '중대한' 위험이 초래될 때까지는 기부를 해야 하지만, 그 지점을 넘어설 필요는 없다. 밀러의 생각에 '우리가 정말 중요하게 여기는 목표'를 추구하는 일은 도덕적으로 부당하지 않다. 그러나 곤란에 처한 사람이 있다면, 그런 목표를 달성하는 데 필요한 수준 이상으로 소비하는 것은 부당하다.[14] 『풍요의 도덕적 요구The Demands of Affluence』의 저자인 개럿 컬리티Garrett Cullity는 추가적인 기부가 우정, 음악적 재능 개발, 자신의 공동체 생활에 참여하는 것과 같은 '본질적으로 삶을 향상시키는 가치'의 추구를 저해할 지점까지 기부해야 한다고 믿는다.[15] 브래드 후커Brad Hooker는 그의 『이상적 규범, 현실 세계Ideal Code, Real World』에서 널리 받아들여진다면 최선의 결과로 이어질 규범에 따라 살기 위해 노력해야 한다고 주장한다. 후커는 '그들을 돕느라 치르는 개인적 희생이 심각할 정도가 될지언정' 고난에 빠진 사람을 도울 도덕적 의무가 있다고 주장하지만, 이 임계점을 넘어설 필요는 없다고 덧붙인다.[16]

밀러의 기준은 가장 부담이 적다. 자신의 개성을 드러내고 싶어서 이따금 평범한 것이 아니라 스타일 좋은 옷이나 액세서리를 사는 일은 문제가 없다. 먹는 것도 마찬가지다. 우리가 좋은 레스토랑에서 절대로 식사를 하지 않는다면, '다채롭고 흥미로운 미적, 문화적 가능성을 탐구하는 방식으로' 먹는다는 우리의 '가치 있는' 목표를 추구할 수 없을 것이다. 마찬가지로, '위대한 작곡가와 연주가들이 여러 음색과 질감을 누비면서 강렬한 미학적 효과를 내는 힘'을 즐기는 일도 가치 있는 목표이며, 따라서 '최소한도 이상의' 스테레오 장비를 구입하는 일은 정당화된다.[17]

컬리티의 기준은 보다 엄격하다. 그가 말하는 '근본적으로 삶을 향상시키는 것'에 스타일 좋은 옷은 포함되지 않는 것으로 보인다. 그래도 음악 감상은 포함될 수 있는데, 컬리티에 따르면 음악 역시 근본적으로 삶을 향상시키기 때문이다. 하지만 대부분의 상품의 경우, 지나치게 질이 떨어지지 않으면서 더 싼 물건이 있다면 그쪽을 택해야 한다. 우정과 진실성과 같이 우리의 가장 깊은 헌신을 포함하는 가치를 추구할 때에는 비용을 기준으로 판단해서는 안 된다.

후커는 자신의 기준이 모호하다는 것을 인정하지만, 정기적으로 자선단체에 약간의 돈이나 시간을 기부하는 사람이라면 이 기준을 충족한다고 말한다. 그는 특정한 시점에 더 큰 도움을 필요로 하는 누군가를 돕는 데 드는 희생의 크기가 아니라, 기부한 모든 시간이나 돈을 합쳤을 때 그것이 상당한 비용이 되는지가 판단의 기준이라고 강조한다. 따라서 이 수준의 기부는 후커가 말하듯이 개인적인 계획을 포기하는 것을 요구하지는 않는다.

따라서 밀러, 컬리티, 후커의 관점에서 빈곤층에 대한 우리의 의무는 더 기부하면 아이의 생명만큼이나 중요한 것을 희생하게 될 지점까지 기부할 것을 요구하지는 않는다. 하지만 이 세 철학자가 우리가 아무것도 기부하지 않거나 세계의 최빈곤층을 돕기 위해 사소한 금액만 기부한다면 그것은 잘못된 행동이라는 데 동의한다는 사실을 간과하지 않는 것이 중요하다. 전 세계의 극빈을 극복하는 데 얼마가 필요한가 하는 사실에 입각해서 밀러, 컬리티, 후커가 제시하는 의무는 '공정한 몫'의 관점에 비하면 매우 부담스럽다. 예를 들어, 밀러는 비싼 옷이나 액세서리를 '오직 가끔'만 살 수 있다고 허용한다. 음악 애호가가 구입하는 스테레오 장비는 아마도 '최소한도 이상'일 수 있는데, 이는 우리가 그것을 살 여유가 있더라도 최고급 제품을 구매하는 것은 정당화되지 않는다는 것을 의미한다. 컬리티는 우리의 삶을 향상시킬 수 있는 중대한 활동에 돈을 써도 좋다고 허용한다. 그러나 그가 보기에 하찮은 물건을 사는 데 들어갈 돈은 빈곤과 싸우는 돈으로 돌려야 한다. 후커는 심한 곤란에 처한 사람들에게, 스스로 심각한 비용을 치러야 하는 수준에 이르기 전까지, 돈과 시간을 기부하라고 한다. 대부분의 부유한 사람들이 소득의 아주 적은 부분만 빈민 구제 활동에 기부하거나 아예 기부하지 않는 것이 보통인 세상에서, 우리 네 사람은 모두가 적어도 적당한 수준의 부담을 지면서 가난한 사람을 도와야 한다는 데 의견을 모았다. 그 일치가 우리 견해의 차이점보다 더 중요하다.

많은 사람이 맵시 나는 옷을 입고, 훌륭한 음식을 먹고, 고급 스테레오로 음악을 듣는 일에서 큰 기쁨을 느낀다. 나는 기쁨에는 이의가 없다. 다른 조건이 동일하다면 최대한 많은 기쁨을 누리도록 하자. 밀러, 컬리티, 후커가 돈을 써도 괜찮다고 본 것들에는 뭔가 가치가 있을 것이다. 문제는 다른 조건이 동일하지 않다는 것이다. 우리는 매일 약 1만 5,000명의 어린이가 피할 수도 있었을 이유로 죽어가는 세상에 살고 있다. 수백만 명의 여성이 수술로 치료할 수 있는 누공을 안고 살아가며, 수백만 명이 예방하거나 회복할 수 있었지만 시력을 잃는 긴급한 상황 속에 살고 있다.[18] 우리는 이런 긴박한 현실에 뭔가 변화를 가져올 수 있다. 그런 중대한 사실은 우리의 선택에 영향을 미칠 수밖에 없다. 음악을 듣는 것은 가치 있는 목표일 수 있고, 삶을 향상시키는 경험일 수 있다. 그래서 좋은 스테레오 장비를 산다. 하지만 그것은 그런 목표나 우리 삶을 향상시키는 일을 다른 사람의 생사보다 우선시한다는 뜻이다. 그런 삶의 방식이 윤리적인가? 그것은 인간의 생명은 동등한 가치를 지닌다는 말을 공염불로 만드는 게 아닐까?

같은 이유로, 예술이나 문화 활동에 기부하는 일은 지금과 같은 세상에서는 도덕적으로 모호하다. 2014년, 폴 게티 박물관은 에두아르 마네Edouard Manet의 그림 〈봄〉을 구입하는 데 6,500만 달러 이상을 지불했다.[19] 그 그림을 구입함으로써, 박물관은 그곳을 방문해서 관람할 수 있는 운 좋은 사람들을 위한 수많은 명작에 또 하나를 보탰다. 그러나 저소득 국가에서 세바나 프레드할로스 재단이 단돈 50달러로 백내장 수술을 한다고 치면, 이는 그림은커녕 아무것도 볼 수 없는 130만 명의 시력을 회복시킬 수 있었다는 의미이다. 또 누공 수술비는 650~700달러이므로, 6,500만 달러라면 9만 3,000명의 여성이 삶다운 삶을 되찾을 수 있었다.[20] 2,041달러로 한 생명을 구할 수 있다면(기브웰이 추정한 말라리아 컨소시엄의 계절성 말라리아 화학 예방 프로그램의 사망 방지 중간값)[21], 이 그림 값으로 3만 1,847명의 아동이 생명을 건질 수 있었다. 어떻게 그림 한 장이, 아무리 아름답고 역사적 중요성이 있기로, 그만한 가치를 가진단 말인가? 만약 박물관에 불이 난다면, 누군가 아이 대신 마네의 그림을 구하는 것이 옳다고 생각할까? 그리고 그 아이는 하나가 아니다. 세상에는 더 곤란한 처지에 놓인 아이들이 수없이 많다. 긴급한 필요가 모두 충족된 세상이라면, 미술 분야의 자선활동은 고상한 행위일 것이다. 그러나 안타깝게도 우리는 그런 세상에서 살고 있지 않다.

따라서 '공정한 몫' 이론이든, '적당한 부담'을 요구하는 견해든, '큰 곤란에 처한 사람들을 위해 우리가 무슨 일을 해야 하는가'라는 질문에 확실한 답을 해주지 못한다. 그렇지만 나는 그런 견해들이 이와는 다른 실천적인 문제에는 어느 정도 답변을 해줄 수 있다고 본다. 이제부터 그 이야기를 해보도록 하겠다.

| 10장 |

현실적인 기준

윤리적 논증에 직면하여 우리의 소득 대부분을 기부해야 한다는 주장이 제기될 때 우리는 인간 본성에 너무나 강하게 반하여 사실상 아무도 따르지 않는 기준이 과연 의미가 있는지 질문할 수 있다. 이 주제를 두고 여러 해 동안 토론과 집필을 하면서, 나는 높은 도덕적 기준을 따라 올바른 방향으로 가려고 애쓰면서도 그 기준에 부합할 만큼 철저히 실천하지는 못하는 사람들을 보아왔다(나 역시 그런 사람 가운데 한 명이다). 5장에서 언급한 샹과 크로선의 연구는 라디오 메시지를 통해 기부 권유를 받는 청취자들이 남들은 많이 기부했다는 말에 반응하는 현상을 밝혀냈다. 그들의 결론 역시 나와 비슷하다. 그러나 샹과 크로선은 그 방법에 한계가 있음도 발견했다. 그 누구보다 많이 기부하라고 요청받은 청취자는 아예 기부를 포기하고 말 수 있다. 이는 일부 사람들이 윤리적인 삶을 살기 위해 노력하는 것의 의미 자체에 의문을 제기하게 할 수 있다. 올바른 일을 하는 데 필요한 것에 압도되어, 그들은 왜 노력하려 하는지 자문할 수 있다. 이러한 위험을 피하기 위해, 우리는 가능한 한 가장 큰 긍정적 반응을 이끌어낼 수 있는 수준의 기부를 주장해야 한다. 빈곤층이 필요로 하는 도움을 가능한 한 많이 받게 하고 싶다면, 우리는 가장 큰 총액을 모을 수 있고 따라서 최선의 결과를 가져올 수 있는 수준의 기부를 주장해야 한다.

이 장에서, 나는 더 쉬운 목표를 제시하려 한다. 경제적으로 여유가 있는 사람들의 경우 연간 소득의 약 5%, 그 이하인 사람들은 더 적게, 그리고 매우 부유한 사람들은 상당히 더 많이 기부하는 것이다. 나는 사람들이 그 정도는 낼 수 있고, 내야 한다고 확신하기를 바란다. 그것은 잘 살아가는 삶의 필수적인 요소로서 기부의 윤리적 중요성을 회복하는 첫 걸음이 되리라고 믿는다. 그리고 이 기준이 널리 받아들여지면, 우리는 극한의 빈곤을 끝장내기에 충분하고도 남는 기부금을 갖추게 될 것이다.

나는 이 기준이 내가 앞서 제시한 도덕론에 크게 못 미친다는 사실을 인정한다. 대부분의 사람이 전 세계의 빈곤을 줄이고자 소득의 5%를 기부하고 난 다음, 자신들이 구할 수 있는 생명만큼 귀한 것을 희생하지 않고도 더 많이 기부할 수 있다는 것이 여전히 사실이기 때문이다. 그렇다면 내 논증이 그들이 해야 한다고 결론 내린 것에 한참 못 미치는데도, 어떻게 5%를 기부하는 사람들이 그들의 의무를 다하고 있다고 말할 수 있을까? 그 이유는 개인적 결의와 공적 지지 사이에 차이가 있기 때문이다. 다시 말해, 개인으로서 내가 무엇을 하겠다고 결의하는지와 내가 글과 공개 발언을 통해 어떤 원칙이나 도덕적 규범을 지지해야 하는지는 다르다.

얼핏 생각하기에 우리가 해야 한다고 믿는 것과 우리가 주장하는 것 사이에는 간극이 없어야 할 것 같다. 하지만 이는 중요한 사실을 간과하는 것이다. 도덕적 규칙이 사회에서 널리 받아들여지고 실천되려면, 인류가 부족 사회에서부터 이어온 본성적 특징을 고려해야 하기 때문이다. 4장에서 보았듯, 우리가 결코 보지 못하거나 이름조차 알 수 없는 먼 곳의 낯선 이들을 돕는 것보다 우리가 알거나 구체적인 개인으로 식별할 수 있는 사람들을 도울 가능성이 훨씬 높다는 것도 이러한 특징 가운데 하나다. 따라서 내가 경제적으로 여유가 있는 모든 사람들에게 말라리아와 여타 쉽게 예방 가능한 질병으로부터 아이들을 보호하기 위해 자신들이 빈곤의 경계에 이를 정도로 많이 기부하라고 주장한다면, 거의 아무도 그 말을 따르지 않을 것이고 도움을 받을 수 있는 사람도 많지 않을 것이다.

하지만 내가 개인적으로 얼마나 기부할지 결정할 때는, 내가 마땅히 해야 할 일을 하지 않는 데 대한 변명으로 인간의 본성을 내세울 수 없다. 프랑스의 실존주의 철학자 장 폴 사르트르Jean-Paul Sartre의 유명한 지적처럼, 내가 무엇을 해야 하는지 자문할 때 나는 자유롭다. "나는 인간이고 인간은 가까이 있는 친한 사람보다 멀리 있는 낯선 사람에 관심이 적기 때문에, 나는 내 수입의 대부분을 아프리카의 낯선 사람을 돕는 데 기부할 수 없다"라고 내가 말한다면 이는 단순한 사실이 아닐 것이다. 내가 왜 내 모든 여윳돈을 TLYCS가 추천한 자선단체에 기부하지 않는지를 설명해줄 수는 있다. 그러나 그런 행동을 정당화해주지는 않으며, 심지어 그에 타당한 이유를 제공하지도 않는다. 만약 옳다고 여기는 것을 하지 않는 이유 또는 하지 못하게 하는 이유로 인간 본성을 들려 한다면, 나는 그 실존주의자의 유명한 비판을 빌려 이렇게 말할 것이다. '진정성의 결여'라고.

아직도 뭔가 혼란스럽다면, 그것은 부분적으로 도덕성을 단순한 흑백논리로만 이해하는 습관이 들어서일 것이다. 뭔가 옳은 일을 하고 칭찬을 받거나, 못된 일을 하고 비난을 받거나 둘 중 하나라고만 여긴다. 그러나 도덕적인 삶은 그보다는 더 미묘하다. 우리는 타인의 행동에 영향을 주려고 칭찬과 비난을 이용하며, 적절한 기준은 대부분의 사람이 할 것으로 합리적으로 기대할 수 있는 수준에 따라 정해져야 한다. 따라서 칭찬과 비난은, 적어도 공개적으로 표출될 때는, 우리가 공개적으로 지지하는 기준을 따라야 한다. 즉 우리 스스로의 행동에 적용할 수 없는 높은 기준이 아니라, 공개적으로 주장했을 때 가장 좋은 결과를 가져올 것으로 기대되는 기준을 따라야 한다. 우리는 자신이 처한 상황에서 남보다 훨씬 훌륭하게 행동한 사람을 칭찬해야 하고, 특별히 잘못 행동하는 사람을 비난해야 한다. 만약 당신이 자신의 '공정한 몫'을 넘어서 기여를 했다면, 그것은 적어도 당신이 받을 비난을 줄여주어야 한다. 만약 당신이 일반적인 도덕적 기준을 넘어섰다면, 우리는 더 많이 하지 않은 것을 비난하기보다는 그렇게 한 것을 칭찬해야 한다.[1]

부자와 명사들을 평가하기

이제 우리의 눈길은 다시 세계의 대부호들에게 돌아간다. 그들 중 다수는 막대한 금액을 자선단체에 내놓고 있다. 빈곤 퇴치를 위해 500억 달러를 내놓은 빌 게이츠, 여전히 세계 최상위 부유층인 빌과 멜린다 게이츠에 대해 우리는 어떻게 생각해야 할까?[2]

게이츠 부부는 궁극적인 기준이 무엇인지 알고 있다. 그 점은 빌 앤드 멜린다 게이츠 재단의 웹사이트에 뚜렷이 나타나 있다. "모든 생명은, 그들이 어떻게 살고 있든, 동등한 가치를 지닌다All Lives Have Equal Value." 빌 게이츠는 매년 50만 명의 어린이가 로타바이러스로 죽고 있다는 이야기를 읽고는 자선사업에 뛰어들었다고 한다. 그는 로타바이러스에 대해 그때까지 들어본 적이 없었다(그것은 아동에게 심각한 설사병을 유발하는 가장 흔한 원인이다). 그는 이렇게 자문했다. "어떻게 매년 50만 명의 어린이를 죽게 만드는 병에 대해 이제야 들을 수가 있지?" 그리고 그는 그쪽 분야의 글을 더 읽고, 개발도상국에서는 수백만 명이 어린이가 미국에서는 이미 사라졌거나 거의 사라진 질병으로 죽고 있음을 알게 되었다. 그는 그 사실에 충격을 받았다. 생명을 살릴 수 있는 백신이나 치료법만 있으면 정부가 필요한 사람들에게 그것들을 보급하려고 최선을 다할 거라고 생각했기 때문이다. 게이츠의 말로는, 그와 그의 아내 멜린다는 "잔인한 결론에 이를 수밖에 없었다. 지금 우리가 사는 세상에서는 어떤 생명은 구할 가치가 있고 어떤 생명은 그렇지 못하다고 여겨지고 있다는 결론" 말이다. 그들은 서로에게 말했다. "이게 사실일 리가 없어."[3] 하지만 그들은 그게 사실임을 알고 있었다. 그리하여 게이츠 부부는 재단을 세웠으며, 첫 출연금으로 288억 달러를 내놓았다. 그리고 2008년 이후에는 그 사업이 가장 효과적으로 돌아가게끔 그 일에 전념하기로 했다.*

당시로서 게이츠 부부의 출연금은 사상 최대 규모의 자선 기부금이었으며, 인플레이션을 감안해도 카네기나 록펠러의 평생 기부금을 압도했다. 이후 워런 버핏은 주로 게이츠 재단에 310억 달러 정도를 기부했고, 자기 소유의 99%를 기부하기로 서약했다. 빌 게이츠와 멜린다 게이츠, 워런 버핏은 그들의 이름을 딴 거대한 빌딩이나 기관 때문이 아니라 그 관대함과 최선의 기부를 위해 현명한 선택을 했다는 점에서 칭찬받아 마땅하다. 그러나 그런 관대함에도 불구하고, 게이츠 부부는 모든 인간 생명의 가치는 동등하다는 생각에 따라 살고 있지 않음이 분명해 보인다. 시애틀 근교 호반에 있는 그의 6만 6,000평방피트에 달하는 최첨단 설비 저택은 1억 2,700만 달러에 달할 것으로 추정된다. 재산세만 매년 106만 달러 가까이 나간다. 게이츠 부부의 소유 재산 중에는 『코덱스 레스터Codex Leicester』도 있는데, 레오나르도 다빈치가 친필로 쓴 유일한 책이다. 빌 게이츠는 1994년에 그 책을 3,080만 달러를 주고 구입했다.[4] 우리는 막대한 기부금(대부호들 중에서도 막대하다고 할 수 있는)을 두고 그들을 찬양해야 하는 걸까, 아니면 예방할 수도 있던 질병으로 사람들이 죽어가는 가운데 그만한 사치를

---

* 빌 게이츠는 2008년 6월에 마이크로소프트 회장직을 사임하고 게이츠 재단 일에 전념한다고 발표했다. ─ 옮긴이

누리고 산다는 점에서 그들을 비난해야 하는 걸까? 그들은 더 기부할 수도 있다. 그리고 아마 더 기부할 것으로 보인다. 이 책의 초판이 나오고 10년이 지나는 동안, 그들은 210억 달러를 더 기부했으며 그들이 인생을 마치기 전까지 거의 모든 재산을 기부하리라는 말을 남겼다. 그러나 그들이 만약 그러지 않는다고 해도, 우리는 그들이 이미 기부한 거액에 대해 그리고 다른 억만장자들에게 보여준 모범에 대해 칭찬해야 한다고 본다. 자신의 840억 달러 재산을 8,400만 달러만 남기고 99%까지 기부한 뒤에도 더 하리라는 워런 버핏에 대해서도 그래야 하리라(버핏은 아직도 1956년에 구입한 오마하의 상대적으로 소박한 저택에서 살고 있다. 따라서 그는 생을 마칠 때 99% 이상을 기부할 것으로 보인다).[5]

공식 기준

이는 기부에 대한 공식 기준이 어떠해야 하는가라는 중요한 질문으로 이어진다. 2장에서 우리는 유대교, 기독교, 이슬람교 모두가 기부에 대한 규율을 마련해두고 있음을 보았다. 유대교의 경우 소득의 10분의 1을 내는 십일조의 전통이 있다. 로마 가톨릭은 2장에서 인용한 자연법의 가르침에서 "과도한 풍요를 가진 자"는 먹고 살기 힘들어하는 자에게 모든 부를 나눠 주도록 한다. 그리고 부유한 사회에서는 많은 사람이 그처럼 과도한 풍요를 가지고 있다. 개신교에서도 『마태복음』과 『누가복음』의 예를 들며 십일조를 수용하는 편이다.[6] 이슬람교에서는 매년 자신의 재산 및 소득의 40분의 1을 기부해야 하는 데, 그 기부율은 어떤 유형의 재산을 갖고 있는지에 대해 다르며, 또한 그것이 다만 최저한도를 의미하는지 아닌지도 명확하지 않아서, 그 자체가 이슬람 신학자들의 논쟁 대상이 되고 있다.

효과적 이타주의 운동은 이러한 유서 깊은 논쟁, '얼마나 기부해야 할 것인가'의 논쟁에 다시 불을 붙였다. 선구적인 EA 단체인 기빙왓위캔은 그 서약서에 익숙한 십일조 개념을 도입하고 있다.

나는 나의 소득의 일부로 큰 선을 이룰 수 있음을 인식했습니다. 나는 더 적은 소득으로도 충분히 잘 살아갈 수 있으므로, 나는 남은 생애 동안/재직 동안 소득의 최소한 10%를 떼어, 지금과 미래에 다른 이들의 삶을 나아지게 하는 데 효과적으로 쓸 수 있는 단체라면 어떤 단체에든 그것을 기부할 것을 서약합니다. 나는 이 서약을 자유롭게, 공개적으로, 신실하게 하였습니다.[7]

5장에서 보았듯, 다른 서약들도 여러 방식으로 이런 기준을 두고 있다. 기빙플레지의 서약을 하며, 억만장자들은 그들 재산의 절반을 생전이나 유언으로 기부하기로 약속한다. 그래도 그들과 그들의 자손에게는 적어도 5억 달러가 남을 것이므로,* 이는 그렇게까지 무거운 의무는 아니다. 파운더스플레지는 스타트업 창업자들이 기업을 매각할 때 기부할 비율(2%부터 시작)을 선택할 수 있게 하므로, 이 역시 그

---

* '억만장자'에 해당하는 영어 표현은 billionaire, 즉 '10억을 가진 사람'이기 때문이다. — 옮긴이

렇게 큰 부담은 아니다. 원포더월드One for the World는 그 이름에서 연상되듯 학생들인 회원들에게 졸업 후 소득의 1%를 기부하라는 가벼운 의무를 지우고 있다. 플레지1%Pledge 1%도 비슷하게 기업들이 자산의 1%를 자선단체에 기부하도록 한다.

여러 사람이 내게 기부 금액을 결정하는 다른 방법에 대해 이야기해주었다. 그들은 사치품을 살 때마다 그 가격만큼을 기부하는 방법, 즉 사치품에 실제로 두 배의 비용을 쓰는 방법을 사용했다. 일부에게 이는 자신의 사치스러운 경향을 억제하는 방법이고, 다른 이들에게는 그들의 사치를 정당화하는 방법이 된다. 이는 또한 어차피 사치품에 쓸 여유가 거의 없을 저소득층에게 부담을 주지 않는다는 장점이 있다. 또한 가이타노 치프리아노처럼 검소하게 살면서 소득을 생산적으로 쓰려는 사람에게도 이런 방식은 부담스럽지 않다. 다만 사치품을 살 여력이 있으면서 사고 싶어 하는 사람에게만 부담이 된다.

일반적으로 더 많이 벌수록 기부하기가 더 쉬워져야 하는데, 이는 단순히 금액 기준으로서만 아니라 소득 대비 비율로 따져서도 그렇다. 그래서 이 책의 부록에 미국 상위 50% 소득세 납부자(달리 말하면, 연 조정 총소득adjusted gross annual income이 4만 달러가 넘는 사람)를 위한 기부 기준을 제안해두었다. (연 조정 총소득, 즉 AGI란 미국 세제에서 사업비용이나 퇴직연금, 건강 저축 계좌, 대학 등록금 등등의 덜 특정화된 공제를 한 뒤 남는 총소득을 뜻한다.) 나는 조정 총소득 기준 연소득 4만에서 8만 1,000달러 사이인 사람은 1%를 기부하고, 연소득 5,300만 달러가 넘는 미국 납세자의 상위 0.001%에 해당되는 사람은 50%를 기부하는 것을 제안한다. 나는 이런 기준에 따르는 기부가 그 누구에게도 고난을 강요하지 않으리라 보는데, 다만 보다 소득 수준이 낮은 사람이라면 개별 사정에 따라 달라질 여지가 있다. 나의 기부 기준 제안 틀에서 자신이 어디에 해당되는지 알고 싶다면, TLYCS의 해당 웹페이지(www.thelifeyoucansave.org/take-the-pledge)에서 자신이 쓰는 화폐단위로 소득을 넣어보면 된다.

내가 처음 이 책의 부록에 있는 것과 같은 기부 계획을 제안한 후, 부자들이 나의 제안에 맞춰 기부하리라는 기대는 비현실적이라고 말하는 사람들이 있었다. 그 가운데는 빌 클린턴Bill Clinton 전 대통령도 있었으며, 그는 자신의 책, 『Giving』에서 그렇게 지적했다.[8] 그러나 어떤 때와 장소에서 비현실적이라고 여겨지는 기부의 수준이 다른 경우에는 가벼운 수준으로 여겨질 수도 있다. 놀랍게도, 2000년도의 한 조사에 따르면, 연소득이 2만 달러 이하인 미국인은 소득의 4.6%를 자선단체에 기부함으로써 연소득 30만 달러 이상을 버는 사람들을 제외한 모든 소득 집단보다 더 높은 비율을 기부하고 있다.[9] 우리의 기부 수준은 우리가 자라난 가정의 기부 관습에 크게 영향을 받으며, 이는 다시 우리를 둘러싼 문화의 영향을 받는다. 5장에서 보았듯, 사람들의 마음에 어떻게 다가가느냐 그리고 우리가 사는 사회의 제도적 구조와 사회적 관행이 어떠냐가 큰 관건이다. 그 장에서 말한 대로 우리가 먼저 이 구조와 관행을 바꾸지 않으면, 과연 얼마나 많은 사람이 기부에 응할지 알 수가 없다. 내가 제안하는 시스템은 부자들이 자신을 빈곤하게 만들기를 조금도 요구하지 않는다. 그들은 여전히 매우 안락한 생활을 즐기고, 좋은 레스토랑에서 외식을 하고, 콘서트에 가고, 호화로운 휴가를 즐기고, 계절마다 새로운 옷으로 옷장을 채울 수 있다. 나는 그들이 그 정도의 기부 때문에 조금이라도 덜 행복해질지 의문이다. 오히려 더 행복해지는 사람이 많을 것이라 확신한다. 자신의 부를 더 가치 있고 보람 있게 쓰는 법을 알았기 때문이다.

자신의 소득이 상위 10%에 들지 못한다고 해도, 틀림없이 여유 소득은 있을 것이다. 수도꼭지에서 나오는 물을 마시는 대신 생수병이나 캔 음료수를 구입한 이야기를 기억하는가? 뭔가를 기부하는 일부터 시작하라. 아무리 하찮은 것이라도 상관없다. 그리고 다음 달에는 조금 더 기부해도 될지 보는 것이다. 소득의 1%를 기부하는 일은 어렵지 않을 것이고, 이만하면 나도 내 몫을 했다는 느낌을 얻을 수 있을 것이다(분명, 내가 3장에 나오는 글렌뷰고등학교 학생인 더글러스에게 보낸 답장에 썼듯, 나에게는 당신의 행동을 좌우할 어떤 권한도 없다. 내가 내놓은 제안의 타당성을 따져보고, 얼마나 기부할지 결정하는 일은 전적으로 당신 몫이다).

이러한 권고사항들의 한 가지 장점은 세계의 부유한 사람들이 그들의 소득을 고려할 때 불합리하게 부담스럽다고 볼 수 없는 수준에서 모두가 기부한다면 얼마나 기부할 수 있는지를 알아낼 수 있다는 것이다. 우리는 미국의 납세자들이 각각 어떤 구간에 몇 명씩 들어 있는지 알고 있으므로, 상위 50%의 미국 납세자들 모두가 권고된 대로 기부하면 세계의 극빈자들을 위해 얼마를 모금할 수 있는지 계산할 수 있다. 그 해답은 이렇다. '매년 6,040억 달러(세부 계산 내역은 부록

참조).⁹

 물론 미국 외 국가의 부자들도 전 세계 빈곤 해소의 부담을 나눠야 한다. 9장에서 나는 전 세계에 부유한 사람(포르투갈의 평균 소득보다 높은 소득을 올리는 사람)이 10억 명은 될 것으로 보았다. 이들도 세계의 빈곤과 싸우는 일에 한몫해야 마땅하다. 자국에서든, 다른 나라에서든 말이다.[10] 단순화를 위해, 미국의 공정한 몫을 3분의 1로 잡아보자. 이는 OECD 국가들의 총소득에서 미국이 차지하는 비중(2017년 34%)[11]에 비례하기 때문이다. 이를 근거로 삼아 비슷한 식으로 다른 OECD 국가들의 소득 분포가 미국의 소득 분포와 비슷하다고 가정하고, 내가 제안한 계획을 전 세계적으로 시행하면 매년 1조 8,000억 달러 이상을 제공할 수 있을 것이다. 하지만 이는 정확하지 않은데, 많은 OECD 국가들의 소득이 미국보다 덜 불평등하게 분포되어 있기 때문이다. 따라서 내가 제안한 소득 대비 기부를 더 높은 비율로 할 수 있는 수준의 고소득자는 더 적을 것이다. 따라서 방금 제시한 수치에서 5,000억 달러 삭감하도록 하자. 그러면 연간 1조 3,000억 달러가 된다. 그 정도만 해도 9장에서 「이코노미스트」 칼럼이 추산한 극한의 빈곤 종식 비용인 650억 달러의 20배나 된다. 앞서 나는 그 추정치가 지나치게 낮게 잡혔을 수 있다고 했으며, 그 두 배를 제안했다. 원한다면 더 높은 배수를 선택할 수 있다. 그래도 그 수치의 20배면 충분할 것이다. 현금을 건네는 방법이 극한의 빈곤을 끝내는 최선의 방법이 아니라고 하면, 1조 3,000억 달러를 단지 원조 자체에만 쓰지 말고 최선의 원조 방법을 찾아내는 연구와 실험 예산으로도 쓸 수 있다.

따라서 세계의 10억 부자들이 내가 제안한 대로 기부하기만 하면 (내가 보기에 결코 크게 부담스럽지 않은 수준인), 이전 장에서 본 SDGs의 제1 목표이자 최대 목표, 극한 빈곤의 대부분을 종식시킬 가능성은 매우 높다. 그리고 나서도, 아마 틀림없이 다른 SDCs 목표들에 큰 진전을 이룰 만큼의 돈이 남을 것이다.

이러한 계산에서 눈여겨볼 또 하나의 포인트가 있다. 납세액 상위 50%에 속하는 미국 납세자들이 큰 부담 없이 기부할 수 있는 6,040억 달러 가운데, 480억 달러만이 연소득 14만 달러 이하의 사람들(미국 소득자 중 상위 10%에 들지 않는 사람들)에게서 나온다는 점이다. 따라서 연간 14만 달러 이하를 버는 사람이 소득 1%를 내는 일은 너무 과하다고 생각한다면(서둘러 덧붙이지만 이는 내 견해는 아니다), 미국 납세자의 상위 10%만으로도 여전히 5,560억 달러가 모일 것이며, 그것만 떼어 다른 나라의 10억 부자들이 낼 기부금과 합치더라도 1조 달러 이상이 될 것이다. 그래도 「이코노미스트」가 추정한 극한의 빈곤을 없애는 데 필요한 금액의 열다섯 배에 달한다.

가장 큰 동기 부여

당신과 부유한 국가의 다른 부유한 사람들이 모두 소득의 약 5%를 세계 빈곤 퇴치를 위해 기부한다고 해서, 지금보다 덜 행복해지지는 않을 것이다. 지출 계획을 다소 수정한다 해도, 그런 수정의 결과 삶의 질은 아무 변화가 없거나 아주 약간만 바뀔 것이다. 새로운 윤리의식은 스스로의 소비 행태를 돌아보게 할 것이다. 더 이상 사람들이 당신이 새 옷이나 새 차를 살 여유가 없거나 집을 수리할 여유가 없다고 생각할까 봐 체면을 차리기 위해 돈을 쓸 필요가 없다. 이제 그들에게 나는 돈을 더 잘 쓰고 있다고 말할 수 있을 것이다. 사실, 그들의 생각은 더 이상 문제가 되지 않을 것이다. 이제 당신의 자존감은 당신에 대한 다른 사람들의 생각이라는 불안정한 기반이 아니라, 당신이 다른 사람을 위해 하고 있는 일이라는 확고한 기반 위에 서 있기 때문이다. 더 행복해질 가능성도 높다. 세계에서 가장 빈곤한 사람들을 돕는 집단 활동에 참여한다는 자신의 삶을 보람과 성취감으로 채워줄 것이기 때문이다. 나는 기부가 자신의 삶에 의미와 목적을 부여한다고 밝히는 이메일을 많이 받았다. 그것이 이 책을 읽는 당신에게도 똑같이 실현될 수 있다.

예를 들어 워싱턴의 의사인 존 모란_{John Moran}을 보자. 그는 EA에 대해 아들에게서 전해 들은 뒤 산과 누공 치료재단에 대해 궁금해졌다. 모란은 조사를 해보다가 TLYCS 웹사이트에 이르렀고, 산과 누공에 대해 알아가면서 기부가 이루어낼 수 있는 구체적인 결과가 마음에 들었다. 그는 매월 정기기부를 통해 산과 누공 치료비에 보태기로 했다. "덕분에 매달 정말 좋은 기분이 듭니다. (…) 어느 달에 아무것도 이룬 것이 없어도, 적어도 수술 한 건은 도운 거니까요."[12] 그가 써 보낸 말이다.

수천 년 동안, 현명한 사람들은 선을 행하면 만족을 얻는다고 말해왔다. 석가모니는 그의 제자들에게 이렇게 조언했다. "선한 일에 마음을 두라. 그 일을 하고 또 하라. 그러면 기쁨으로 가득 차리라." 소크라

테스Socrates와 플라톤Plato은 정의로운 사람은 행복하다고 가르쳤다.[13] 오늘날 우리는 '미식가epicure'를 좋은 음식과 와인을 즐기는 사람과 연관 짓지만, 그러한 삶의 방식에 자신의 이름을 준 철학자 에피쿠로스Epicurus는 이렇게 썼다. "현명하고, 고귀하고, 정의롭게 살지 않고서는 즐거운 삶을 살 수 없다."[14]

고대의 지혜는 지금도 의미가 있다. 3만 미국 가구를 대상으로 한 조사에 따르면 자선단체에 기부한 사람은 그렇지 않은 사람에 비해 자기 삶이 '매우 행복하다'고 말할 가능성이 43% 더 높았으며, 자선단체에서 자원봉사를 한 사람들과 하지 않은 사람들을 비교했을 때도 비슷한 수치를 보였다. 이와는 다른 연구에 따르면 기부를 하는 사람은 그렇지 않은 사람에 비해 '절망감'을 느낄 가능성이 68% 낮고, '아무것도 기분을 좋게 할 수 없을 만큼 슬프다'고 말할 가능성은 34% 낮았다.[15]

자원봉사자와 혈액 제공자를 광범위하게 경험한 미국 적십자사도 비슷한 견해를 취한다. 그 단체는 다음과 같은 말로 자원봉사를 권유한다. "다른 사람들을 돕는 것은 기분 좋은 일이며 자신에 대해서도 좋은 감정을 갖게 한다." 심리학자 제인 필리아빈Jane Philavin은 이 점을 실험해보았고, 헌혈자는 다른 자원봉사자들과 마찬가지로 스스로에 대한 자존감이 높아지는 경향이 있음을 알아냈다. 이 효과는 나이 든 사람들에게 특히 컸으며, 자원봉사가 나이 든 사람들의 건강을 개선하고 오래 살게 해주는 것으로 나타났다. 반면 도움을 받는 경우에는 그런 심리적 긍정 효과가 없었다. 『행복의 가설The Happiness Hypothesis』의 저자인 조너선 하이트Jonathan Haidt는 이렇게 말한다. "적어도 노인들에게는 받는 것보다 주는 것이 정말로 더 축복받은 일이다."[16]

기부와 행복 사이의 연관성은 분명하지만, 설문조사만으로는 인과관계의 방향을 보여줄 수 없다. 하지만 연구자들은 사람들이 좋은 일을 할 때 머릿속에서 어떤 변화가 나타나는지 살펴보았다. 한 실험에서, 경제학자 윌리엄 하버William Hatbaugh와 대니얼 부가트Daniel Burghart 그리고 심리학자 울리히 매이어Ulrich Mayr는 열아홉 명의 여학생에게 100달러를 주었다. 자기공명영상으로 뇌의 여러 부분을 촬영하는 동안, 학생들은 이 돈의 일부를 가난한 사람을 위한 지역 푸드뱅크에 기부할지 말지 선택하라는 요청을 받았다. 관찰된 모든 효과가 기부 자체에서만 비롯되고 예를 들어 다른 사람들이 자신을 어떻게 생각할지에 대한 걱정 등에는 영향을 받지 않도록 하기 위해, 학생들은 실험자들조차도 누가 기부했는지 알 수 없다는 고지를 받았다. 연구 결과, 학생들이 기부할 때 뇌의 '보상 중추'(미상핵, 측좌핵, 섬엽)가 활성화되는 것으로 나타났다. 이 부분은 뭔가 달콤한 것을 먹거나 돈을 받거나 했을 때 반응을 보이는 부분이다. 이타주의자들은 흔히 남을 도울 때 '따스한 희열'을 느낀다고 말한다. 우리는 이제 그것이 뇌에서 실제로 일어난다는 것을 알았다.[17]

* * *

우리 대부분은 자신과의 관계에서든 다른 사람들과의 관계에서든 불화보다 화합을 좋아한다. 그 내면의 화합은 실제 살아가는 방식과 이렇게 살아가야 마땅하다고 여기는 방식 사이의 불일치가 두드러질 때 흔들린다. 이성은 세계에서 가장 가난한 사람들을 위해 우리가 뭐라도 해야 한다고 말한다. 그러나 우리의 감성은 그에 따라 움직이는 것을 막을 수 있다. 도덕 논증에 따라 행동할 것을 종용받으면서도 정작 그렇게 행동할 마음이 확실하게 들지 않는다면, 이렇게 해보라. 전적으로 윤리적인 삶을 살기 위해 얼마나 많은 일을 해야 하는지 고민하는 대신, 이제껏 해온 것보다 뭔가 더 두드러지는 일을 해보는 것이다. 그리고 그 느낌을 느껴보는 것이다. 느낌이 좋으면, 그 일을 계속하라. 아니면 좀 더 멀리 가보자고 스스로에게 과제를 부여해보라. 새로운 '개인적 최고 기록'을 기부에서 남겨보라. 상상했던 것보다 더 보람 있다는 것을 발견할 수 있을 것이다.

나는 헨리 스피라Henry Spira라는 사람을 운 좋게 만날 수 있었는데, 그는 평생을 학대받은 사람들, 가난한 사람들, 억압받은 사람들을 위해 살았다. 그는 많은 돈을 가져본 적이 없기 때문에, 그의 자선활동은 자신의 시간, 에너지, 지식을 바쳐서 변화를 가져오는 방식으로 이루어졌다. 1950년대에 그는 미국 남부에서 민권 운동에 참여했다. 상선의 선원으로 세상을 떠돌면서 그는 부패한 노조 간부들에 맞서 대안 노조 운동을 벌였다. 1960년대에는 뉴욕 시의 가장 열악한 공립 고등학교들에서 교편을 잡았다. 1970년대에는 놀랄 만큼 성공적인 동물권 운동가가 되었다. 그의 많은 업적 중에는 화장품 회사들이 동물 실험의 대안을 찾도록 설득한 일도 있다.[18] 70대가 될 무렵, 스피라는 암에 걸렸고 자신이 오래 살지 못할 것을 알았다. 나는 당시 그와 많은 시간을 함께했다. 한번은 대화를 나누다가 무엇 때문에 남을 위해 평생을 보냈느냐고 물었다. 그는 이렇게 대답했다.

나는 기본적으로 사람은 단지 상품을 소비하고 쓰레기를 배출하는 것보다 더 의미 있는 삶을 살고 싶어 한다고 생각합니다. 사람이 인생을 돌이켜보며 자신이 한 일 중에서 가장 의미 있는 일이라고 여기는 일은 남들을 위해 자신이 사는 곳을 좀 더 좋은 곳으로 만든 일이리라 믿지요. 이렇게 보면 되는 거예요. 내가 누군가의 고통을 덜어줄 수 있다면, 그보다 더 큰 동기 부여가 세상에 있을까요?

| 맺음말 |

한 사람은
무엇을 할 수 있는가

나는 지난 40년 동안 빈곤 문제를 이야기해왔다. 그리고 종종 내 작업이 미친 영향을 흡족하게 여기느냐는 질문을 받았다. 맞다. 분명 그렇다. 하지만 사람들을 질병에서 구하고, 시력을 찾아주고, 원치 않는 임신을 예방하고, 아이들에게 필요한 영양 공급을 보장하고, 더 삶다운 삶을 누릴 수 있게 하려면, 아직 할 일이 많다.

이 10주년 기념판은 당신과 같은 사람에게 빈곤 종식을 위해 행동할 수 있도록 영감을 주고 힘을 주기 위해 나왔다. 이 책의 이름을 딴 단체를 세운 이유도 똑같다. 이 책에 실린 정보와 논증을 널리 퍼뜨리고, 최대의 기부 효율을 올리는 비영리단체를 쉽게 찾고 기부할 수 있도록 도우려는 것이다.

이 책의 1장을 읽으며, 아마 이런 생각이 들었으리라. '응, 나도 연못에 뛰어들어 물에 빠진 아이를 구할 거야.' 그리고 어쩌면, 자신은 다친 채 길에 쓰러진 왕위에를 보고 지나치지 않았을 거라고 생각했으리라. 이제 나는 효과적 자선단체에 기부함으로써 위험에 처한 사람(비록 그가 바로 눈앞에 있지는 않을지라도)에게 그와 같은 일을 해줄 기회를 얻을 수 있다는 것을 당신에게 확신시켰기를 바란다. 그러므로 바라건대, 이 책의 막바지에 이른 당신은 그냥 책을 덮고, 당신의 도움을 필요로 하는 사람을 지나쳐 가버리지 말기를! 그러지 말고 나와 이 책을 읽은 다른 사람들과 함께하여, 변화를 이루어나가기를! 그러기 위해 thelifeyoucansave.org/ActNow를 클릭하고 다음 행동 중 적어도 한 가지를 취하기 바란다.

- 우리 웹사이트의 도구를 써서(또는 이 책의 부록을 참조하여), 자신에게 알맞은 기부액을 뽑아본다. 그리고 그 기부액을 내겠다는 TLYCS 서약에 참여한다. 이 서약은 자발적이고 법적 구속력이 없다. 하지만 서약하기 전에 충분히 생각해보고, 결심이 섰다면 이를 스스로의 목표 달성을 도울 약속으로 받아들인다. 자신이 한 일을 다른 이들에게 알리는 사후 행동을 한다. 다른 이들이 당신의 뒤를 따르도록 영감을 줄 수 있다.
- 이 책을 친구 및 가족에게 보낸다. 이 책이 자신에게 영향을 주었다면, 지인들에게도 영향을 미칠 것이다.
- TLYCS 추천 단체 중 하나에 온라인 기부를 한다. 더 낫게는, 월간 기부를 한다. 그러면 해당 단체가 장래 계획을 짜는 데 도움이 된다. 그리고 이로써 당신은 설령 한 달 동안 뭔가를 이루지 못했

어도, 적어도 다른 이를 돕는 데 한몫했음을 알 수 있게 된다.

- 그래도 아직 세계의 빈곤에 대해 더 알고 싶고 뭔가 더 하고 싶은 마음이라면, TLYCS 뉴스레터를 받아보고, 그 무료 자료 및 도구를 활용할 수 있도록 회원 가입을 한다. 자기 지역구의 국회의원들을 만나 우리나라의 대외원조가 세계에서 가장 가난한 사람들에게만 돌아가기를 원한다는 의사 표시를 한다.

이제 당신은 빈곤에 허덕이는 사람들의 삶에 변화를 가져왔다. 문제 해결에 동참했다는 뿌듯함을 만끽하기를.

| 후기 |

생각에서 행동으로

−찰리 브레슬러, TLYCS 전무이사

하와이 가족 휴가가 인생을 바꾸는 경험으로 이어질 것이라고 누가 짐작이나 했겠는가? 하지만 2012년, 그런 시간에 보통 하는 일들을 하면서, 나는 피터 싱어의 『실천윤리학』을 읽었고 그 대담함에 깊은 인상을 받은 나머지 좀 더 실천 지향적인 그의 책, 『빈곤 해방』을 이어서 읽었다. 그리고 모든 것이 달라졌다.

4년 전, 나는 의류소매업체의 사장을 그만두고 사회적으로 더 영향력 있는 일을 하기로 했다. 당시 나는 거의 60세였고, 대학 시절부터 사회, 경제적 문제에 관심이 많았지만 그와 관련해서 아무 일도 하지 않았다는 것을 깨달았다. 나의 열망을 실천할 생각이 있다면, 지금이라도 시작해야 했다.

피터의 메시지는 단지 생각에 머물지 않고, 앞으로 나아가도록 했다. 내가 공감하는 접근법을, 내가 마침내 행동을 취할 시점에 그토록 설득력 있게 보내 주었기 때문이다. 여러 해 동안, 나는 다음과 같은 생생한 기억을 수없이 떠올렸다. 나는 늦은 밤 간식을 사기 위해 여자 친구 다이애나(지금의 아내)의 기숙사에서 하버드 광장으로 걸어가면서 이렇게 생각했다. '그 돈으로 다른 사람들을 도울 수 있는데, 식당에서 식사를 하는 게 타당할까?' 놀랍고 부끄러운 것은 내가 그런 생각과 비슷한 수백 가지 생각을 35년 이상 해왔으면서도, 죄책감을 느끼는 것 외에는 아무런 행동도 하지 않았다는 것이다.

뭐, 완전히 정확한 사실은 아니다. 우리 아이들이 열두 살, 열여섯 살이 되었을 때, 우리는 합의를 통해 부엌에 단지를 하나 놓기로 결정했다. 그리고 외식을 하고 싶을 때마다, 대신 집에 있으면서 그 돈을 단지에 넣기로 했다. 사회적으로 쓸모 있게 그 돈을 쓰자는 아이디어였다. 좋은 생각! 하지만 실천에는 옮기지 못했다. 결국 그 단지는 계속 텅 빈 채로 남았고 우리가 이기적이라는 사실을 계속 떠올리도록 하다가 자리에서 치워졌다.

보통 나와 다이애나는 12월에 여러 곳에 기부를 얼마씩 했다. 그러나 우리의 연 소득에 비하면 얼마 되지 않는 금액이었고, 다른 사람들처럼 그런 기부가 얼마나 성과가 있을지, 비용 효과성이 있을지에 대해서는 전혀 살펴보지 않았었다. 우리가 어디에 기부할지는 다만 친구들의 추천에 따라, 또는 어떤 곳이 더 나으리라는 다이애나의 느낌에 따라 정해졌다. 왠지 익숙한 이야기인가?

피터의 책을 읽고, 나는 흥분된 나머지 이메일 주소를 찾아 그에게 연락했다. 그와는 일면식도 없었지만 말이다. 몇 차례 대화를 나눈 다음, 나는 그에게 물었다. 다이애나와 내가 매우 성공적인 개입을 하는 몇몇 추천 비영리단체에 상당한 금액을 기부하는 것이 더 유용할까, 아니면 그의 신생 조직의 성장을 위한 초기 자금을 제공하는 것이 더 유용할까. 만약 후자의 경우라면, 나는 그 단체의 전무이사로 자원봉사를 하겠다고 제안했다.

당시, 그 선택은 피터에게나, 다이애나에게나, 나에게나 쉬운 일이 아니었다. 우리가 만약 TLYCS를 성공적으로 발전시키지 못한다면, 우리는 예를 들어서 100명 이상의 아이들을 말라리아 감염에서 구하지 못하거나 또는 700명 이상의 산과 누공 수술을 무산시키는 희생을 치르는 셈이었다. 반면, 이 단체를 발전시킬 수 있다면 피터의 메시지를 널리 퍼뜨리고, 추가적인 많은 기부금(나와 다이애나가 그저 큰 금액의 수표 한 장으로 그 비영리단체들을 지원했다면 모이지 않았을)를 모을 수 있었다.

TLYCS를 확장하기로 한 결정은 큰 차이로 옳은 것으로 판명되었다. 그 선택이 얼마나 크게 보상받았는지 생각해보려면 우리가 초기 자금(50만 달러)를 제공한 2013년 이후 TLYCS가 끼친 순영향 net impact(모금액에서 지출액을 뺀 금액)을 계산해보면 된다. 그 순영향은 1,250만 달러로 나온다. 나와 다이애나가 추천받은 비영리단체에 직접 기부했을 금액의 거의 25배였다. 물론 그 1,250만 달러의 일부는 시드머니가 없었어도 TLYCS의 자발적 기부자들에 의해 조달되었을 것이다. 그러나 우리의 추산으로는 그 규모가 크지 않았을 것으로 여겨진다. 이런 식의 레버리지 기부[*]가 끌린다면(나와 다이애나가 그랬듯), thelifeyoucansave.org/invest를 방문하거나 charlie@thelifeyoucansave.org로 직접 연락하기 바란다.

10주년 기념판 출간의 주된 목적은 피터의 메시지를 더 널리 퍼뜨리고 우리가 thelifeyoucansave.org에서 추천하고 있는 효과적 비영리단체들에 더 많은 액수의 기부금이 모이도록 하는 데 있다. 나는 이 책의 최신판이 효과적 개입을 하는 것으로 검증된 자선단체에 더 많이 기부하자는 동기를 당신에게 부여하기를, 그리고 이 책과 그 속에 담긴 아이디어를 가족, 친구, 친지들과 나누기를 소망한다.

2019년 4월

---

[*] '레버리지 투자'는 일정액을 투자해서 그 연쇄 효과를 통해 훨씬 큰 투자이익을 보는 투자법을 말한다. 여기서는 기부의 효과에 대해 비슷한 접근을 한 것으로 보인다. — 옮긴이

| 부록 |

얼마나 기부해야 할까
-기부율표

10장에서 언급한 대로, 이 부록은 미국 납세자의 상위 50%를 위한 나의 기부율 제안의 세부사항을 제공한다. 다시 말해, 이를 통해 각자는 극한의 빈곤 문제를 해결하기 위해 기부해야 할 합당한 몫을 알 수 있을 것이다. 먼저 최상위권에서 시작해서 아래로 내려가겠다. 이 계산은 2016년 회계연도 기준 미국 국세청의 통계자료(이 책을 쓸 시점에서는 가장 최근의 활용 가능한 자료)에 근거하고 있다.[1] 여기서 소득 수준은 '조정 총소득'을 의미한다. 이는 미국 세제상의 용어로, 사업비용이나 퇴직연금, 건강 저축 계좌, 대학 등록금 등의 덜 특정화된 공제를 한 뒤 남는 총소득을 뜻한다.

슈퍼리치

- 미국 납세자의 최상위 소득 0.001%는 조정된 연간 총소득이

5,300만 달러를 초과한다(그들은 겨우 1,409명이며, 그들의 평균 조정 총소득은 1억 4,500만 달러를 넘어선다). 나는 그들이 소득의 절반을 효과적 자선활동에 기부해도 여력이 충분하며, 그러고도 모든 타당한 필요 또는 욕망을(그리고 타당하지 않은 욕망마저도 상당히) 충족할 수 있을 것으로 본다. 이들 슈퍼리치들이 소득의 대부분을 세금으로 내놓고 있지 않느냐고 생각한다면, 그런 동정은 불필요하다. 그들에 대한 평균 과세율은 겨우 23%다. 따라서 이 급간의 가장 아래에 있는 사람이라도 세후 소득이 4,100만 달러는 된다. 어쨌든 그들이 면세 혜택이 있는 자선단체에 기부한다면, 그들의 납세액은 더욱 줄어들 것이다.

- 미국 납세자의 최고 0.01%에 해당하는 사람들은 연간 소득이 최소 1,100만 달러다. 최저가 1,100만이고, 최고는 5,300만 달러다. 그런 수준에서는, 소득의 3분의 1을 기부하더라도 그들의 삶의 질을 현저하게 떨어트리지는 않을 것이다.
- 이들을 뺀 최고 0.1% 해당자들의 최소 소득은 200만 달러가 넘는다. 최저 200만, 최대 1,100만인 그들의 경우는 소득의 4분의 1을 기부하는 것이 타당하다.

최고 1%

- 이제야 우리는 부유한 국가들의 정부 의사결정을 지배한다고 자주 언급되는 '상위 1%'에 도달했다. 미국에서 상위 1%는 최소 48만 달러를 번다. 이를 최소로 놓고, 최대를 200만 달러로 놓은

구간의 사람들은 소득의 20%를 내도 무리가 없을 것이다.

최저선의 부자

- 다음은 최상위 2%, 소득이 32만 달러 이상인 사람들이다. 계속해서 기대 기부 수준을 낮춰보면, 32만 달러에서 48만 달러 사이의 사람들은 15%가 적당하다.
- 상위 5%로 내려오면 이 구간의 사람들은 19만 8,000달러 이상을 번다. 이를 최소치로, 최대치를 32만 달러로 놓으면 이 급간의 사람들은 '십일조', 즉 소득의 10%가 적당할 것이다. 이 정도면 결코 부담이 크다고 할 수 없다.

그 밖의 상위 50%

- 상위 10%의 수준까지 내려가면, 적어도 미국에서는 안락한 중산층이지만 부자라고 하기는 힘든 계층이 된다. 이 납세자들은 연간 조정 총소득이 14만 달러에서 19만 8,000달러 사이다. 그들에게도 10%를 제안한다. 아무튼 십일조란 전통적으로 그들보다 훨씬 소득이 적은 사람들도 내는 것이었다.
- 상위 25% 가운데 이제까지의 사람들을 제외하고 남은 미국 납세자들은 8만 1,000달러에서 14만 달러 사이를 번다. 그들에게는 5%라는 약소한 기준을 설정하자.
- 마지막으로, 상위 50%에서 그 상위의 25%를 덜어낸 나머지의 사람들이다. 모든 미국 납세자의 소득 중간값은 놀랍게

도 4만 달러밖에 안 된다. 따라서 이 집단의 일부는 그 이상으로 벌지 못할 것이다. 조정 총소득이 4만 달러인 사람에게 세계의 다른 곳에 사는 극한의 빈곤자를 돕고자 뭔가를 내는 일을 기대하는 것이 합당할까? 이를 이런 식으로 볼 수 있다. 조정 총소득이 4만 달러(소득공제 정도에 따라 세후 소득 3만 5,000달러와 같을 수 있다)이면서 자녀가 없는 개인은 전 세계 사람의 평균 소득에 비해 25배를 벌고 있으며, 세계 상위 소득자 2.9%에 속한다(세계 수준에서 자신이 어느 정도 소득 수준인지 알고 싶은가? givingwhatwecan.org의 '나는 얼마나 부유할까How Rich Am I?' 계산기를 써보라). 소득의 10%를 기부하고 나서도, 그는 세계 평균의 22배를 번다. 하지만 4만 달러 연소득의 미국인에게는 십일조를 요청하지는 않으려 한다. 오직 1%만 요청한다. 그것으로 그들은 뭔가 기여를 할 수 있다. 그리고 그들의 소득이 오르면, 그만큼 더 낼 수 있으리라. 이 구간에서 상위 25%선에 가깝게 벌고 있는 사람들은 소득에 비례해 내는 몫을 늘릴 수 있으며, 따라서 5% 기부 집단과 가까워질 것이다.

이상의 '기부율'이 다양한 소득 수준의 사람들이 큰 어려움 없이 얼마를 기부할 수 있는지에 대해 적절한 감각을 제시해주기를 바란다. 하지만 일정 소득 구간에서 다른 구간으로 넘어가는 과정에서 불이익이 발생하지 않도록 하려면 좀 더 손질이 필요하다. 단순히 설명하려고, 나는 각 소득 구간에 소속된 사람에게 모두 같은 수준의 기부를 제안하며, 그 기부율은 각 구간의 최저소득자를 기준으로 설정한다고 가정했다. 따라서 누군가의 소득이 13만 9,000달러라면, 나의 틀에서는 5%를 기부하면 된다. 다른 말로 하면, 6,950달러를 기부하고 스스로의 몫으로 13만 2,050달러를 남기면 된다. 그러나 그 소득이 올라서 14만 달러에 이르렀다면 10%를 기부하고 스스로의 몫은 12만 6,000달러만 남게 된다. 이는 불합리하다. 우리는 누진세 제도에서 쓰는 것과 같은 방식으로 이 문제를 해결할 수 있다.

소득 구간(달러)	기부액
4,000~8만 1,000	1%
8만 1,001~14만	8만 1,001달러의 1%, 나머지의 5%
14만 1~32만	8만 1,001달러의 1%, 다음 5만 9,000달러의 5%, 나머지의 10%
32만 1~48만	8만 1,001달러의 1%, 다음 5만 9,000달러의 5%, 다음 18만 달러의 10%, 나머지의 15%
48만 1~200만	8만 1,001달러의 1%, 다음 5만 9,000달러의 5%, 다음 18만 달러의 10%, 다음 16만 달러의 15%, 나머지의 20%
200만 1~1,100만	8만 1,001달러의 1%, 다음 5만 9,000달러의 5%, 다음 18만 달러의 10%, 다음 16만 달러의 15%, 다음 152만 달러의 20%, 나머지의 25%
1,100만 1~5,300만	8만 1,001달러의 1%, 다음 5만 9,000달러의 5%, 다음 18만 달러의 10%, 다음 16만 달러의 15%, 다음 152만 달러의 20%, 다음 900만 달러의 25%, 나머지의 33.3%
5300만 이상	8만 1,001달러의 1%, 다음 5만 9,000달러의 5%, 다음 18만 달러의 10%, 다음 16만 달러의 15%, 다음 152만 달러의 20%, 다음 900만 달러의 25%, 다음 4,200만 달러의 33.3%, 나머지의 50%

미국 국세청은 각 소득 구간에 몇 명의 납세자가 있으며, 그들의 평균 소득이 얼마인지에 대한 정보를 공개하고 있다. 따라서 우리는 모두가 앞의 기준대로 기부할 경우 얼마나 되는 기부금이 효과적 자선 활동을 위해 염출될 수 있을지 계산할 수 있다. 그런 상황이 금방 현실이 될 것 같지는 않으니 이는 희망적 사고에 따른 연습 같은 것일지 모른다. 그렇지만 10장에서 보았듯, 우리가 거둘 수 있는 금액이 매우 크다는 점을 따져보고, 대부분의 극한 빈곤을 없애는 일은 그 누구에게도 큰 부담을 주지 않고 실현 가능하다는 점을 확인하는 일은 가치가 있다.

모두가 제안된 기준대로 기부한다면 총 기부액은 얼마가 될까?

	소득 구간(달러)		납세자 수(명)	평균 수입(달러)
50%	40,000	81,000	42,266,635	48,020
25%	81,001	140,000	21,133,318	105,078
10%	140,001	320,000	11,271,103	200,032
2%	320,001	480,000	1,408,887	334,847
1%	480,001	2,000,000	1,267,999	817,509
0.10%	2,000,001	11,000,000	126,800	3,987,153
0.01%	11,000,001	53,000,000	12,680	20,186,130
0.001%	53,000,000	그 이상	1,409	145,446,064

| 감사의 글 |

그의 공저 『스틱!』에서 '달라붙는 아이디어'라는 유명한 이론을 제시한 베스트셀러 작가, 댄 히스Dan Heath는 이 책의 권리를 책 제목을 딴 단체에게 주는 것이 좋겠다는 아이디어를 처음 제안해주었다. 그는 그 아이디어를 TLYCS의 전무이사인 찰리 브레슬러와 이야기하다가 꺼냈는데, 찰리가 그대로 받아들일 거라고는 생각하지 못했다. 찰리는 이 안건을 당시 그의 최고운영책임자였던 존 베하르와 의논했으며, 그들은 이 책이 인터넷이 연결된 모든 사람에게, 이익이 아니라 구독 극대화를 목표로 한 가격(그게 0이라고 해도)으로 보급될 수 있도록 한다는 데 흥분했다.

    찰리와 존은 내게 그 아이디어를 내놓았다. 왜 북미 출판사인 랜덤하우스가 여전히 팔리고 있는 책의 권리를 포기할까? 그래서 랜덤하우스가 찰리의 첫 연락에 응답하지 않았을 때 나는 놀라지 않았다. 그러나 그는 TLYCS의 무료 변호사를 맡고 있는 이노우에 요시이의 유능한 지원을 받으며 끈질기게 노력했다. 결국 권리 양도에 따른 비용이 정해졌다. 3만 달러. 당신이 앞의 내용을 읽었다면, 이 비용으로 1만 5,000개의 모기장을 구입해 아이들을 말라리아 전염 모기로부터 지킬 수 있음을, 또는 600명의 시력을 되찾아줄 수 있음을 잘 알 것이다. 만약 이 책이 3만 달러 이상의 기부를 이끌어내지 못한다면, 우리는 그만큼의 선을 이뤄낼 비용을 허비한 것이 된다.

찰리는 우리가 가장 효과적인 자선단체들을 위한 기부금으로 그 돈을 여러 배로 돌려받을 것이라며 나를 안심시켰다. 텍스트 퍼블리싱Text Publishing의 마이클 헤이워느Michael Heyward와 앤 베일비Anne Beilby는 이 책의 오스트레일리아와 뉴질랜드에서의 판권을 기부함으로써 우리에 대한 관대한 지지를 보여주었으며, 팬 맥밀런Pan Macmillan Ltd의 폴 배걸리Paul Baggaley와 존 미첼Jon Mitchell은 영국과 다른 영연방 권리를 기부함으로써 이 대의를 위한 그들의 지지를 관대하게 보여주었다. 이로써, TLYCS는 전 세계 영어 출판권을 확보했다.

초판의 내용을 업데이트하는 일은 우리 모두의 예상을 뛰어넘는 힘든 작업이었다. 나는 에이미 슈비머Amy Schwimmer, 마사 리터Martha Richter, 리처드 빅스트롬Richard Vikstrom의 연구 성과에서 큰 도움을 받았다. 그들은 모두 수백 개의 질문에 응답하느라 바쁘게 일했으며, 셀 수 없이 많은 귀한 조언으로 이 책의 가치를 크게 높여주었다. 존 베하르, 스테이시 블랙Stacy Black, 윌리엄 보게스William Boggess, 홀리 크록포드Holly Crockford, 폴린 윅스Pauline Weeks 역시 힘을 보탰다. 그들이 없었다면 이 개정판이 나오기에 더 많은 시간이 필요했을 것이며, 심지어 완성을 보지 못했을 수도 있다. 월터 코헨 Walter Cohen의 전문적이고 근면한 편집 조력으로 마지막 텍스트의 가독성이 나아졌으며, 텍스트 퍼블리싱에서 내 책들의 표지 디자인을 해준 청 W. H. Chong은 이 책의 훌륭한 표지 디자인도 너그럽게 무료봉사로 해주었다.

모든 멋진 분들에게 감사드린다. 그들 가운데는 명사들도 많으며, 그들은 내 오디오북의 한 장을 낭독하는 일을 흔쾌히 승낙해주었다. 처음으로 승낙 의사를 밝혀준 폴 사이먼 Paul Simon에게 특별한 감사를 보내며, 마이크 슈어에게도 깊이 감사한다. 그는 이 책의 머리말을 써주었고, 윤리적 삶에 대해 탐구한 〈굿플레이스〉, 즉 그가 만든 TV쇼에 등장한 배우들도 소개해주었다.

마지막으로, 이 프로젝트에 후한 지원을 해준 라이트 재단(독일)에, 그리고 TLYCS에 기부해준 모두에게 감사드린다. 이 단체가 없었다면, 이 10주년 기념판도 나올 수 없었을 것이다.

피터 싱어

| 옮긴이 후기 |

2009년, 『물에 빠진 아이 구하기』라는 제목으로 피터 싱어의 이 책을 처음 번역했었다. 그 뒤 10년이 지나서 싱어는 이 책을 대폭 수정 보완하여 10주년 기념판을 내놓았고, 초판은 원서와 그리 큰 시간 차이 없이 번역서가 나왔던 것과 달리 몇 년이 더 걸려서야 나올 수 있게 되었다. 그리고 '영광스럽게도' 이번에도 이 책의 번역이 내 손에 맡겨졌다.

피터 싱어는 실천을 중시하는 철학자다. 한국 사람들에게 그의 이름은 두 가지 점에서 익숙한데, 하나는 『동물 해방』, 『죽음의 밥상』 등의 책으로 대표되는 동물권 운동의 사상적 기반을 마련한 사람이라는 점이고, 다른 하나는 이 책과 다른 여러 글에서 대표되는 급진적인 원조(기부)의 윤리와 실천 지침을 내놓은 사람이라는 점이다. 최근 대학입시에서 사회탐구 영역 중 '생활과 윤리'를 선택과목으로 정했던 청년이라면 특히 두 번째 점에서 피터 싱어의 이름을 낯익어할 것이다. 해외원조의 철학에 대해 존 롤스와 비교되는 사상적 입장의 소유자로서 반드시 익혀야 할 이름이니까. 몇 년 전에는 수능 문제 (본수능은 아니고 모의고사였지만)에서 이 부분을 다루는 문제가 나왔는데, 싱어의 입장과 문제의 내용이 맞지 않다고 여긴 누군가가 싱어에게 직접 연락을 해서 그 점을 물어보았고, "네, 나는 그런 입장이 아닙니다. 문제가 잘못됐네요"라는 대답이 와서 작은 소동이 일어나기도 했다. 그 뒤로 교육평가원에서는 '살아 있는 철학자의 사상은 수능 문제에 되도록 다루지 말라'는 지침이 나왔다던가.

어쩌면 피터 싱어이기에 그의 입장을 정확하게 제시하기가 어려울 수도 있다. 그는 강단에서의 윤리 문제를 현실에서 적용하려고 늘 애쓰는 사람으로, 이 책이 나온 뒤 그 제목을 딴 필란트로피 시민단체까지 만들어 이끄는 등, 세상을 자신의 철학에 맞게 바꿔나가는 데 적극적으로 힘쓰고 있는 사람이니까. 그렇게 현실에서 늘 눈을 떼지 않다 보니, 10년 정도 시간이 흐르면 세부적으로는 평가나 입장이 달라지기도 한다. 가령 이 책에서만 해도 10년 전에는 큰 기대를 걸었던 이념이나 프로젝트에 대해 지금은 실망하고, 평가에 인색해진 등의 변화를 여러 군데서 느낄 수 있다.

그러나 싱어 철학의 기본은 비교적 단순하다. 그리고 일관적이면서, 또한 급진적이다. 그는 19세기 이래 서구 철학의 한 축을 이루어 온 공리주의의 전통을 이어받았다. 공리주의에서는 시대마다, 문화마다. 개인마다 다르기 마련인 가치관에 의존해서는 모든 사람에게 공통이 되는 보편적 윤리 규범을 만들 수 없다고 본다. 똑같은 점에 착안한 이마누엘 칸트는 '어떤 사람이라도 합리적으로 생각하면 지지할 수 밖에 없는 원칙들'을 체계화해 '정언명령의 의무 윤리학'을 만들었지 만, 공리주의자들은 인간의 가치관이 다양하더라도 쾌락을 바라고 고통을 꺼리는 점은 똑같으니, 쾌락을 극대화하고 고통을 최소화하는 것이 개인의 지침이 된다. 그런데 세상은 혼자 사는 게 아니고 윤리는 사회 전체의 차원을 상정하니까, 결국 사회 전체적으로 최대 다수의 최대 행복(쾌락)을 결과화할 수 있다면 그것은 윤리적으로 옳은 것이다, 이런 결론으로 갔다.

제러미 벤담 Jeremy Bentham 등이 수립한 이런 '행위 공리주의'는 여러 공리주의자에 의해 변형되고 수정되었으나, 근본적인 점에서는 일관되었다. 그리고 피터 싱어에 이르자, '최대 다수의 최대 쾌락이 윤리적 지침이라면, 쾌락과 고통을 느낄 줄 아는 존재들 사이에는 아무런 차이를 인정할 수 없지 않은가?'라는 생각에 이른다. 그래서 그는 인간과 '마찬가지로' 그런 능력을 가진 동물을 인간의 보다 덜 시급한 필요에 따라(가령 채식으로 대체 가능한 고기, 동물의 모피로 만든 옷) 죽이거나 괴롭히는 일은 비윤리적이라고 보았다. 또한 '같은 민족' '같은 국민' 등의 이유로 보다 형편이 좋지 않은 사람들을 외면하고 '우리끼리 잘사는 게 우선'이라 보는 일 역시 비윤리적이라고 보았다.

그런 싱어의 지적은 분명 일리가 있고, 엄연히 존재하는 세상의 어두운 면을 없애는 데 큰 힘으로 작용할 수 있다. '우리가 상식이라는 이름으로 불합리하고 비윤리적인 관행에 안주하고 있었던 것은 아닌가?' 하는 각성과 반성의 계기도 준다. 다만 사람이란 상식을 지나치게 벗어난 이야기에 대해서는 쉽게 동의하지 못하기 마련이다. 싱어의 실천철학은 그만큼 급진적이다. 이 책에서 보듯, "고소득 국가의 주민은 저소득 국가의 주민보다 기본적으로 쾌락을 추구하고 고통을 멀리할 기회가 많다. 따라서 원조는 기본적으로 저소득 국가에 대한 해외 원조여야 한다"는 주장까지는 그렇다 해도, "맹인 안내견은 시각을 잃은 사람에게 소중한 도움이 된다. 하지만 그 배양, 훈련, 관리 등에 들어가는 비용은 주로 저소득 국가에 많은 시각을 잃을 위험에 있는 사람(백내장 등으로)의 시각 상실을 예방하는 비용에 비해 무척 크다. 따라서 고소득 국가의 맹인 안내견 제도를 없애고, 그 돈으로 저소득 국가 사람들에게 백내장 시술을 해주는 일이 바람직하다"는 결론 앞에서는 멈칫할 사람이 많을 것이다. 그가 '효과적 이타주의'라고 부르는 이런 접근법은 분명 합리적인 부분이 있지만, 그 방안이 실현될 경우 오직 안내견을 의지해서 삶다운 삶을 살던 시각 장애인들의 절망은 어찌할 것인가. 그런 시각장애인이 자신이라면, 또는 자신의 가까운 사람이라면 과연 싱어에게 찬사를 보낼 수 있을 것인가, 하는 문제에 부딪히지 않을 수 없다. 싱어는 나아가 '자기 자신에게, 자신과 가까운 사람에게 특별대우를 하지 마라! 그것은 비윤리적이다'라는 식의 태도마저 보인다. 그는 불쌍한 사람들에게 모든 것을 나눠 준 성인들을 찬양하는 한편, '자기 자식을 먼저 구하느냐, 전혀 모르는 아이 여럿을 구하느냐'의 딜레마에서 여럿의 생명을 구하기를 택한 부모도 바람직하게 본다. 빌 게이츠가 상상도 못할 거액을 자선단체에 내놓고 있는 점은 칭찬하지만, '그럼에도 불구하고 아직 생계를 이어갈 만한 수준을 한참이나 넘는 부를 가지고 있음'에 대해서는 못마땅해하는 기색을 보인다.

그렇지만 그는 또한 현실의 무게를 거들떠보지 않는 몽상가가 아니다. 사람들이 극단적인 자선을 행하기 어려워하는 경우가 많다는 것이 현실이라면, 그리 어렵지 않은 정도까지 자선을 행하도록 권하는 게 낫다. 사실 이것도 공리주의적이다. 가급적 최대의 효과를 추구해야 하지만, 최소의 효과만이라도 효과가 전혀 없거나 부정적 효과가 나는 것보다는 낫기 때문이다. 그래서 그는 이 책에 각자의 부유한 수준에 따라 어느 정도의 자선을 하는 게 적당할지를 등급표로 만들어서 실어두었다.

여기서 한국의 환경을 생각하게 된다. 과연 한국 독자들은 얼마나 그 등급표를 들여다보고, 그에 맞추어 자신의 돈을 기부하려고 할까?

싱어는 대학교 수업 시간에 학생들과 나눈 이야기에서 종종 책 내용의 영감을 얻는다. 나도 대학교에서 수업을 하고 있다. 최근 수업에서, 나는 '세계 여러 나라와 비교해볼 때, 우리나라는 좋은 나라인가, 좋지 못한 나라인가?'라는 질문을 학생들에게 던졌다. 대답은 대체로 반반이었다. '좋은 나라'라고 대답한 학생들은 주로 비교적 높은 경제 수준, 잘 갖춰진 사회적 인프라, 전쟁이나 유혈사태가 없고 치안이 좋은 점 등을 이유로 들었다. 반면 '좋지 못한 나라'라고 대답한 학생들은 심각한 사회 갈등, 답이 없는 출생률, 심해지는 빈부격차, 불안한 미래 등등을 거론했다. 그런데 내가 보기에 어쩌면 당연히 들어야 할 '좋은 나라'다운 기준, 그것을 드는 학생은 아무도 없었다. 그것이 많으니 좋은 나라라거나, 그것이 적거나 별로 없으니 좋지 못하다거나. 단 한 번의 지나가는 언급조차도 하지 않았다. 그래서 나는 다시 물었다. 좋은 나라가 갖추어야 할 또 다른 조건이랄까, 현상이랄까 하는 것으로 달리 생각나는 게 없느냐고. 학생들은 곰곰이 생각하며 다시 이것저것을 들었다. 그러나 내가 원하는 답은 끝내 나오지 않았다.

아무도 '봉사'나 '기부'를 거론하지 않았다.

이른바 선진국이라는 나라들은 오래전부터 봉사와 기부의 문화를 가꿔오고 있다. 아주 부유하지 않더라도 생활고를 벗어나 좀 사는 수준이라면 지역사회에서 봉사를 하거나, 소액이라도 기부를 하는 게 당연하다 여긴다. 그래서 피터 싱어의 소득별 기부율표 같은 것도 생뚱맞지 않다. 이 책에 싱어가 소개했듯 안락한 삶을 누리다가 갑자기 깨닫고 남을 위해 헌신하는 삶을 사는 사람이 그쪽이라고 아주 많지는 않겠지만, 분명 우리보다는 많다. 자신의 하는 기부액이 너무 적지는 않은지 고민하는 사람, 기부 단체가 효과적인지 여부를 따지려는 사람은 더욱 많다.

한국인은 근본적으로 비윤리적인, 자기밖에 모르는 사람들이라서인가? 그럴 리는 없다. 하지만 한국의 독특한 현대사, 정치, 경제, 문화적 특수성이 그러도록 사람들을 몰아갔다. 누구나 코흘리개 시절부터 경쟁에 나선다. 경쟁은 쉴 틈이 없다. 마음의 여유가 없다. 나보다 어려운 사람에게 배려할 생각이 안 나도록 한다. 내가 먼저 살고 봐야 하고, 내가 더 많은 점수를 따서, 더 좋은 학교에 가서, 더 많은 연봉을 받으며 더 좋고 큰 집, 차 등을 쟁취하느라 바쁜데 어떻게 남을 챙길 여유가 있겠는가. 그러니 피터 싱어의 이름은 수능에 나오니까 기억해야 하고, 봉사 점수를 일정 수준 받아야 입시에 유리하니까 영혼 없는 봉사를 하는 게 아닌가. 그렇게 수십 년을 경쟁하고, 당연히 극소수의 극소수만 빼면 저마다 어느 정도는 패배자가 되다 보니 이 나라에 미래가 없고, 미래를 걸머질 아기들이 점점 사라지는 게 아닌가.

그러기에 우리 한국인에게 이 책은 소중하다. 피터 싱어의 사상은 (시험에 나오지 않아도) 새겨봄 직하다. 말 못 하는 동물의 고통도 살피고, 나와 아무 상관이 없는 머나먼 땅에서 벌어지는 참극에도 슬픔과 분노를 느끼고, 조금이라도 현실을 더 낫게 하고자 머리와 몸을 계속 쓰는 사람. 그가 참된 인간이 아닐까. 싱어 사상은 어쩌면 생뚱맞고 어쩌면 냉혹하기까지 하지만, 그 바닥에는 가장 인간적인 따사로움이 깔려 있다. 10여 년 전에 느낀 그런 따사로움을 이 책에서도 느끼며, 나의 부족한 번역으로나마 여러 독자에게도 그 느낌이 조금이라도 나눠지기를 소망한다.

2025, 봄을 기다리며
함규진

| 주 |

머리말

1 Cara Buckley, "Man Is Rescued by Stranger on Subway Tracks", *The New York Times*, 2007년 1월 3일, https://www.nytimes.com/2007/01/03/nyregion/03life.html.
2 "Decline of Global Extreme Poverty Continues but Has Slowed: World Bank", 세계은행 보도자료, 2018년 9월 19일, https://www.worldbank.org/en/news/press-release/2018/09/19/decline-of-global-extreme-poverty-continues-but-has-slowed-world-bank.
3 TED 강연에 대해서는 다음을 참조하라. https://www.thelifeyoucansave.org/peter-singers-ted-talk/.
4 유엔의 지속가능발전목표(SDGs) 제1목표에 대한 더 많은 정보는 다음을 참조하라. https://sustainabledevelopment.un.org/sdg1.
5 "Levels & Trends in Child Mortality Report 2018", UNICEF, https://data.unicef.org/wp-content/uploads/2018/10/Child-Mortality-Report-2018.pdf. 2009년도 수치에 대해서는 다음을 확인하라. "The State of the World's Children 2009", UNICEF, https://www.unicef.org/reports/state-worlds-

children-2009.

6   "Children: Reducing Mortality", World Health Organization, 2018년 9월 19일, https://www.who.int/news-room/fact-sheets/detail/children-reducing-mortality.

7   Warren Buffett, "My Philanthropic Pledge", The Giving Pledge, 2019년 1월 19일 접속, https://givingpledge.org/Pledger.aspx?id=177; Jennifer Calfas, "Bill Gates Just Made His Biggest Donation in 17 Years", *Money*, 2017년 8월 15일, https://money.com/bill-gates-donation-4-6-billion/; Ariel Schwartz, "Bill Gates Reveals the 2 Reasons He's Giving Away His $90 Billon Fortune", *Business Insider*, 2018년 2월 13일, https://www.businessinsider.com/bill-gates-reveals-why-hes-giving-away-his-90-billion-fortune-2018-2.

8   "Malaria", World Health Organization, 2018년 3월 27일, https://www.who.int/en/news-room/fact-sheets/detail/malaria; "FastFacts&FAQ", The Fistula Foundation, 2019년 5월 13일 접속, https://www.fistulafoundation.org/what-is-fistula/fast-facts-faq/; "Blindness and Vision Impairment, World Health Organization", 2018년 10월 11일, https://www.who.int/news-room/fact-sheets/detail/blindness-and-visual-impairment.

1장 | 물에 빠진 아이 구하기

1   Malcolm Moore, "As Chinese Hit-and-run Girl Dies, Passersby Claim They Did Not See Her", *The Telegraph*, 2011년 10월 21일, https://www.telegraph.co.uk/news/worldnews/asia/china/8841840/As-Chinese-hit-and-run-girl-dies-passersby-claim-they-did-not-see-her.html.

2   Deepa Narayan with Raj Patel, Kai Schafft, Anne Rademacher, and Sarah Koch-Schulte, *Voices of the Poor: Can Anyone Hear Us?*, 세계은행 연구 프로젝트, by Oxford University Press(New York, 2000), p. 36.

3   이 오해 연구에 대해 더 자세한 사항은 gapm.io/gms 참조.

4   Narayan et al., *Voices of the Poor*, p. 36.

5   세계은행 보도자료, "Decline of Global Extreme Poverty Continues but Has Slowed: World Bank", 2018년 9월 19일, https://www.worldbank.org/en/

news/press-release/2018/09/19/decline-of-global-extreme-poverty-continues-but-has-slowed-world-bank.

6 Robert Rector and Kirk Johnson, "Understanding Poverty in America", Heritage Foundation, 2004년 1월 5일, https://www.heritage.org/poverty-and-inequality/report/understanding-poverty-the-united-states-surprising-facts-about; Rector and Johnson은 2003년 미국 인구조사국 보고서(U.S. Census Bureau report)의 데이터를 근거로 활용했다.

7 "Human Development Reports, 2018 Statistical Update", United Nations Development Programme, http://hdr.undp.org/en/2018-update.

8 "Levels & Trends in Child Mortality Report 2018", UNICEF, https://data.unicef.org/wpcontent/uploads/2018/10/Child-Mortality-Report-2018.pdf.

9 Hartwig Schafer, "Finishing the Job of Ending Poverty in South Asia", The World Bank, 2018년 10월 17일, https://blogs.worldbank.org/en/endpovertyinsouthasia/finishing-job-ending-poverty-south-asia.

10 "No Poverty", World Bank, 2019년 4월 7일 접속, http://datatopics.worldbank.org/sdgatlas/archive/2017/SDG-01-no-poverty.html.

11 Homi Kharas, Kristofer Hamel, and Martin Hofer, "Rethinking Global Poverty Reduction in 2019", Brookings Institute, https://www.brookings.edu/articles/rethinking-global-poverty-reduction-in-2019/.

12 Homy Kharas and Kristofer Hamel, "A Global Tipping Point: Half the World Is Now Middle Class or Wealthier", 2018년 9월 27일, Brookings Institute, https://www.brookings.edu/articles/a-global-tipping-point-half-the-world-is-now-middle-class-or-wealthier/.

13 James Riley, *Rising Life Expectancy: A Global History* (New York: Cambridge University Press, 2001); Jeremy Laurance, "Thirty Years: Difference in Life Expectancy between the World's Rich and Poor Peoples", *The Independent* (U.K.), 2007년 9월 7일, https://www.independent.co.uk/lifestyle/health-and-families/health-news/thirtyyears-difference-in-life-expectancy-between-theworlds-rich-and-poor-peoples-401623.html.

14 Alex Gray, "Which Countries Spend the Most on Food?", *World Economic Forum*, 2016년 12월 7일, https://www.weforum.org/stories/2016/12/this-

map-shows-how-much-each-country-spends-on-food/.
15 Luisa Kroll and Kerry A. Dolan, "Billionaires", *Forbes*, 2019년 3월 5일, https://www.forbes.com/billionaires/#73562421251.
16 Kate Sarsfield, "Boeing Business Jets Confident on 777x prospects", *FlightGlobal*, 2018년 12월 11일, https://www.flightglobal.com/news/articles/boeingbusiness-jets-confident-on-777x-prospects-454284/; 보잉사 보도자료, "Boeing Launches Longest-Range Business Jet Ever with BBJ 777X", 2018년 12월 10일; Matt Taylor, "Boeing BBJ 747-8: Buyer's and Investor's Guide", *Corporate Jet Investor*, 2018년 3월 27일, https://www.corporatejetinvestor.com/aircraft/boeing-bbj-787-buyers-and-investors-guide/.
17 Danielle Muoio, "The 11 Most Expensive Yachts in the World", *Business Insider*, 2017년 6월 12일; SuperYacht Fan, "All You Need to Know About the Emir of Abu Dhabi and His Yacht Azzam", https://www.superyachtfan.com/superyacht_azzam.html; Luke Wheeler, "How Much Fuel Does It Take to Fill the World's Largest Superyacht?", *Yachting Pages Media Group*, 2018년 7월 27일.
18 "Watch Your Time", *The New York Times*, 2007년 10월 14일 특별 광고기사. 이 단락은 40쪽에 인용됨.
19 Rachel Arthur, "Bottled Water Takes Top Spot in US", *Beverage Daily.com*, 2018년 6월 1일, https://www.beveragedaily.com/Article/2018/06/01/Bottled-water-takes-top-spot-in-US-in-2017/.
20 Lance Gay, "Food Waste Costing Economy $100 Billion, Study Finds", *Scripps Howard News Service*, 2005년 8월 10일; United States Department of Agriculture, Office of the Chief Economist, OCE Home, U.S. Food Waste Challenge, FAQ's, https://www.usda.gov/about-food/food-safety/food-loss-and-waste/food-waste-faqs.
21 Lucy Mangan, "Why Are Our Wardrobes Full of Unworn Clothes? Because Most Purchases Are Not Rational", *The Guardian*, 2018년 1월 2일, https://www.theguardian.com/fashion/shortcuts/2018/jan/02/wardrobes-full-unworn-clothes-worth-10-billion-pounds; Deborah Lindquist, "How to Look Good Naked", Lifetime Network, Season 2, Episode 2, 2009년 7월 29일. Courtney Moran이 전달한 내용.

2장 | 돕지 않으면 부도덕한가

1. Peter Unger, *Living High and Letting Die* (New York: Oxford University Press, 1996).
2. 더 많은 논의는 다음을 참조하라. *The Expanding Circle: Ethics, Evolution, and Moral Progress* (Princeton, N.J.: Princeton University Press, 2011[first published 1981]), p. 136, 186. 더 많은 사례는 다음을 참조하라. www.unification.net/ws/theme015.htm.
3. "How We Do It", Against Malaria Foundation, 2019년 2월 9월 접속, https://www.againstmalaria.com/HowWeDoIt.aspx.
4. 『누가복음』 18장 22~25절; 『마태복음』 19장 16~24절.
5. 『누가복음』 10장 33절.
6. 『누가복음』 14장 13절.
7. 『마태복음』 25장 31~46절.
8. 『고린도후서』 8장 14절.
9. 『사도행전』 2장 43~47절; 4장 32~37절도 참조하라.
10. Thomas Aquinas, *Summa Theoligica*, II-II, Question 66, Article 7.
11. John Locke, *Two Treatises of Government*, Book I, Paragraph 42.
12. Erin Curry, "Jm Waliis, Dems Favorite Evangelical?", *Baptist Press*, 2005년 1월 19일, https://www.baptistpress.com/resource-library/news/culture-digest-jim-wallis-dems-favorite-evangelical-rolling-stone-rejects-tniv-ten-commandments-coming-to-tv/.
13. Nicholas Kristof, "Evangelicals a Liberal Can Love", *The New York Times*, 2008년 2월 4일, https://www.nytimes.com/2008/02/03/opinion/03kristof.html.
14. Babylonian Talmud, Bava Bathra 9a; Maimonides, *Mishneh Torah*, "Laws Concerning Gifts for the Poor", 7:5.
15. 『맹자』「양혜왕장구 상」 3장*, http://chinese.dsturgeon.net/text.

* 피터 싱어는 이 부분을 인용하며 약간의 '왜곡'을 하고 있다. 우선 이 부분은 맹자가 "왕 앞에 나서자마자" 하는 말이 아니다. 1장에서 양혜왕이 맹자를 공식 접견하며 "우리나라에 무슨 이로움을 주려 오셨습니까?" 묻자 "어찌하여 이로움을 말씀하십니까? 인仁과 의義가 있을 뿐입니다"라고 말하고 있고, 다음의 2장에서는 왕과 맹자가 궁궐의 연못가에서 다시 만나는 장면이 나온다. 그러므로 3장의 내용은 최소한 두 번째 만남이나 그 이후의 일일 것이다. 그리고 이 인용된 구절의 바로 앞에는 본래 "개와 돼지가

pl?node=16028&if=en.

3장 | 기부를 거부하며 우리가 흔히 하는 말

1   *Giving USA 2019: The Annual Report on Philanthropy for the Year 2018*(Chicago: Giving USA Foundation, 2019), p. 18, https://givingusa.org/
2   미국 국민총소득의 경우: "GNI", The World Bank, 2019년 4월 4일 접속, https://data.worldbank.org/indicator/ny.gnp.mktp.cd.
3   "CAF World Giving Index, 2018", Charities Aid Foundation, 2018년 10월, 32, https://www.cafonline.org/docs/default-source/research-archive/giving-around-the-world/world-giving-index-reports/caf_wgi2018_report_webnopw_2379a_261018.pdf.
4   Brant Henshaw, "How Churches Spend Their Money", Pacific Northwest Conference of The United Methodist Church, 2014년 12월 2일, https://www.pnwumc.org/news/how-churches-spend-their-money/.
5   *Giving USA 2019*, p. 19.
6   Peter Singer, "The Singer Solution to World Poverty", *The New York Times Sunday Magazine*, 1999년 9월 5일, https://www.nytimes.com/1999/09/05/magazine/the-singer-solution-to-world-poverty.html.
7   글렌뷰고등학교는 사이더가 만든 가상의 학교 이름이며, 재학생의 이름 역시 모두 가명이다. '글렌뷰고등학교' 관련 자료는 다음을 참조했다. Scott Seider, "Resisting Obligation: How Privileged Adolescents Conceive of Their Responsibilities to Others", *Journal of Research in Character Education*, 6:1(2008), pp. 3-19. 그리고 Scott Seider, *Literature, Justice and Resistance: Engaging Adolescents from Privileged Groups in Social Action*, 하버드대학교 교육대학원 미발표 박사학위 논문(2008).
8   "An Interesting Read That Will Rub Some The Wrong Way", Amazon User Review, Username Phil, 2014년 8월 26일.

사람이 먹을 양식을 먹는데도 단속할 줄 모르시며狗彘食人而不知檢"라는 문구가 붙어 있어서 전체적으로 하나의 문장을 이룬다. 싱어는 이 문구를 잘라내고 인용했는데, 아마도 동물권을 주장하는 사상가로서 불편했기 때문으로 보인다. ─ 옮긴이

9   "Warren Buffett Talks Business", 텔레비전 인터뷰, 노스캐롤라이나대학교, 공영 텔레비전 센터, 채플 힐, Janet Lowe 인용, *Warren Buffett Speaks*(Hoboken, N.J.: John Wiley & Sons, 개정판, 2007) p. 212.

10 Herbert Simon, "A Basic Income for All: UBI and the Flat Tax", *Boston Review*, 2000년 7월 17일, https://www.bostonreview.net/forum_response/herbert-simon-ubi-and-flat-tax/.

11 Jan Narveson, "'We Don't Owe Them a Thing!' A Tough-minded but Soft-hearted View of Aid to the Faraway Needy", *The Monist*, 86:3(2003), P.419.

12 "Facts: Global Inequality", Inequality.org, 2018년 10월 16일 접속, https://inequality.org/facts/global-inequality/.

13 Larry Elliott, "World's 26 richest people own as much as poorest 50%, says Oxfam", *The Guardian*, 2019년 1월 20일, https://www.theguardian.com/business/2019/jan/21/world-26-richest-people-own-as-much-as-poorest-50-per-cent-oxfam-report.

14 Sharon Lafraniere, "Europe Takes Africa's Fish, and Boatloads of Migrants Follow", *The New York Times*, 2008년 1월 14일, https://www.nytimes.com/2008/01/14/world/africa/14fishing.html; Elizabeth Rosenthal, "Europe's Appetite for Seafood Propels Illegal Trade", *The New York Times*, 2008년 1월 15일, https://www.nytimes.com/2008/01/15/world/europe/15fish.html; Dyhia Belhabib et al., "Fisheries Catch Misreporting and Its Implications: The Case of Senegal", Fisheries Research, 151(2014)1–11, https://www.sciencedirect.com/science/article/abs/pii/S0165783613003007; Sophie Zweifel, "International Fishing Trawlers are Driving Up Demand for Ocean Bushmeat in West Africa", *Earth Island Journal*, 2018년 2월 28일, https://www.earthisland.org/journal/index.php/articles/entry/international_fishing_trawlers_are_driving_up_demand_for_ocean_bushmeat_in_/.

15 무세베니 대통령은 2007년 2월에 에티오피아 아디스아바바에서 열린 아프리카 연합 정상회담에서 이 연설을 했으며, 이는 다음에 소개되었다. Andrew Revkin, "Poor Nations to Bear Brunt as World Warms", *The New York Times*, 2007년 4월 1일, https://www.nytimes.com/2007/04/01/science/earth/01climate.html.

16 Hannah Ritchie and Max Roser, "CO_2 and Other Greenhouse Gas

Emissions", Our World in Data, https://ourworldindata.org/co2-and-greenhouse-gas-emissions.

17 "Developing Countries Need Urgent Support to Adapt to Climate Change", United Nations Climate Change, 2017년 10월 12일, https://unfccc.int/news/developing-countries-need-urgent-support-to-adapt-to-climate-change.

18 International Monetary Fund, World Economic Outlook, October 2017, Seeking Sustainable Growth, ch. 3, https://www.imf.org/en/Publications/WEO/Issues/2017/09/19/world-economic-outlook-october-2017#Chapter%203.

19 United States: "Ag and Food Sectors and the Economy", United States Department of Agriculture Economic Research Service, https://www.ers.usda.gov/data-products/ag-and-food-statistics-charting-the-essentials/ag-and-food-sectors-and-the-economy; Sierra Leone: "World Development Indicators : Structure of Output", The World Bank, 2019년 2월 6일 접속, http://wdi.worldbank.org/table/4.2; Malawi: Boniface Phiri, "Malawi's Agricultural Land Poorly Utilized", The Nation, 2015년 9월 12일.

20 Rupak de Chowdhuri and Sunil Kataria, "Villagers Fear for Survival on India's Disappearing Island", Reuters, 2018년 11월 28일, https://www.reuters.com/article/us-climate-changeindia-islands/villagers-fear-for-survival-on-indiasdisappearing-island-idUSKCN1NY0BQ.

21 Z. D. Tessler et al., "Profiling Risk and Sustainability in Coastal Deltas of the World", *Science*, 2015년 8월 7일: Vol. 349, Issue 6248, pp. 638–43, http://science.sciencemag.org/content/349/6248/638; Sally Brown et al., "What Are the Implications of Sea-Level Rise for a 1.5, 2 and 3 °C Rise in Global Mean Temperatures in the Ganges-Brahmaputra-Meghna and Other Vulnerable Deltas?", *Regional Environmental Change*, 18(2018), pp. 1829–42, https://link.springer.com/article/10.1007/s10113-018-1311-0.

22 International Monetary Fund, World Economic Outlook, ch. 3.

23 Organisation for Economic Co-operation and Development(OECD), Table 1: DAC Members' Official Development Assistance in 2018 on a Grant Equivalent Basis, USD million, 2018년 데이터는 예비 자료임, http://www.oecd.org/dac/financingsustainable-development/development-

financedata/ODA-2018-complete-data-tables.pdf.
24 Poncie Rutsch, "Guess How Much of Uncle Sam's Money Goes to Foreign Aid. Guess Again!", National Public Radio, 2015년 2월 10일, https://www.npr.org/sections/goatsandsoda/2015/02/10/383875581/guess-how-much-of-uncle-sams-money-goes-to-foreign-aid-guess-again; 다음도 참조하라. "American Public Vastly Overestimates Amount of U.S. Foreign Aid", WorldPublicOpinion.org, 2010년 11월 29일, https://drum.lib.umd.edu/items/796e5950-9fa2-49bc-9a16-8f977b98dc68; Steven Kull, "American Public Support for Foreign Aid in the Age of Trump", Brookings, 2017년 7월 31일, https://www.brookings.edu/articles/american-public-support-for-foreign-aid-in-the-age-of-trump/.
25 이 다이어그램은 이 책의 초판에 실렸던 것의 업데이트 버전이다. 당시 '국제정책 태도 프로그램Program on International Policy Attitudes'의 친절한 허락에 따라 이를 실을 수 있었다. "Americans on Foreign Aid and World Hunger: A Study of U.S. Public Attitudes", 2001년 2월 2일, http://worldpublicopinion.net/wp-content/uploads/2017/08/ForeignAid_Feb01_rpt.pdf.
26 Jonathan Pryke, "New Research Shows Australians Have Wrong Idea on Foreign Aid and Spending", *The Conversation*, 2018년 6월 25일, https://theconversation.com/new-research-showsaustralians-have-wrong-idea-on-foreign-aidspending-98772.
27 Credit Suisse Research Institute, "Global Wealth Report 2018", Credit Suisse, https://www.thehinducentre.com/publications/policy-watch/article26438502.ece/binary/global-wealth-report-2018.pdf.
28 Organisation for Economic Co-operation and Development(OECD), Development Co-operation Report 2018, https://www.oecd.org/en/publications/development-co-operation-report-2018_dcr-2018-en.html.
29 예를 들면 다음을 참조하라. Anthony Langlois, "Charity and Justice in the Singer Solution", in Raymond Younis, ed., *On the Ethical Life*(Newcastle upon Tyne: Cambridge Scholars, 2009); Paul Gomberg, "The Fallacy of Philanthropy", *Canadian Journal of Philosophy*, 32:1(2002), pp. 29–66, https://philpapers.org/rec/GOMTFO-2.
30 Gomberg, "The Fallacy of Philanthropy", pp. 30, 63-4.
31 앤디 라메이Andy Lamey가 위의 29번 주석에서 언급한 앤서니 랑글로아의 논문에

대해 이렇게 답변했다.

32　Johannes Haushofer and Jeremy Shapiro, "The Short-term Impact of Unconditional Cash Transfers to the Poor: Experimental Evidence from Kenya", *The Quarterly Journal of Economics*, 131:4 (2016), pp. 1973-2042, http://hdl.handle.net/10.1093/qje/qjw025.

33　"Research on Cash Transfers", GiveDirectly, http://emiguel.econ.berkeley.edu/wordpress/wp-content/uploads/2020/11/Research_on_Cash_Transfers__GiveDirectly.pdf; Jessica Hagen-Zanker, Francesca Bastagli, et al., "Understanding the Impact of Cash Transfers: The Evidence", Overseas Development Institute Briefing, July 2016, https://www.calpnetwork.org/wp-content/uploads/2020/09/10748.pdf.

34　Claude Rosenberg and Tim Stone, "A New Take on Tithing", *Stanford Social Innovation Review*, Fall 2006, pp. 22-9.

35　Colin McGinn, Michael Spector, "The Dangerous Philosopher"에서 인용, *The New Yorker*, 1999년 9월 6일, https://www.newyorker.com/magazine/1999/09/06/the-dangerous-philosopher.

36　Alan Ryan, Michael Spector, "The Dangerous Philosopher"에서 인용.

37　이 언급은 2008년 www.muzakandpotatoes.com에 게재되었으나 2019년에는 찾을 수 없었다.

38　"Poverty", The World Bank, April 3, 2019, https://www.worldbank.org/en/topic/poverty/overview.

39　Max Roser, "Life Expectancy", Our World in Data, 2019년 2월 10일 접속, https://ourworldindata.org/life-expectancy; Max Roser, "Child Mortality", Our World in Data, https://ourworldindata.org/child-mortality-big-problem-in-brief.

40　Thomas Malthus, "An Essay on the Principal of Population", ch. 7, p. 44, 1798, http://www.esp.org/books/malthus/population/malthus.pdf.

41　Paul R. Ehrlich, *The Population Bomb*, Sierra Club/Ballantine Books, 1968.

42　"Food Security & Nutrition around the World", Food and Agriculture Organization of the United Nations, https://www.fao.org/publications/home/fao-flagship-publications/the-state-of-food-security-and-nutrition-in-the-world/en.

43　Emily Cassidy et al., "Redefining Agricultural Yields: From Tonnes to

People Nourished per Hectare", *Environmental Research Letters*, 8(2013) 034015, https://iopscience.iop.org/article/10.1088/1748-9326/8/3/034015.

44 "Poverty & Equity Data Portal", The World Bank, 2019년 5월 24일 접속, http://povertydata.worldbank.org/poverty/country/NGA; Rakesh Kochhar, "Seven-in-ten People Globally Live on $10 or Less per Day", *Fact Tank*, Pew Research Center, 2015년 9월 23일, https://www.pewresearch.org/short-reads/2015/09/23/seven-in-ten-people-globally-live-on-10-or-less-per-day/.

45 Bill and Melinda Gates, "Is Poverty Inevitable?", Bill and Melinda Gates Foundation.

46 Garret Hardin, "The Tragedy of the Commons", *Science*, 162:3859(1968), pp. 1243-8; Hardin, "Life Boat Ethics: The Case against Helping the Poor", *Psychology Today*, 1974년 9월, p. 38; Hardin, "Living on a Lifeboat," *Bioscience*, 24(1974), p. 56.

47 Steven W. Sinding, "Population, Poverty, and Economic Development", *Philosophical Transactions of the Royal Society* B 364, Issue 1532(2009) pp. 3023-30, https://royalsocietypublishing.org/doi/10.1098/rstb.2009.0145.

48 David Shapiro and Michel Tenikue, "Women's Schooling, Child Mortality, and Fertility in Sub-Saharan Africa", N-IUSSP, 2017년 11월 20일, https://www.niussp.org/fertility-and-reproduction/womens-schooling-child-mortality-and-fertility-in-sub-saharan-africa/?print=pdf.

49 "The Effect of Girls' Education on Health Outcomes: Fact Sheet", Population Reference Bureau, 2011년 8월 15일, https://www.prb.org/resources/the-effect-of-girls-education-on-health-outcomes-fact-sheet/.

50 "Family Planning/Contraception", World Health Organization, 2018년 2월 8일.

4장 | 기부를 가로막는 5가지 심리

1 C. Daniel Batson and Elizabeth Thompson, "Why Don't Moral People Act Morally? Motivational Considerations", *Current Directions in Psychological*

Science, 10:2(2001), pp. 54-7.

2   D. A. Small, G. Loewenstein, and P. Slovic, "Sympathy and Callousness: The Impact of Deliberative Thought on Donations to Identifiable and Statistical Victims", *Organizational Behavior and Human Decision Processes*, 102(2007), pp. 143-53; Paul Slovic, "Psychic Numbing", Judgment and Decision Making, 2:2 (2007), pp. 79-95. 이 단락의 참고자료는 슬로빅의 글에서 가지고 왔다. 이 연구는 대체로 피터 엉거가 다음에서 주장한 내용을 뒷받침한다. Living High and Letting Die(New York: Oxford University Press, 1996, pp. 28-29, 77-79) 우리의 직관은 한 사람의 식별 가능한 희생자의 존재 때문에 왜곡되며, 반대로 수천 명의 희생자 가운데 기껏해야 몇 명만 구할 수 있는 경우에는 '무익하다'는 인식에 빠지기 쉽다는 것이다.

3   D. Vastfjall, E.Peters, and P.Slovic, "Representation, Affect, and Willingness-to-Donate to Children in Need", *PLOS One*, 2014년 6월 18일, https://doi.org/10.1371/journal.pone.0100115.

4   다음을 보라. T. Kogut and I.Ritov, "An Identified Group, or Just a Single Individual?", *Journal of Behavioral Decision Making* 18(2005), pp. 157-67; and T. Kogut and I.Ritov, "The Singularity of Identified Victims in Separate and Joint Evaluations", *Organizational Behavior and Human Decision Process* 97(2005), pp.106-16.

5   D. Västfjäll, P. Slovic, M. Mayorga, and E. Peters, "Compassion Fade: Affect and Charity Are Greatest for a Single Child in Need", *PLOS One*, 2014년 6월 19일, https://doi.org/10.1371/journal.pone.0100115.

6   논의에 다음 자료를 참조하라. D. C. Hadorn, "The Oregon Priority-Setting Exercise: Cost-effectiveness and the Rule of Rescue, Revisited", *Medical Decision Making* 16(1996), pp.117-19; J. McKie and J. Richardson, "The Rule of Rescue", *Social Science and Medicine*, 56(2003), pp. 2407-19.

7   D. A. Small, and G. Loewenstein "Helping the Victim or Helping a Victim: Altruism and Identifiability", *Journal of Risk and Uncertainty*, 26:1(2003), pp.5-16.

8   폴 슬로빅은 다음 이론에서 차용했다. Seymour Epstein, "Integration of the Cognitive and the Psychodynamic Unconscious", *American Psychologist* 49(1994), pp. 709-24. 슬로빅은 이 두 체계를 '경험 체계experiential system'와 '분석 체계analytic system'라고 표현한다.

9   폴 슬로빅의 "Psychic Numbing"에서 인용되었으나, 추가적인 출처는 명시하지 않음.
10 D. A. Small, G. Loewenstein, and P. Slovic, "Sympathy and Callousness".
11 Adam Smith, *Theory of the Moral Sentiments*(1759), III.i.45.
12 이 단락에 인용한 수치는 다음에서 가지고 왔다. https://www.charitynavigator.org 그리고 Steven Dubner, "How Pure Is Your Altruism?", *Freakonomics Blog*, 2008년 5월 13일, http://freakonomics.com/2008/05/13/how-pureis-your-altruism/. 모금된 금액 수치는 이 두 출처에서 약간 차이가 난다.
13 각 자녀에 대한 남성의 생물학적 투자는 여성의 투자보다 훨씬 적고 이론적으로 남성이 더 많은 자녀를 가질 수 있기 때문에, 일부 아버지는 각 자녀의 복지에 큰 관심을 두지 않고도 자신의 유전자를 전달하는 데 성공할 수 있다. 하지만 대부분의 인간 사회에서 이는 규칙이라기보다는 예외인 것으로 보인다.
14 Charles Dickens, Bleak House, chapter 4; 해당 부분은 다음에서 재인용했다. Peter and Renata Singer, eds., *The Moral of the Story*(Oxford, UK: Blackwell, 2005), pp. 63-69.
15 Adam Smith, *Theory of the Moral Sentiments*, III.i.0.
16 D. Fetherstonhaugh, P. Slovic, S. M. Johnson, and J. Friedrich, "Insensitivity to the Value of Human Life: A Study of Psychophysical Numbing", *Journal of Risk and Uncertainty* 14(1997), pp. 283-300. 이 연구의 기원은 대니얼 카너먼과 에이모스 트버스키의 연구로 거슬러 올라간다. Daniel Kahnemann and Amos Tversky, "Prospect Theory:An Analysis of Decision Under Risk", *Econometrica* 47(1979), 263-91.
17 Paul Slovic, "Psychic Numbing".
18 '키티 제노비즈'라는 이름은 오랫동안 대도시 주민들의 이웃에 대한 무관심을 나타내는 대명사처럼 쓰여왔는데, 좀 더 철저한 조사를 한 결과 최초 보고서에 대해 중대한 의혹이 일었다. 특히 얼마나 많은 목격자가 상황을 파악했고, 이를 신고할 기회가 있었는지에 대해 의구심이 제기되었다. 다음을 참조하라. Rachel Manning, Mark Levine, and Alan Collins, "The Kitty Genovese Murder and the Social Psychology of Helping", *American Psychologist* 62:6(2007), pp. 555-62. 이 참고자료를 제공해준 크리시 홀랜드Chrissy Holland에게 감사드린다.
19 Bib Latané and John Darley, *The Unresponsive Bystander*(New York: Appleton-Century-Crofts, 1970), p. 58. 다음 자료 덕분에 이 연구와 다른 전거를 찾아볼 수 있었다. Judith Lichtenberg, "Famine, Affluence and

Psychology", in Jeffrey Schaller, ed., *Peter Singer under Fire* (Chicago: Open Court, 2009).

20 Bib Latane and John Darley, *The Unresponsive Bystander*, chapters 6 and 7.
21 최후통첩 게임에 관한 문헌은 많다. 유용한 논의는 다음을 참조하라. Martin Nowak, Karen Page, and Karl Sigmund, "Fairness Versus Reason in the Ultimatum Game", *Science*, 289(2000), pp. 1773-5.
22 S. F. Brosnan and F. B. M. de Waal, "Monkeys Reject Unequal Pay", *Nature* 425(2003년 9월 18일), pp. 297-9.
23 Elizabeth Corcoran, "Ruthless Philanthropy", 2008년 6월 23일, https://www.forbes.com/2008/06/23/gates-philanthropy-foundation-tech-gates08-cx_ec_0623philanthropy.html.
24 진화된 심리와 윤리의 관계에 관한 더 자세한 논의는 다음을 참조하라. Peter Singer, *The Expanding Circle: Ethics, Evolution, and Moral Progress* (Princeton, N.J.: Princeton University Press, 2011 [first published 1981]).
25 Peter Singer, "Famine, Affluence and Morality", *Philosophy and Public Affairs*, 1 (Spring 1972), pp. 229-43; 다음에서 재인쇄 Peter Singer, *Famine, Affluence, and Morality* (Oxford: Oxford University Press, 2016); John Arthur's "World Hunger and Moral Obigation: The Case against Singer" 은 *The World of Philosophy: An Introductory Reader* (New York: Oxford University Press, 2015)를 비롯한 여러 선집에서 찾아볼 수 있다.

5장 | 기부 문화를 어떻게 만들 것인가

1 다음을 보라. Bib Latane and John Darley, "Group Inhibition of Bystander Intervention", *Journal of Personality and Social Psychology* 10(1968), pp. 215-221; John Darley and Bib Latané, "Bystander Intervention in Emergencies: Diffusion of Responsibility", *Journal of Personality and Social Psychology* 8(1968), pp.377-83; Bib Latané and J. Todin, "A Lady in Distress: Inhibiting Effects of Friends and Strangers on Bystander Intervention", *Journal of Experimental Social Psychology* 8(1969), pp. 189-202; John Darley and Bib Latané, *The Unresponsive Bystander: Why*

Doesn't He Help?*(New York: Appleton-Century-Crofts, 1970).

2 Lee Ross and Richard E. Nisbett, *The Person and the Situation: Perspectives of Social Psychology*(Philadelphia: Temple University Press, 1991), 특히 pp. 27-46; Robert Cialdini, *Influence: Science and Practice*(4th ed. Boston: Allyn and Bacon, 2001). 다음도 참조하라. Judith Lichtenberg, "Absence and the Unfond Heart: Why People Are Less Giving Than They Might Be", in Deen Chatterjee, ed., *The Ethics of Assistance: Morality and the Distant Needy*(Cambridge, UK: Cambridge University Press, 2004).

3 Jen Shang and Rachel Croson, "Field Experiments in Charitable Contribution: The Impact of Social Influence on the Voluntary Provision of Public Goods", *The Economic Journal*, forthcoming. 회원 자격을 갱신한 회원들은 기부 수준에 대한 정보를 제공받았을 때 43퍼센트 더 기부했고, 신규 회원은 29퍼센트 더 기부했다. 우편 설문조사에 대해서는 다음을 참조하라. Rachel Croson and Jen Shang, "The Impact of Downward Social Information on Contribution Descision", *Experimental Economics* 11(2008), pp. 221-33.

4 Jens Agerström, Rickard Carlsson, Linda Nicklasson, and Linda Guntell, "Using Descriptive Social Norms to Increase Charitable Giving: The Power of Local Norms", *Journal of Economic Psychology*, 52(2016), pp. 147-53.

5 Alice Moseley, Oliver James, Peter John, Liz Richardson, "The Effects of Social Information on Volunteering: A Field Experiment", *Nonprofit and Voluntary Sector Quarterly*, 47(January 2018), 089976401775331. 10.1177/0899764017753317.

6 『마태복음』 6장 1절.

7 Christopher Isherwood, "The Graffiti of the Philanthropic Class", *The New York Times*, 2007년 12월 2일, https://www.nytimes.com/2007/12/02/theater/02ishe.html.

8 "Money for Good 2015", Camber Collective, https://www.prweb.com/releases/camber_collective_releases_money_for_good_2015_revealing_root_causes_to_why_charitable_giving_has_been_stuck_at_2_gdp_since_the_70s/prweb12931131.htm.

9 효과적 이타주의 센터에서 2019년 6월에 보낸 이메일. '우리가 할 수 있는 기부'에 대한 자세한 내용은 해당 웹사이트를 참조하라. https://www.givingwhatwecan.org/about-us/.

10 "The History of the Pledge", The Giving Pledge, 2019년 5월 4일 접속, https://givingpledge.org/About.aspx. 더기빙플레지 서명자 전체 목록은 다음을 참조하라. https://givingpledge.org/PledgerList.aspx.

11 Leigh Gallagher, "Airbnb Cofounders Join Buffett and Gates' 'Giving Pledge'", *Fortune*, 2016년 6월 1일, https://fortune.com/2016/06/01/airbnb-cofounders-join-buffett-and-gates-giving-pledge/.

12 Deniz Cam, "The New Forbes 400 Philanthropy Score: Measuring Billionaires' Generosity", *Forbes*, 2018년 10월 3일, https://www.forbes.com/sites/denizcam/2018/10/03/the-new-forbes-400-philanthropy-score-measuring-billionaires-generosity/

13 https://founderspledge.com/.

14 https://rtcharity.org/lean/.

15 Andrei Smith, "How to Stay Positive in Sales—Charity for Laser Focus", The Life You Can Save(TLYCS), 2018년 8월 27일, https://www.thelifeyoucansave.org/blog/how-to-stay-positive-in-sales-charity-for-laser-focus/

16 Boris Yakubchik, TED talk, Filmed at TEDxRutgers, New Brunswick, N.J., video, 12:52, https://www.youtube.com/watch?v=DPe9-OM7vgU.

17 2019년 5월 캐서린 로가 필자에게 보낸 이메일.

18 "#GivingTuesday 2018 Surpasses Billion Dollars in Online Donations Since Its Inception, In Most Generous Year Yet", Giving Tuesday.org, 2018년 11월 28일, https://www.givingtuesday.org/blog/givingtuesday-2018-surpasses-billion-dollars-online-donations-its-inception-most/.

19 Katie Rogers, "The 'Ice Bucket Challenge' Helped Scientists Discover a New Gene Tied To A.L.S.", *The New York Times*, 2016년 7월 27일, https://www.nytimes.com/2016/07/28/health/the-ice-bucket-challenge-helped-scientists-discover-a-new-gene-tied-to-als.html.

20 "Why Fortification", *Sanku Project Healthy Children*, https://projecthealthychildren.org/why-fortification/; "Helen Keller International's Vitamin A Supplementation Program", *GiveWell*, 2018년 11월, https://www.givewell.org/charities/helen-keller-international/November-2018-Version; "SMC at Scale-saving Lives", *Malaria Consortium*, https://files.givewell.org/files/DWDA%202009/Interventions/Malaria_Vaccine/

Malaria_Consortium_SMC_at_scale_saving_lives.pdf.
21 Plan International, "Sponsor a Child: Frequently Asked Questions", 2019년 5월 4일 접속, https://www.planusa.org/sponsorship-faqs.
22 https://www.hollows.org/sight-simulator/.
23 IRODaT Database, Donation & Transplantation Institute, 2019년 5월 22일 접속, http://www.irodat.org/?p=database&c=ES#data.
24 Jessica Li and Till Nikolka, "The Effect of Presumed Consent Defaults on Organ Donation", *DICE Report*, CESifo, April 2016, https://www.ifo.de/DocDL/dice-report-2016-4-li-nikolka-december.pdf.
25 Eric Johnson and Daniel Goldstein, "Do Defaults Save Lives?", *Science* 302(November 2003), pp. 1338-9. 나는 이 전거를 엘다 샤피르Eldar Shafir 덕에 알았으며, 이 주제에 대한 그녀의 조언은 매우 도움이 되었다.
26 Richard Thaler and Cass Sunstein, *Nudge:Improving Decsions about Health, Wealth and Happiness*(New Haven, CT: Yale University Press, 2008).
27 "Driving Workplace Giving Participation Using Opt-Out", One Million Donors, 2019년 5월 8일 접속, https://www.1mdonors.org.au/divingworkplace-giving-participation-using-opt-out/.
28 *Giving USA 2019: The Annual Report on Philanthropy for the Year 2018*(Chicago: iving SA Foundation, 2019), p. 128, https://givingusa.org/; Melanie May, "Legacy income Reached Highest Ever Level Last Year, Smee & Ford Figures Show", *UK Fundraising*, 2018년 7월 27일, https://fundraising.co.uk/2018/07/27/legacy-income-reached-highest-ever-level-last-year-smee-ford-figures-show/.
29 "Goldman Sachs Gives," Goldman Sachs, https://www.goldmansachs.com/community-impact/goldman-sachs-gives.
30 기업 매칭에 대한 추가 정보는 다음을 참조하라. "Corporate Giving and Matching Gift Statistics", Double the Donation, 2019; Catherine Walker, "A Great Match", theBigGive.org.uk, 2016년 5월, https://cdn-wp.thebiggive.org.uk/uploads/2023/06/A-GreatMatch-EVersion.pdf; Sundar Pichai, "Opportunity for Everyone", Grow with Google, 2017년 10월 12일, https://blog.google/outreach-initiatives/grow-with-google/opportunity-for-everyone/.

31　Afdhel Aziz, "The Power of Purpose: How Salesforce and the Pledge 1% Model is Inspiring Silicon Valley to Do Good", *Forbes*, 2019년 4월 28일, https://www.forbes.com/sites/afdhelaziz/2019/04/18/the-power-of-purpose-how-salesforce-and-the-pledge-1-model-is-inspiring-silicon-valley-to-do-good/; Scott Farquhar, "Pledge 1%", Atlassian Foundation, video, 2:24; 1% 기부에 대한 자세한 내용은 웹사이트에서 확인할 수 있다. https://pledge1percent.org/.

32　Rob Keldoulis, "The Backstory", VivCourt, https://www.vivcourt.com/; "Why I Give," Social Ventures Australia, 2019년 2월 20일 접속; Grant Houghton이 2019년 5월 17일 필자에게 이메일.

33　야닉 실버에 대한 정보는 2019년 4월에 이루어진 에이미 슈비머와의 인터뷰를 바탕으로 작성되었다.

34　매버릭1000에 대한 추가 정보는 다음 웹사이트를 참조하라. https://maverick1000.com/.

35　『이볼브드 엔터프라이즈』에 대한 추가 정보는 다음 웹사이트를 참조하라. https://evolvedenterprise.com/.

36　Sadie Rose Zavgren, "Transformative Results in Sabwani Marinda Village Sponsored by Lurn, Inc.", Village Enterprise, 2019년 2월 8일, https://villageenterprise.org/blog/why-its-advantageous-to-fund-villages-in-rural-kenya/.

37　TEDx 토크에 대해서는 다음을 참조하라. https://www.youtube.com/watch?v=ti6S9EUO_UA.

38　"Women Give 2018", Indiana University Lilly Family School of Philanthropy, 2018, https://philanthropy.indianapolis.iu.edu/doc/institutes/womengive18-infographic.pdf; "Women Give 2013", Indiana University Lilly Family School of Philanthropy, 2013, https://scholarworks.indianapolis.iu.edu/server/api/core/bitstreams/9febdd45-d6b9-4895-a97b-196cdb7e436b/content.

39　Scott Pape, *The Barefoot Investor for Families: The Only Kids' Money Guide You'll Ever Need* (Australia: HarperCollins, 2018).

40　효과적 이타주의 과정에 대한 자세한 내용은 다음 웹사이트를 참조하라. https://www.coursera.org/learn/altruism.

41　Alexis de Tocqueville, Democracy in America, ed. J. Mayer, trans. G.

Lawrence(Garden City, N.Y.: Anchor, 1969), p. 546. 이 장에서 언급한 내용을 비롯한 많은 부분은 다음에서 도움을 받았다. Dale Miller, "The Norm of Self-interest", *American Psychologist* 54(1999), pp. 1053-60; 다음도 참조하라. Dale Miller and Rebecca Ratner, "The Disparity Between the Actual and Assumed Power of Self-interest", *Journal of Personality and Social Psychology* 74(1998), pp. 53-62; Tebecca Tatner and Dale Miller, "The Norm of Self-interest and Its Effect on Social Action", *Journal of Personality and Social Psychology* 81(2001), pp. 5-16.

42 David Thomas, "Anonymous Altruists", *The Telegraph(UK) Magazine*, 2007년 10월 27일.

43 Miller, "The Norm of Self-interest".

44 Robert Frank, T. Gilovich, and D. Regan, "Does Studying Economics Inhibit Cooperation?", *Journal of Economics Perspectives* 7(1993), pp.159-71.

45 R. K. Ratner, M. Zhao, and J. A. Clarke, "The Norm of Self-interest: Implications for Charitable Giving", in D. M. Oppenheimer and C. Y. Olivola, eds., *The Science of Giving: Experimental Approaches to the Study of Charity*, Society for Judgment and Decision Making series(New York: Psychology Press Taylor and Francis, 2011), pp. 113-31, https://psycnet.apa.org/record/2010-23933-007.

46 Robert Wuthnow, *Acts of Compassion*(Princeton, N.J.: Princeton University Press, 1990), pp. 16, 72, 77.

6장 | 한 생명을 구하는 데 얼마면 될까?

1 Suzanne Coffman, "Money for Good 2015: There's $22 Billion Up for Grabs", *GuideStar Blog*, 2015년 9월 1일, https://givingthatworks.com/2015/09/05/money-for-good-2015-theres-22-billion-up-for-grabs/.

2 Stephanie Strom, "2 Young Hedge-Fund Veterans Stir Up the World of Philanthropy", *New York Times*, 2007년 12월 20일; 다음도 참조하라. https://www.givewell.org/about/story.

3 "Charities with Perfect Scores", Charity Navigator, 2019년 5월 18일 접속, https://www.charitynavigator.org/index.cfm?bay=content.

view&cpid=2203.
4   전체 글은 여기서 읽을 수 있다. https://www.goettler.com/2013/10/22/stop-focusing-on-overhead-costs/.
5   "Money for Good", Hope Consulting, 2010년 5월, https://aarongertler.net/wp-content/uploads/2015/06/Money20for20Good_Final.pdf.
6   "FAQs", Guiding Eyes for the Blind, 2019년 4월 25일 접속, https://www.guidingeyes.org/who-we-are/.
7   트라코마를 예방, 치료하는 비용에 대해서는 다음을 참조하라. Joseph Cook et al., "Loss of Vision and Hearing", in Dean Jamison et al., eds., *Disease Control Priorities in Developing Countries*, 2nd ed.(Oxford and New York: Oxford University Press, 2006), p. 954; "The End in Sight", International Coalition for Trachoma Control, 2011년 7월, https://www.cartercenter.org/resources/pdfs/news/health_publications/trachoma/ictc_072111-eng.pdf; 백내장 수술 비용에 관해서는 다음을 참조하라. "Cataract Surgery: How Much Does the Program Cost?", GiveWell, 2016년 8월, https://www.givewell.org/international/technical/programs/cataract-surgery/August-2016-version; "What We Do", SEVA, 2019년 5월 1일 접속, https://www.seva.org/site/SPageServer/?pagename=programs/prevent_blindness.
8   "Round 1", GiveWell Report on International Aid, 2007–2008, https://www.givewell.org/archive/2008/saving-lives-in-africa/process.
9   "How Does Dustin Moskovitz Feel about Being a Billionaire? Does He Ignore It? Is All That Money a Burden to Him?", *Quora*, 2014년 8월 6일, https://www.quora.com/How-does-Dustin-Moskovitz-feel-about-being-a-billionaire-Does-he-ignore-it-Is-all-that-money-a-burden-to-him.
10 Ariana Eunjung Cha, "Cari Tuna and Dustin Moskovitz: Young Silicon Valley Billionaires Pioneer New Approach to Philanthropy", *The Washington Post*, 2014년 12월 26일, https://www.washingtonpost.com/business/billionaire-couple-give-plenty-to-charity-but-they-do-quite-a-bit-of-homework/2014/12/26/19fae34c-86d6-11e4-b9b7-b8632ae73d25_story.html.
11 더 많은 정보는 다음을 참조하라. https://www.openphilanthropy.org/.
12 더 많은 정보는 다음을 참조하라. https://www.impactm.org/ 그리고 https://

www.impact.upenn.edu/.

13 "Measles Cases Spike Globally Due to Gaps in Vaccination Coverage", World Health Organization, 2018년 11월 29일, https://www.who.int/news/item/29-11-2018-measles-cases-spike-globally-due-to-gaps-in-vaccination-coverage; "Measles Fact Sheet", World Health Organization, 2019년 5월 9일; 다음을 참조하라. https://www.who.int/news/item/15-05-2019-new-measles-surveillance-data-for-2019.

14 GBD 2016 Diarrhoeal Disease Collaborators, "Estimates of the Global, Regional, and National Morbidity, Mortality, and Aetiologies of Diarrhoea in 195 Countries: A Systematic Analysis for the Global Burden of Disease Study 2016", *The Lancet*, 18:11(November 2018), pp. 1161–288.

15 "Mosquito Nets Save Lives", ChildFund International, 2019년 3월 2일 접속, https://www.childfund.org/mosquito-nets/.

16 John Peabody, Mario Taguiwalo, David Robalino, and Julio Frenk, "Improving the Quality of Care in Developing Countries", in Dean Jamison et al., eds., *Disease Priorities in Developing Countries*, 2nd ed.(New York: Oxford University Press, 2006), p. 1304; 국제부흥개발은행과 세계은행 공동의 '질병통제 우선순위 프로젝트' 간행물인 「보건 시스템Health Systems」의 일부로 온라인에서 확인할 수 있다. https://files.givewell.org/files/DWDA%202009/Interventions/Disease%20Control%20Priorities%20in%20Developing%20Countries-2nd%20Ed.pdf.

17 William Easterly, *The White Man's Burden*(New York: The Penguin Press, 2006), p. 252.

18 GiveWell Cost Effectiveness Analysis, 2019, https://docs.google.com/spreadsheets/d/1McptF0GVGv-QBlhWx_IoNVstWvt1z-RwVSu16ciypgs/edit#gid=1364064522.

19 "Malaria", World Health Organization, 2019년 3월 27일, https://communitymedicine4asses.wordpress.com/2019/03/31/who-updates-fact-sheet-on-malaria/; Max Roser and Hannah Ritchie, "Malaria", Our World in Data", 2017년 12월, https://ourworldindata.org/malaria.

20 "World Malaria Report 2018", World Health Organization, 2018, https://reliefweb.int/sites/reliefweb.int/files/resources/9789241565653-eng.pdf; "SMC at Scale-saving Lives", Malaria Consortium, https://www.

malariaconsortium.org/resources/publications/1038/seasonal-malaria-chemoprevention-at-scale-saving-lives%5B8.
21 "Why US$2.00 per net?", Against Malaria Foundation, 2019년 5월 16일 접속, https://www.againstmalaria.com/DollarsPerNet.aspx.
22 "Micronutrient Deficiencies", World Health Organization, 2019년 4월 25일 접속, https://www.who.int/nutrition/topics/vad/en/.
23 "Malnutrition," World Health Organization", 2019년 2월 16일.
24 펠릭스 브룩스-처치Felix Brooks-Church가 필자에게 2019년 5월 19일에 보낸 이메일; 건강 아동 프로젝트에 대한 자세한 내용은 다음을 참조하라. http://projecthealthychildren.com.
25 "Results Published from First Scientific Trial to Show Mass Media Can Change Behaviours", Development Media International, 2018년 7월 19일.
26 Joanna Murray, Roy Head, Sophie Sarrassat, et al., "Modelling the Effect of a Mass Radio Campaign on Child Mortality Using Facility Utilisation Data and the Lives Saved Tool (LiST): Findings from a Cluster Randomised Trial in Burkina Faso", *BMJ Global Health*, 3 (2018), https://gh.bmj.com/content/3/4/e000808.
27 "Mariéta's Story", Development Media International, 2018년 7월 18일, video, 1:39, https://www.youtube.com/watch?v=jWPK4hdTuiw.
28 "Blindness and Vision Impairment", World Health Organization, 2018년 10월 11일; "Global Vision Impairment Facts", The International Agency for the Prevention of Blindness, https://www.iapb.org/news/latest-global-blindness-vi-prevalence-figures-published-in-lancet/.
29 프레드할로스 재단과 산두크 루이트 박사에 대한 더 많은 정보는 이 재단의 웹사이트에서 찾아볼 수 있다. https://www.hollows.org/. 추가 정보를 확인하는 데 프레드할로스 재단이 도움을 주었다.
30 "Surgery Could Save Millions of Lives in Developing Countries", The World Bank, 2015년 3월 26일, https://www.worldbank.org/en/news/feature/2015/03/26/surgery-could-save-millions-of-lives-in-developing-countries.
31 세바 재단에 대한 더 많은 정보는 해당 웹사이트에서 확인할 수 있다. https://www.seva.org. 백내장에 대해서는 다음을 참조하라. "Cataract Surgery", GiveWell, 2016년 8월, https://www.givewell.org/international/technical/

programs/cataract-surgery/August-2016-version.
32   2005년 4월과 2006년 11월에 〈아름다움으로의 산책A Walk to Beautiful〉의 공동 감독인 메리 올리브 스미스Mary Olive Smith와 에이미 부셔Amy Bucher가 진행한 인터뷰에서 발췌한 내용이다. 인터뷰는 다음 웹사이트에서 확인할 수 있다. https://www.pbs.org/wgbh/nova/beautiful/hamlin.html. 캐서린 햄린 누공 재단에 대한 자세한 정보는 다음에서 확인할 수 있다. https://hamlin.org.au/.
33   Nicholas D. Kristof, "The Illiterate Surgeon", *The New York Times*, 2005년 6월 12일, https://www.nytimes.com/2005/06/12/opinion/the-illiterate-surgeon.html.
34   이 추정치는 햄린 재단과 산과 누공 치료재단에서 제공한 수치를 기반으로 한다.
35   "Evidence Action's Deworm the World Initiative", GiveWell, 2018년 11월, https://www.givewell.org/charities/deworm-world-initiative/November-2018-version.
36   "Iodine Global Network", GiveWell, 2014년 12월, https://www.givewell.org/charities/IGN#Costeffectiveness_of_IGNs_work; "Global Alliance for Improved Nutrition—Universal Salt Iodization", GiveWell, 2017년 5월, https://www.givewell.org/charities/GAIN.
37   "Our Impact", Evidence Action, 2019년 4월 30일 접속, https://www.evidenceaction.org/dispensersforsafewater#trackrecord.
38   파서블의 2018년 연간 영향력 보고서에 제시된 환자 1인당 21.27달러를 기준으로 했다.
39   2019년 5월 PSI와 주고받은 이메일에 따르면, PSI는 2017년 기준으로 장애보정생존년수Disability-Adjusted Life Year, DALY[*]를 줄이는 데 24.14달러가 든다고 추산했다. 이 수치는 보수적인 것으로, PSI의 모든 활동(이를테면 교육 캠페인)이 DALY의 건강 관련 영향과 직결되지는 않지만 이러한 활동을 운영하는 비용이 총비용에 포함되기 때문이다. 이 중 간접비는 단 7퍼센트를 차지한다.
40   "Social Return on Investment", One Acre Fund, https://oneacrefund.org/our-impact/how-we-measure-impact/what-social-return-investment.
41   2019년 5월에 리빙굿즈와 주고받은 이메일을 바탕으로 한다.
42   T. Tengs, M. Adams, J. Pliskin, D. Safran, J. Siegel, M. Weinstein, and J.

[*] 질병 및 장애를 판정받은 이후 생존한 년수YLD와 조기사망으로 인한 수명 손실년수YLL를 합산한 수치이다. ― 옮긴이

Graham, "Five Hundred Life-saving Interventions and Their Cost-effectiveness", *Risk Analysis* 15:3(June 1995), pp. 369-90. 이 연구에 따르면 수명 1년을 연장하는 데 드는 비용의 중앙값이 4만 2,000달러이다. 이 수치를 기대수명이 50년인 아동의 생명을 구하는 것과 비교하기 위해 이 수치에 50을 곱했다

43 Dave Merrill, "No One Values Your Life More Than the Federal Government", *Bloomberg*, October 19, 2017년 10월 19일, https://www.bloomberg.com/graphics/2017-value-of-life/; Kathryn Thompson, Carlos Monje, "Guidance on Treatment of the Economic Value of a Statistical Life (VSL) in U.S. Department of Transportation Analyses—2015 Adjustment", U.S. Department of Transportation, June 17, 2015년 6월 17일, https://www.careforcrashvictims.com/wp-content/uploads/2017/01/VSL2015.pdf.

7장 | 더 나은 구호 방법 모색하기

1. William Easterly, *The White Man's Burden* (London: Penguin, 2007), p.4.
2. 다음을 참조하라. *OECD Statistical Annex of the 2007 Development Co-operation Report*, Fig. 1e 참조. 모든 부유국의 경우를 합친 현재 수준은 0.31%이다. 1982년에서 1983년 사이에는 0.23%였고, 1993년에는 0.30%였다. 자세한 내용은 다음을 참조하라. United Nations Human Development Report, 1995, p. 204, table 29. 다음에서도 볼 수 있다. https://hdr.undp.org/system/files/documents/hdr1995encompletenostats.pdf.
3. Ryan Briggs, "Development Aid Isn't Reaching the Poorest: Here's What That Means", *The Washington Post*, 2017년 12월 13일, https://www.washingtonpost.com/news/monkey-cage/wp/2017/12/13/development-aid-isnt-reaching-the-poorest-heres-what-that-means/; 다음도 참조하라. "Net Official Development Assistance and Official Aid Received(Current $US)", The World Bank, 2019년 5월 7일 접속, https://data.worldbank.org/indicator/dt.oda.alld.cd; 화장품 소비에 대해서는 다음을 참조하라. "Global Cosmetic Products Market Will Reach USD 863 Billion by 2024", Zion Market Research, 2018년 6월 22일, https://www.globenewswire.com/news-release/2018/06/22/1528369/0/en/Global-Cosmetic-Products-Market-Will-Reach-USD-863-Billion-by-2024-Zion-Market-Research.html.

4   "OECD DAC Aid at a Glance by Donor", 2019년 7월 15일 접속, https://public.tableau.com/views/AidAtAGlance/DACmembers?:&:showVizHome=no#1.

5   Marian L. Lawson and Emily M. Morgenstern, "Foreign Aid: An Introduction to U.S. Programs and Policy", Congressional Research Service, 2019년 4월 16일, p. 23, https://fas.org/sgp/crs/row/R40213.pdf.

6   Stephanie Mercier and Vincent Smith, "The Time for Food Aid Reform is Now", The Hill, May 1, 2018년 5월 1일, https://thehill.com/opinion/international/385622-the-time-for-food-aid-reform-is-now; 다음도 참조하라. Lawson and Morgenstern, p. 24.

7   Vincent Smith and Ryan Nabil, "The Case for Food Aid Reform", The Hill, 2017년 10월 27일, https://thehill.com/opinion/international/357476-the-case-for-food-aid-reform.

8   Celia Dugger, "CARE Turns Down Federal Funds for Food Aid", The New York Times, 2007년 8월 16일; Daniel Maxwell and Christopher Barrett, Food Aid After Fifty Tears: Recasting Its Role(London: Routledge, 2005), p. 35; Barry Riley, The Political History of American Food Aid: An Uneasy Benevolence(Oxford and New York: Oxford University Press, 2017); Alyssa R. Casey, "U.S. International Food Assistance: An Overview", Congressional Research Service, 2018년 12월 6일, https://fas.org/sgp/crs/row/R45422.pdf.

9   Smith and Nabil, "The Case for Food Aid Reform".

10 William Easterly, The Economics of International Development(London: The Institute of Economic Affairs, 2016), Kindle edition location 382-3.

11 Angus Deaton, The Great Escape: Health, Wealth, and the Origins of Inequality(Princeton, N.J.: Princeton University Press, 2013).

12 "Statue Commemorates Smallpox Eradication", World Health Organization, 2010년 5월 17일, https://www.who.int/news/item/17-05-2010-statue-commemorates-smallpox-eradication.

13 William MacAskill, "The Best Person Who Ever Lived Was an Unknown Ukrainian Man", Boing Boing, 2015년 7월 30일, https://www.williammacaskill.com/writing.

14 이스털리의 『백인의 사명』도 그중 하나다. 다음도 참조하라. Raghuram Rajan

and Arvind Subramanian, "Aid and Growth: What Does the Cross-country Evidence Really Show?", IMF Working Paper 05/127(Washington, D.C.: International Monetary Fund,2005).
15 Martin Wolf, *Why Globalization Works*(New Haven, CT.: Yale University Press, 2004).
16 "Net ODA received (% of GNI)," The World Bank, 2019년 2월 9일 접속, https://data.worldbank.org/indicator/DT.ODA.ODAT.GN.ZS?view=chart&year_high_desc=true.
17 Paolo de Renzio and Joseph Hanlon, "Contested Sovereignty in Mozambique: The Dilemmas of Aid Dependence", Global Economic Governance Working Paper 2007/25, 2007년 1월, https://www.econstor.eu/bitstream/10419/196288/1/GEG-WP-025.pdf.
18 UN Millennium Project, Investing in Development: A Practical Plan to Achieve the Millennium Development Goals(London:Earthscan, 2005), pp. 247-248, 247-8, http://web.worldbank.org/archive/website01021/WEB/IMAGES/.
19 "The United States Farm Subsidy Information 2017", EWG's Farm Subsidy Database, 2017년 3월 22일 접속, https://farm.ewg.org/region.php?fips=00000&progcode=total&yr=2017.
20 Elizabeth Day, "The Desperate Plight of Africa's Cotton Farmers", *The Guardian*, 2010년 11월 13일, https://www.theguardian.com/world/2010/nov/14/mali-cotton-farmer-fair-trade.
21 "Reform of US Cotton Subsidies Could Feed, Educate Millions in Poor West African Countries", Oxfam Press Release, 2007년 6월 22일, https://www.oxfamamerica.org/press/reform-of-us-cotton-subsidies-could-feed-educate-millions-in-poor-west-african-countries/.
22 Kym Anderson and Alan Winters, "Subsidies and Trade Barriers: The Challenge of Reducing International Trade and Migration Barriers", Copenhagen Consensus 2008 Challenge Paper, https://copenhagenconsensus.com/sites/default/files/imported/cp_subsidiesandtradebarrierscc08vol2.pdf. 소득 산정 가능성에 대해 의문이 든다면 같은 곳에 게재된 앤서니 베너블스Anthony Venables의 논문을 참조하라.
23 CIA World Factbook, www.cia.gov/library/publications/the-world-

factbook/rankorder/2091rank.html. 국민소득과 인간개발지수 간의 일반적인 관계에 대해서는 다음을 참조하라. Jean Drèze and Amartya Sen, Hunger and Public Action(Oxford, UK: Clarendon Press, 1989).
24 Robert Guth, "Bill Gates Issues Call for Kinder Capitalism", The Wall Street Journal, 2008년 1월 24일.
25 George W. Bush, "The Millennium Challenge Account"에서 인용. 2019년 6월 21일 접속, https://georgewbush-whitehouse.archives.gov/infocus/developingnations/millennium.html.
26 Joanne Davies, "Does the Millennium Challenge Corporation Reinforce Capitalist Power Structures or Empower Citizens?", Third World Quarterly, 39:4(2017) 609 - 25; 글로벌 개발센터 연구에 대해서는 다음을 참조하라. Benjamin Leo, Is Anyone Listening? Does US Foreign Assistance Target People's Top Priorities?, Center for Global Development Working Paper No. 348, 2013, https://www.cgdev.org/publication/anyone-listening-does-us-foreign-assistance-target-peoples-top-priorities-working-paper.
27 Paul Collier, The Bottom Billion(Oxford: Oxford University Press, 2007), p.106.
28 The Bottom Billion, p.114.
29 "The Nobel Peace Prize for 2006", The Nobel Prize, 2006년 10월 13일, https://www.nobelprize.org/prizes/peace/2006/press-release/.
30 "Microcredit Does Not Live Up to Promise of Transforming Lives of the Poor, Six Studies Show", Innovations for Poverty Action, 2015년 1월 22일, https://poverty-action.org/news/microcredit-does-not-live-promise-transforming-lives-poor-six-studies-show; 링크가 포함된 연구 요약은 다음을 참조하라. Stephanie Wykstra, "Microcredit Was a Hugely Hyped Solution to Global Poverty. What Happened?", Vox, 2019년 1월 15일, https://www.vox.com/futureperfect/2019/1/15/18182167/microcreditmicrofinance-poverty-grameen-bank-yunus; 보다 자세한 내용은 다음을 참조하라. Lesley Sherrat, Can Microfinance Work?(Oxford: Oxford University Press, 2016).
31 Ahmed Mushfiq Mobarak, "Can a Bus Ticket Prevent Seasonal Hunger?", Yale Insights: Ideas from the School of Management, 2018년 1월 18일, https://insights.som.yale.edu/insights/can-bus-ticket-prevent-seasonal-

hunger.

32 Karen Levy and Varna Sri Raman, "Why (and When) We Test at Scale: No Lean Season and the Quest for Impact", Evidence Action, 2018년 11월 19일, https://www.givewell.org/charities/no-lean-season.

33 Catherine Hollander, "Update on No Lean Season's Top Charity Status", The GiveWell Blog, 2018년 11월 18일, https://blog.givewell.org/2018/11/19/update-on-no-lean-seasons-top-charity-status/.

34 Nurith Aizenman, "Why This Charity Isn't Afraid to Say It Failed", Goats and Soda: Stories of Life in a Changing World, National Public Radio, 2019년 1월 7일, https://www.npr.org/sections/goatsandsoda/2019/01/07/682381373/this-charity-doesnt-want-your-money; Kelsey Piper, "A Charity Just Admitted That Its Program Wasn't Working: That's a Big Deal", Vox, 2018년 11월 29일, https://www.vox.com/2018/11/29/18114585/povertycharity-randomized-controlled-trial-evidence-action; 또한 2019년 5월 에비던스 액션과 주고받은 이메일에도 근거했다.

35 "Millennium Villages Celebrity Supporters & Events", Look to The Stars: The World of Celebrity Giving, https://www.looktothestars.org/charity/millennium-villages.

36 밀레니엄 빌리지 프로젝트의 효과에 대해 자세히 알아보고자 한다면 다음을 참조하라. Shira Mitchell, Andrew Gelman, et al., "The Millenium Villages Project: A Retrospective, Observational, Endline Evaluation", The Lancet Global Health, 6:5 (May 1, 2018): PE500-E513, https://doi.org/10.1016/S2214-109X(18)30065-2; "The Millennium Villages Project and the MDGs: What Did It Achieve?", itad MVP Briefing paper, No. 1(2018년 7월), https://www.itad.com/knowledge-product/millennium-villages-project-briefing-paper-no-1-mvp-and-the-mdgs-what-did-it-achieve/; Chris Barnett, "Thumbs Up or Thumbs Down? Did the Millennium Villages Project Work?", From Poverty to Power, Oxfam, 2018년 11월 20일, https://frompoverty.oxfam.org.uk/thumbs-up-or-thumbs-down-did-the-millennium-villages-project-work/; 제프리 삭스는 이 프로젝트에서 얻은 교훈을 다음에서 논의한다. Sachs, "Lessons from he Millennium Villages Project: A Personal Perspective", The Lancet Global Health, 6:5 (2018년 5

월 1일): PE 472-E474, https://doi.org/10.1016/S2214-109X(18)30199-2.

37 Michael Clemens, "When Rigorous Impact Evaluation Is Not a Luxury: Scrutinizing the Millennium Villages", *Center for Global Development*, 2010년 10월 11일, https://www.cgdev.org/blog/when-rigorous-impact-evaluation-not-luxury-scrutinizing-millennium-villages.

38 이 연구에 대한 자세한 내용은 다음을 참조하라. Abhijit Banerjee, Esther Duflo, et al., "A Multifaceted Program Causes Lasting Progress for the Very Poor: Evidence from Six Countries", *Science*, (2015), 1260799; Christopher Blattman, Eric P. Green, et al., "The Returns to Microenterprise Support among the Ultra-Poor: A Field Experiment in Postwar Uganda," American Economic Journal, 8:2 (2015), pp. 35-64; Christopher Blattman, Nathan Fiala, et al., "Generating Skilled Self-Employment in Developing Countries: Experimental Evidence from Uganda", *The Quarterly Journal of Economics*, 129:2(May 2014), pp. 697-752, https://doi.org/10.1093/qje/qjt057; Oriana Bandiera, Robin Burgess, et al., "Can Basic Entrepreneurship Transform the Economic Lives of the Poor?", IZA Discussion Paper No. 7386, https://www.theigc.org/sites/default/files/2014/09/Bandiera-Et-Al-2013-Working-Paper.pdf.

39 Syed M. Hashemi and Aude de Montesquiou with Katharine McKee, "Graduation Pathways: Increasing Income and Resilience for the Extreme Poor", CGAP Brief, The World Bank, 2016년 12월, https://www.cgap.org/sites/default/files/Brief-Graduation-Pathways-Dec-2016.pdf.

40 더 많은 정보는 빌리지 엔터프라이즈의 웹사이트를 참조하라. https://villageenterprise.org.

41 "Impact Audit: Village Enterprise Microenterprise Program", Impact Matters, 2018.

42 빌리지 엔터프라이즈 측과 필자가 연락하여 얻은 비용 추정치이다.

43 Elie Hassenfeld, "How GiveWell's Research Is Evolving", The GiveWell Blog, February 7, 2019, https://blog.givewell.org/2019/02/07/how-givewells-research-is-evolving/.

44 디렙의 '임팩트 대시보드Impact Dashboard'는 다음 웹사이트에서 볼 수 있다. http://d-rev.org/impact/.

45 Victoria de Menil and Amanda Glassman, "Missed Opportunities in Global

Health: Identifying New Strategies to Improve Mental Health in LMICs", Center for Global Development Policy Paper 068, 2015년 10월, https://www.cgdev.org/publication/missed-opportunities-global-health-identifying-new-strategies-improve-mental-health.

46 John Helliwell, Richard Layard, Jeffrey Sachs, et al., "World Happiness Report 2017", Sustainable Development Solutions Network, https://worldhappiness.report/ed/2017/; Michael Plant, "What Should a Utilitarian Billionaire Do to Maximise Happiness?", 다음에서 온라인으로 볼 수 있다. https://www.academia.edu/25088361/What_Should_A_Utilitarian_.

47 스트롱마인즈에 대한 자세한 내용은 웹사이트에서 확인할 수 있다. https://strongminds.org/about-mental-health-organization-strongminds/; 스트롱마인즈에 대한 평가는 다음을 참조하라. James Snowden, John Halstead, and Sjir Hoeijmakers, "Mental Health Cause Area Report", Founders Pledge, 2019년 2월, https://www.founderspledge.com/downloads/fp-mental-health.

48 더 자세한 사항은 다음을 보라. "India: Ragpickers Take Control", Oxfam News(Australia), September 2003; Snehal Sonawane, "Rescuing Ragpickers", *The Times of India*, 2007년 8월 31일, timesofindia.indiatimes.com/articleshow/2324932.cms.

49 Chris Hufstader, "Women's Rights: Changing Laws, Changing Minds", Oxfam International, 2018년 3월 8일, https://www.oxfamamerica.org/explore/stories/women-taking-lead-cambodia/; 극빈층 모잠비크인의 비율은 다음을 확인해보라. United Nations Development Programme, Human Development Reports, "Population Living below Income Poverty Line, PPP $1.90 a day (%)", https://www.elibrary.imf.org/view/journals/002/2019/286/article-A003-en.xml.

50 더 자세한 사항은 다음을 보라. "OilMoneyTV.org", http://www.oilmoneytv.org/; https://www.youtube.com/watch?time_continue=182&v=8tKeMhad3sU.

8장 | 내 아이와 남의 아이

1 크라빈스키의 인용문은 다음에서 가져왔다. Ian Parker, "The Gift", *The New*

Yorker, 2004년 8월 2일. 또한 나 자신과 그가 나눈 대화 및 그가 우리 학생들에게 남긴 말에서 추렸다.
2 D. L. Segev, et al., "Perioperative Mortality and Long-term Survival Following Live Kidney Donation", *Journal of the American Medical Association*, 303 (2010), pp. 959-66, https://jamanetwork.com/journals/jama/fullarticle/185508; Linda M. O'Keeffe et al., "Mid- and Long-term Health Risks in Living Kidney Donors: A Systematic Review and Meta-analysis", *Annals of Internal Medicine*, 168 (2018), pp. 276-84, https://pubmed.ncbi.nlm.nih.gov/29379948/.
3 Philip J. Cook and Kimberley D. Krawiec, "If We Allow Football Players and Boxers to Be Paid for Entertaining the Public, Why Don't We Allow Kidney Donors to Be Paid for Saving Lives?", *Law & Legal Theory Problems*, 81:3 (2018), Duke Law School Public Law & Legal Theory Series No. 2018-7, https://papers.ssrn.com/sol3/papers.cfm?abstract_id=3091335.
4 S. A. Azar et al., "Is Living Kidney Donation Really Safe?", *Transplantaion Proceedings* 39(2007), pp. 822-3의 내용과 I. Fehrman-Ekholm et al., "Kidney Donors Live Longer", *Transplantation* 64(1997), pp. 976-98 그리고 E. M. Johnson et al., "Complications and Risks of Living Donor Nephrectomy", *Transplantation* 64(1997), pp. 1124-8을 비교하라. 생존률에 대해서는 다음을 참조하라. MayoClinic.com, "When Your Kidneys Fail", https://newsnetwork.mayoclinic.org/discussion/mayo-clinic-minute-when-your-kidneys-fail/.
5 폴 파머에 대해서는 트레이시 키더가 쓴 훌륭한 전기인 *Mountains Beyond Mountains*(New York: Random House, 2003) 그리고 다음에서 도움을 받았다. Tracy Kidder, "The Good Doctor", *The New Yorker*, 2000년 7월 10일, https://www.newyorker.com/magazine/2000/07/10/the-good-doctor.
6 Ian Parker, "The Gift", *The New Yorker*, 2004년 8월 2일, https://www.newyorker.com/magazine/2004/08/02/the-gift-ian-parker.
7 Ibid.
8 『창세기』 22장.
9 에우리피데스, 『아울리스의 이피게네이아』.
10 *Mountains beyond Mountains*, p. 244.

11 Parker, "The Gift"; Megan Wildhood, "Separate and Unequal", *The Sun*, 2018년 2월, https://www.thesunmagazine.org/articles/24022-separate-and-unequal. 책임 있는 부에 대한 더 자세한 정보는 다음을 참조하라. http://www.responsiblewealth.org/.
12 "Fees & Payment Options", Princeton University Undergraduate Admissions, 2019년 5월 17일 접속.
13 *Mountains beyond Mountains*, p. 213.
14 Bruno Bettelheim, *Children of the Dream* (London: Macmillan, 1969); Melford Spiro, Children of the Kibbutz (New York: Schocken, 1975); N. A. Fox, "Attachment of Kibbutz Infants to Mother and Metapelet", Child Development 48(1997), pp. 1228-39; Noam Shpancer, "Child of the Collective", *The Guardian*, February 18, 2011, https://www.theguardian.com/lifeandstyle/2011/feb/19/kibbutz-child-noam-shpancer.

9장 | 너무 지나친 요구인가?

1 Liam Murphy, Moral Demands in Nonideal Theory (New York: Oxford University press, 2000), p. 76. 머피는 Derek Parfit, Reasons and Persons (Oxford, UK: Clarendon Press, 1984), pp. 30-1에 비슷한 견해가 있음을 언급하고 있다(비록 파핏은 그것을 인정하지 않지만), 또 L. J. Cohen, "Who Is Starving Whom?", Theoria 47(1981), pp. 65-81과 그 밖의 문헌에도 비슷한 입장을 볼 수 있다. 더 상세히 알려면 다음을 참조하라. Murphy, Moral Demands, p.136, n.8. 그리고 Kwame Anthony Appiah, Cosmopolitanism (New York: Norton, 2006), pp.164-5.
2 Kwame Anthony Appiah, *Cosmopolitanism* (New York: Norton, 2006), pp. 164-5.
3 이 표는 브루킹스 연구소의 친절한 허락을 받아 Chandy, Noe, and Zhang, "Global Poverty Gap"의 내용을 재구성한 것이다.
4 Laurence Chandy, Lorenz Noe, and Christine Zhang, "The Global Poverty Gap Is Falling: Billionaires Could Help Close It", Brookings Institution, 2016년 1월 20일, https://www.brookings.edu/articles/the-global-poverty-gap-is-falling-billionaires-could-help-close-it/; 알코올 지출에 대해서는 다

음을 참조하라. "Consumer Expenditures in 2017", Bureau of Labor Statistics Reports, 2019년 4월, https://www.bls.gov/opub/reports/consumer-expenditures/2017/pdf/home.pdf.

5. "Poverty", The World Bank, 2019년 4월 3일 접속, http://www.worldbank.org/en/topic/poverty/overview.

6 Chandy, Noe, and Zhang, "Global Poverty Gap".

7 "GDP (current US$)," The World Bank, 2019년 5월 20일 접속, https://data.worldbank.org/indicator/NY.GDP.MKTP.CD?locations=OE.

8 "Poverty", The World Bank, 2019년 5월 11일 접속, http://www.worldbank.org/en/topic/poverty/overview.

9 "Transforming Our World: The 2030 Agenda for Sustainable Development", United Nations, 2019년 5월 11일 접속, https://sustainabledevelopment.un.org/post2015/transformingourworld.

10 "The 169 Commandments", *The Economist*, 2015년 3월 26일, https://www.economist.com/leaders/2015/03/26/the-169-commandments.

11 Branko Milanovic, *World Apart: Measuring International and Global Inequality* (Princeton, N.J.: Princeton University Press, 2005), p.132.

12 '공정한 몫' 관점에 대해 더 많이 알고 싶다면 다음을 참조하라. Elizabeth Ashford, "The Demandingness of Scanlon's Contractualism", *Ethics* 113 (January 2003), pp. 273-302; Garrett Cullity, *The Moral Demands of Affluence* (Oxford, UL: Oxford University Press, 2004), pp. 73-7.

13 Liam Murphy, *Moral Demands in Nonideal Theory* (New York: Oxford University Press, 2003), p. 133.

14 Richard Miller, "Beneficence, Duty and Distance", *Philosophy and Public Affairs* 32 (2004), pp. 357-83.

15 Garrett Cullity, *The Moral Demands of Affluence* (Oxford, UK: Oxford University Press, 2004). 컬리티의 책에는 내가 이 책에서 논의한 것보다 많은 내용이 있다. 다른 논증 부분에 대한 답변은 다음을 참고하라. *Philosophy and Phenomenological Research* 75:2 (September 2007), pp. 475-83.

16 Brad Hooker, *Ideal Code, Real World: A Rule-Consequentialist Theory of Morality* (Oxford, UK: Clarendon Press, 2000), p.166.

17 Miller, "Beneficence, Duty and Distance".

18 "Levels and Trends in Child Mortality Report 2018," United Nations

Population Division, 2019년 5월 24일 접속, https://www.unicef.org/reports/levels-and-trends-child-mortality-report-2018; "10 Facts on Obstetric Fistula", World Health Organization, 2018년 1월, https://www.who.int/features/factfiles/obstetric_fistula/en/; "Blindness and vision impairment", World Health Organization, 2018년 10월 11일.

19 Craig Nakano, "Getty Breaks Record with $65.1-million Purchase of Manet's 'Spring'", *Los Angeles Times*, 2014년 11월 5일, https://www.latimes.com/entertainment/arts/culture/la-et-cm-getty-manet-spring-auction-record-20141105-story.html.

20 "What We Do," SEVA, 2019년 5월 1일 접속, https://www.seva.org/site/SPageServer/?pagename=programs/prevent_blindness; "Fast Facts & FAQ", The Fistula Foundation, 2019년 5월 13일 접속, https://www.fistulafoundation.org/what-isfistula/fast-facts-faq/.

21 기브웰의 2019년도 비용 효과성 분석은 다음에서 찾을 수 있다. https://docs.google.com/spreadsheets/d/1McptF0GVGv-QBlhWx_IoNVstWvt1z-RwVSu16ciypgs/edit#gid=385523701. 이 수치는 어떤 프로그램에 기부할 때 그것이 다른 기부자에게 미칠 영향이나 기부금이 다른 프로그램으로 전용된다는 점(돈이란 전용이 가능한 물건이다)을 포괄하지 않고 있다. 더 자세한 논의는 다음을 참조하라. GiveWell, "Revisiting Leverage", https://blog.givewell.org/2018/02/13/revisiting-leverage/.

10장 | 현실적인 기준

1 Richard Arneson, "What Do We Owe to Distant Needy Strangers?", in jeffrey Schaler(ed.), *Peter Singer Under Fire*(Chicago: Open Court, forthcoming 2009).

2. Jennifer Calfas, "Bill Gates Makes $4.6 Billion Pledge, His Largest Since 2000", *Money*, 2017년 8월 15일, https://money.com/bill-gates-donation-4-6-billion/; Karen Gilchrist, "Bill Gates makes $4.6 billion pledge, his largest since 2000", CNBC, 2017년 8월 16일, https://www.cnbc.com/2017/08/15/bill-gates-donates-4-6-billion-largest-pledge-since-2000.html.

3 게이츠의 발언은 다음을 참조하라. https://www.gatesfoundation.org/ideas/

speeches/2005/05/bill-gates-2005-world-health-assembly. 이 중에서 일곱 번째 문단과 마지막 문단을 확인하라.
4   Madeline Stone and Matt Weinberger, "19 Crazy Facts about Bill Gates' $127 Million Mansion", *Business Insider*, 2018년 12월 7일, https://www.businessinsider.com/crazy-facts-about-bill-gates-house-2016-11; Sean Keeley and Sarah Anne Lloyd, "25 Facts about Bill Gates's Medina Mansion", 2018년 2월 23일, https://seattle.curbed.com/2017/2/16/14637668/billgates-medina-mansion.
5   Tanza Loudenback, "24 Mind-blowing Facts about Warren Buffett and His $87 Billion Fortune", *Business Insider*, 2018년 8월 30일, https://www.businessinsider.com/facts-about-warren-buffett-2016-12; "Warren Buffett", Bloomberg Billionaires Index, 2019년 4월 11일 접속, https://www.bloomberg.com/billionaires/profiles/warren-e-buffett/.
6   『마태복음』 23장 23절, 『누가복음』 11장 42절.
7   기빙왓위캔의 서약에 대해 더 많은 정보는 다음을 참조하라. https://www.givingwhatwecan.org/pledge/.
8   Bill Clinton, *Giving* (New York: Knopf, 2007), p. 206.
9   Arthur Brooks, "The Poor Give More", Condé Nast Portfolio, 2008년 3월 3일, the 2000 Social Capital Community Benchmark Survey를 인용하고 있다. chrome-extension://efaidnbmnnnibpcajpcglclefindmkaj/https://ropercenter.cornell.edu/misc/usmisc2000-soccap/usmisc2000-soccap.PDF.
10   여기서 '부유한 사람'이란 이전 장에서 본, 브랑코 밀라노비치가 제시한 정의를 따르고 있다. 이 수치는 Milanovic, *Worlds Apart: Measuring International and Global Inequality* (Princeton, N.J: Princeton University Press, 2005), p. 132 에서도 볼 수 있다.
11   미국 GDP의 경우, 구매력지수(PPP, 국제 거래 달러화로 환산된)로 보려면 다음을 참조하라. https://data.worldbank.org/indicator/NY.GDP.MK. OECD 회원국들의 총소득 '지수'에 대해서는 다음을 참조하라. https://en.wikipedia.org/wiki/OECD. 2019년 5월 29일 접속.
12   존 모란은 산과 누공 치료 재단에서의 경험을 그 뉴스레터에 자세히 밝혀놓았다.
13   Buddha, *Dhammapada*, sec. 9, stanza 118, in T. Byrom, ed„ *Dhammapade: The Sayings of the Buddha* (Boston: Shambhala, 1993), Jonathan Haidt, *The*

Happiness Hypothesis(New York: Basic Books, 2006), chapter 8에서 재인용했다. Plato, The Republic, 354.

14 The Philosophy of Epicurus, G. K. Strodach, trans.(Chicago: Northwestern University Press, 1963), p. 297. Cited by Haidt. The Happiness Hypothesis 에서 재인용했다.

15 Athur Books, "Why Giving Makes You Happy", New York Sun, 2007년 12월 29일. 처음 연구는 Social Capital Community Benchmark Survey에서, 두 번째는 University of Michigan's Panel Study of Income Dynamics에서 나왔다.

16 J. A. Piliavin, "Doing Well by Doing Good: Benefits for the Benefactor", in C. l. L. M. Keyes and J. Haidt(eds.), Flourishing: Positive Psychology and the Life Well-Lived(Washington, D.C.: American Psychological Association, 2003), pp. 227-47; S. L. Brown, R. M. Nesse, A. D. Vinokur, and D. M. Smith, "Providing Social Support May Be More Beneficial Than Receiving It: Results from a Prospective Study of Mortality", Psychological Science 14(2003), pp. 320-7; P. A. Thoits and L. N. Hewitt, "Volunteer Work and Well-being", Journal of Health and Social Behavior 42(2001), pp. 115-31. 이 전거는 Jonathan Haidt, The Happiness Hypothesis(New York: Basic Books, 2006), chapter 8에서 얻었다.

17 William T. Harbaugh, Ulrich Mayr, and Daniel Burghart, "Neural Responses to Taxation and Voluntary Giving Reveal Motives for Charitable Donations", Science, vol. 316, no.5831(June 15, 2007), pp. 1622-25.

18 헨리 스피라에 대해 더 알고 싶다면 다음을 참조하라. Peter Singer, Ethics into Action: Henry Spira and the Animal Rights Movement(Lanham, MD.: Rowman and Littlefield, 2019. 1998년에 나온 초판의 개정판이다).

부록

1 Adrian Dungan, "Individual Income Tax Shares, Tax Year 2016", https://www.irs.gov/pub/irs-soi/soi-a-ints-id1901.pdf.

아포리아 06
빈곤 해방

1판 1쇄 발행 2025년 4월 23일
1판 2쇄 발행 2025년 12월 24일

지은이 피터 싱어
옮긴이 함규진
펴낸이 김영곤
펴낸곳 (주)북이십일 21세기북스

정보개발팀장 이리현
정보개발팀 이수정 현미나 이지윤 양지원 **마케팅** 김설아
교정 교열 신혜진 **디자인 표지** 문성미 **본문** 이슬기
영업팀 정지은 한충희 장철용 남정한 강경남 나은경 황성진 김도연 이민재 이정은
제작팀 이영민 권경민
해외기획팀 최연순 소은선 홍희정

출판등록 2000년 5월 6일 제406-2003-061호
주소 (10881) 경기도 파주시 회동길 201(문발동)
대표전화 031-955-2100 **팩스** 031-955-2151 **이메일** book21@book21.co.kr

ⓒ 피터 싱어, 2025
ISBN 979-11-7357-163-3 03190
KI신서 13451

(주)북이십일 경계를 허무는 콘텐츠 리더
─────────────────────────
21세기북스 채널에서 도서 정보와 다양한 영상자료, 이벤트를 만나세요!
페이스북 facebook.com/21cbooks   **포스트** post.naver.com/21c_editors
인스타그램 instagram.com/jiinpill21   **홈페이지** www.book21.com
유튜브 youtube.com/book21pub

책값은 뒤표지에 있습니다.
이 책 내용의 일부 또는 전부를 재사용하려면 반드시 (주)북이십일의 동의를 얻어야 합니다.
잘못 만들어진 책은 구입하신 서점에서 교환해드립니다.

일상에서 마주친 사유의 정거장

아포리아는 '해결하기 어려운 난제'를 뜻하는 그리스어로, 사유의 지평을 넓혀줄 '새로운 클래식'입니다. 지금까지와는 다른 삶 속으로 나아갈 우리가 탐구해야 할 지식과 지혜를 펴냅니다.

※ '아포리아' 시리즈가 더 궁금하다면 큐알코드를 스캔하세요

01

제임스 앨런 원인과 결과의 법칙
사람은 생각하는 대로 살게 된다

제임스 앨런 지음 | 박선영 옮김

02

제임스 앨런 부의 여덟 기둥
부의 잠재력을 깨우는 위대한 공식

제임스 앨런 지음 | 임경은 옮김

03

제임스 앨런 운의 법칙
내면의 힘이 운의 크기를 결정한다

제임스 앨런 지음 | 박은영·이미숙 옮김

04

선악의 기원
아기를 통해 보는 인간 본성의 진실

폴 블룸 지음 | 최재천·김수진 옮김

05

생각을 잃어버린 사회
시대를 앞서간 천재 버트런드 러셀의 비판적 세상 읽기

버트런드 러셀 지음 | 장석봉 옮김

06

빈곤 해방
세계적 실천윤리학자 피터 싱어의 담대한 제언

피터 싱어 지음 | 함규진 옮김

07

지그문트 바우만 행복해질 권리
세기의 지성이 불안한 현대인에게 건네는 철학적 조언

지그문트 바우만 지음 | 김수진 옮김 | 노명우 감수

08

데카르트의 아기
세계적 심리학자 폴 블룸의 인간 본성 탐구

버트런드 러셀 지음 | 장석봉 옮김